Auf die Preise der vor dem 1. Juli 1931 erschienenen Bände wird ein Notnachlaß von 10 % gewährt. Subskribenten auf sämtliche Bände erhalten einen Nachlaß von 10 % auf die Preise der Bände, die nicht vom Notnachlaß betroffen werden.

(Siehe beiliegende Bestellkarte.)

Von dem Gesamtwerk ist bereits erschienen:

1. Rechtsphilosophie 3. Aufl.	Prof. Dr. Max Ernst Mayer†, Frankfurt a. M.
2. 3. Römisches Recht: Geschichte und System des Römischen Privatrechts	Prof. Dr. Paul Jörs†, Wien, neubearbeitet von Prof. Dr. W. Kunkel, Göttingen
Abriß des Römischen Zivilprozeßrechts . . 2. Aufl. in Vorb.	Geh. Rat Prof. Dr. Leopold Wenger, München
5. Grundzüge des Deutschen Privatrechts 2. Aufl.	Prof. Dr. Hans Planitz, Köln a. Rh.
6. Rechtsentwicklung in Preußen 2. Aufl. . .	Prof. Dr. Eberhard Schmidt, Kiel
7. Bürgerliches Recht: Allgemeiner Teil 4. Aufl.	Geh. Justizrat Prof. Dr. Andreas v. Tuhr†, Zürich
8. Bürgerl. Recht: Recht der Schuldverhältnisse 4. Aufl.	Prof. Dr. Heinrich Titze, Berlin
9. Bürgerl. Recht: Sachenrecht 2. Aufl. . .	Prof. Dr. Julius v. Gierke, Göttingen
10. Bürgerl. Recht: Familienrecht 3. Aufl. . .	Prof. Dr. Heinrich Mitteis, Heidelberg
11. Bürgerl. Recht: Erbrecht 2. Aufl.	Prof. Dr. Julius Binder, Göttingen
12. Handelsrecht mit Wechsel- und Scheckrecht 3. Aufl.	Geh. Hofrat Prof. Dr. Karl Heinsheimer†, Heidelberg. Herausgegeben von Prof. Dr. Karl Geiler, Rechtsanwalt, Heidelberg
13. Privatversicherungsrecht	Geh. Hofrat Prof. Dr. Viktor Ehrenberg†, Leipzig
14. Urheber- und Erfinderrecht 2. Aufl. . . .	Geh. Rat Prof. Dr. Philipp Allfeld, Erlangen
17. Zivilprozeßrecht 2. Aufl.	Prof. Dr. James Goldschmidt, Berlin
19. Freiwillige Gerichtsbarkeit 2. Aufl. . . .	Prof. Dr. Friedrich Lent, Erlangen
22a. Preßrecht	Prof. Dr. H. Mannheim, Berlin
23. Allgemeine Staatslehre	Prof. Dr. Hans Kelsen, Wien
25. Verwaltungsrecht 3. Aufl.	Prof. Dr. Walter Jellinek, Heidelberg
26. Österreichisches Verfassungsrecht	Ministerialrat Prof. Dr. Leo Wittmayer, Wien
27. Ausländisches Staatsrecht	Prof. Dr. Otto Koellreutter, Jena, und Prof. Dr. Hans Gmelin, Gießen
28. Steuerrecht 3. Aufl.	Prof. Dr. Albert Hensel, Bonn
29. Kirchenrecht 2. Aufl.	Geh. Justizrat Prof. Dr. Erwin Ruck, Basel
31. Arbeitsrecht 4. Aufl.	Prof. Dr. Walter Kaskel†, neubearbeitet von Prof. Dr. H. Dersch, Berlin
31a. Sozialversicherungsrecht	Prof. Dr. Lutz Richter, Leipzig
31b. Fürsorgerecht	Stadtrat Dr. H. Muthesius, Berlin
33. Allgemeine Volkswirtschaftslehre	Geh. Hofrat Prof. Dr. Otto von Zwiedineck-Südenhorst, München
34. Geschichte d. Volkswirtschaftslehre 2. Aufl.	Professor Dr. Edgar Salin, Basel
35. Die Ordnung des Wirtschaftslebens 2. Aufl.	Geh. Reg.-Rat Prof. Dr. Werner Sombart, Berlin
39. Gewerbepolitik	Geh. Legationsrat Prof. Dr. Kurt Wiedenfeld, Leipzig
43. Versicherungswesen	Regierungsrat a. D. Dr. Fritz Herrmannsdorfer, Hamburg
46. Grundriß der Statistik. I. Theoretische Statistik	Prof. Dr. Wilhelm Winkler, Wien
48. Gesellschaftslehre	Prof. Dr. Carl Brinkmann, Heidelberg
51. Chemische Technologie	Prof. Dr. Arthur Binz, Berlin

Eine Übersicht sämtlicher Bände siehe 3. und 4. Umschlagseite

ENZYKLOPÄDIE DER RECHTS- UND STAATSWISSENSCHAFT

BEGRÜNDET VON

F. VON LISZT UND W. KASKEL

HERAUSGEGEBEN VON

E. KOHLRAUSCH · H. PETERS · A. SPIETHOFF

ABTEILUNG RECHTSWISSENSCHAFT

HERAUSGEGEBEN VON

DR. EDUARD KOHLRAUSCH
PROFESSOR AN DER UNIVERSITÄT
BERLIN

DR. HANS PETERS
PROFESSOR AN DER UNIVERSITÄT
BERLIN

I

RECHTSPHILOSOPHIE

VON

DR. JUR. ET PHIL. MAX ERNST MAYER†
PROFESSOR AN DER UNIVERSITÄT FRANKFURT

DRITTE UNVERÄNDERTE AUFLAGE

VERLAG VON JULIUS SPRINGER BERLIN 1933

RECHTSPHILOSOPHIE

VON

DR. JUR. ET PHIL. **MAX ERNST MAYER** †
PROFESSOR AN DER UNIVERSITÄT FRANKFURT

DRITTE UNVERÄNDERTE AUFLAGE

VERLAG VON JULIUS SPRINGER · BERLIN 1933

ISBN-13: 978-3-642-98409-9 e-ISBN-13: 978-3-642-99222-3
DOI: 10.1007/978-3-642-99222-3

Inhaltsverzeichnis.

Einleitung.

Systematischer Teil.

Erstes Kapitel.

Der Begriff des Rechts.

B. Das System der sozialen Garantien.

Zweites Kapitel.

Die Idee des Rechts.

A. Die Wertsysteme.

B. Die Wertkritik.

Einleitung.

I. Die Rechtsphilosophie als Zweig der Philosophie.

1. Vom Wesen der Philosophie.

a) Die Philosophie ist sich selbst problematisch. Während andere Wissenschaften sich von der Vorfrage, was ihr Gegenstand und ihre Aufgabe ist, loslösen können, gehört die Frage nach dem Wesen der Philosophie[1]) schon in die Philosophie hinein. Jeder Philosoph nämlich bestimmt, wenn er ein originaler Denker ist, „nicht nur, was er antworten, sondern auch, was er fragen will" (SIMMEL a. a. O. S. 10), und versucht aus dieser Berichtigung und Vertiefung der Problemstellung neue Einsichten und geläuterte Ergebnisse zu gewinnen. Deswegen müssen wie in der Vergangenheit, so in aller Zukunft viele Systeme, mehrere Aufgaben, allerlei Zweige, nicht wenige Richtungen und Schulen nebeneinander stehen, die samt und sonders den gleichen Anspruch haben, als Philosophie zu gelten. Was ihnen gemeinsam ist, kann mit *einem* Worte gesagt werden, wenn man sich nicht scheut, ein der Anmaßung verdächtiges und etwas außer Mode gekommenes zu gebrauchen: *Philosophie ist Weisheit.* Was aber Weisheit ist, bringt uns FRIEDRICH RÜCKERT in den ersten Zeilen seiner „Weisheit des Brahmanen" nahe:

„Ein indischer Brahman, geboren auf der Flur,
Der nichts gelesen als das Weda der Natur;
Hat viel gesehn, gedacht, noch mehr geahnt, gefühlt,
Und mit Betrachtungen die Leidenschaft gekühlt;
Spricht bald was klar ihm ward, bald um sich's klar zu machen,
Von ihn angehnden halb, halb nicht angehnden Sachen.
Er hat die Eigenheit, nur Einzelnes zu sehn,
Doch alles Einzelne als Ganzes zu verstehn.
Woran er immer nur sieht schimmern einen Glanz,
Wird ein Betkügelchen an seinem Rosenkranz.

So gilt es, Weisheit zu wagen. Denn Rechtsphilosophie ist vor allen Dingen Philosophie.

Als Weisheit steht die Philosophie in einem Gegensatz, freilich einem ergänzenden, nicht verneinenden Gegensatz zur Wissenschaft. Zur Rechtswissenschaft tritt die Rechtsphilosophie als Rechtsweisheit, zur Gesamtheit der Wissenschaften die Philosophie als Welt- und Lebensweisheit. Dieser Gegensatz ist geeignet, das Wesen der Philosophie genauer zu erläutern, denn sie, „die Königin der Wissenschaften", war immer bestrebt, gerade das zu bieten, was die Wissenschaften — es ist nicht gut, in diesem Zusammenhang aber üblich, sie *Einzelwissenschaften* zu nennen, — nicht zu bieten vermögen.

---

[1]) Vgl. die Einleitungen in die Philosophie, namentlich die oft aufgelegten von PAULSEN (zuerst 1892) und KÜLPE (zuerst 1895); ferner SIMMEL, Hauptprobleme der Philosophie (Sammlung Göschen) 1910, 5. Aufl. 1920.

Der Philosoph tritt nämlich an die Gegenstände der Wissenschaften mit einer besondern Absicht heran und verfolgt daher eine eigene Aufgabe. Er will nicht das Einzelne, sondern das Ganze, nicht die Teile, sondern ihren Zusammenhang erkennen. Philosophie ist das Bestreben, die Wirklichkeit als einheitliches Ganzes zu erfassen. Sie unterscheidet sich von den Wissenschaften durch die Aufgabe, nicht durch den Gegenstand. Während der Sinn des wissenschaftlich forschenden Menschen gewöhnlich auf eine Einzelheit gerichtet ist, vielleicht auf eine sehr umfangreiche wie etwa die Darstellung des Weltkriegs, wendet sich der Philosoph der „Totalität des Seins" zu (SIMMEL a. a. O. S. 12), was wiederum nicht so zu verstehen ist, als ob ihn sehr umfangreiche Gegenstände besonders oder gar ausschließlich interessieren müßten; vielmehr kann die kleinste Einzelheit in den größten Zusammenhang gestellt werden, und wo es geschieht, wird philosophiert. Man kann eine einzige Vorschrift aus dem Erbrecht philosophisch betrachten und tut es, wenn man sie als ein Pünktchen auf der großen Linie des Rechts und als ein Atom im Universum der Kultur begreift. „. . . Er hat die Eigenheit, nur Einzelnes zu sehn, doch alles Einzelne als Ganzes zu verstehn."

Es ist nunmehr bloß eine Konsequenz, wenn wir die Rechtsphilosophie definieren als das Bestreben, vom Recht als einem einheitlichen Ganzen eine Vorstellung zu gewinnen. Denn sie tritt an ein Stück Wirklichkeit mit der gleichen Absicht heran wie der Philosoph an die ganze Wirklichkeit und ist daher gerade wie Religions-, Geschichts- oder Naturphilosophie ein Zweig der Philosophie, steht aber keineswegs auf gleicher Stufe mit der Metaphysik oder der Ethik, in denen wir Aufgaben erkennen werden, die für die Philosophie und ihre Zweige gleichmäßig gelten. Der Wert des rechtsphilosophischen Studiums ergibt sich aber unmittelbar aus der bekannten Ermahnung, über den Einzelheiten nicht das Ganze aus den Augen zu verlieren; und im Hinblick auf den kaum mehr übersehbaren Umfang des rechtswissenschaftlichen Stoffs ist die zusammenfassende Betrachtung nötiger denn je, damit es nicht wahr werde, daß der Jurist vor lauter Bäumen den Wald nicht sieht.

Die Feststellung, daß die Philosophie ihre eigene Aufgabe hat, gewinnt volle Bedeutung erst durch die weitere, daß ihr nicht ein besonderer Gegenstand eigentümlich ist. Wo auch sollte er zu finden sein, da doch die Wirklichkeit in ihrem ganzen Umfange unter die Wissenschaften verteilt ist?[1]) Die Natur in ihren mannigfaltigen Erscheinungsformen ist Gegenstand der Naturwissenschaften, jede Äußerung des menschlichen Geistes gehört einer oder der andern Kulturwissenschaft an, der Geschichte, der Religions-, Sprach- oder Rechtswissenschaft usw.; für die Philosophie bleibt nichts übrig, — es sei denn, daß außerhalb der Wirklichkeit noch Gegenstände stehen, die der Erkenntnis zugänglich sind. Zwei Gegenstände dieser Art, ja mehr als das, zwei solche Welten hat man zu finden geglaubt und der Philosophie zugewiesen, die Welt der Werte (Ethik) und die Welt der unerfahrbaren Prinzipien (Metaphysik). Sie scheinen als besondere Gegenstände für die Philosophie schon deswegen reserviert zu sein, weil der Zweifel an ihrer Erkennbarkeit wie eine dichte Wolke über ihrem Gebiet ausgebreitet ist. In Wahrheit aber sind Ethik und Metaphysik, denen wir uns im folgenden zuwenden, die beiden großen philosophischen Aufgaben[2]).

---

[1]) ERICH BECHER, Geisteswissenschaften und Naturwissenschaften, 1921, ist das neuste Werk über die Einteilung der Wissenschaften.

[2]) Als dritte pflegt die Erkenntnistheorie genannt zu werden. Geflissentlich unterdrücke ich sie hier wie in der ganzen Darstellung, hauptsächlich weil ich mich von der Überzeugung nicht trennen kann, daß sie je nach dem System entweder Bestandteil oder Zubehör der Prinzipien- oder Wertlehre sein oder ähnlich wie die Psychologie aufhören muß, zur Philosophie gerechnet zu werden. Dazu kommt, daß die Erkenntnistheorie, wenn speziell eine Kritik der Rechtsvernunft (Rechtswissenschaftslehre) begründet werden soll, in die engste Verbindung mit der Psychologie treten muß, was am besten an STAMMLERS Theorie erkannt werden kann,

b) Die Unterscheidung von Wirklichkeit und Wert, Seiendem und Seinsollendem, Faktischem und Normativem ist für jede methodische Besinnung grundlegend und unerläßlich. Denn die Wirklichkeit (in dem durch diesen Gegensatz akzentuierten Sinne) umfaßt die Gesamtheit dessen, was der (äußern oder innern) Erfahrung zugänglich ist und daher durch kausale Verknüpfung erkannt wird, während Wertungen der Wahrnehmung entzogen, also in der Welt der Bedeutungen zu suchen sind und durch teleologische Verknüpfungen zustandekommen (*τέλος* heißt Zweck). Das „Warum?“ beherrscht die Wirklichkeits-, das „Wozu?“ die Wertwissenschaften; Beispiele bieten weltgeschichtliche Ereignisse so gut wie alltägliche Handlungen, denn sie werden sowohl aus ihren Gründen (Motiven) erklärt wie nach Zwecken beurteilt. Es sollte deutlich sein, daß hiermit zwei Betrachtungsweisen oder Methoden, jedoch keineswegs zwei Gegenstände einander gegenübergestellt sind, denn der Wert ist überall an die Wirklichkeit gebunden. Es ist eine sich ausbreitende Irrlehre, der wir nachher noch in speziellerem Zusammenhang entgegentreten, daß die Werte ein gesondertes, zumeist „Kultur“ benanntes Dasein führen. Durch jedes Werk und am drastischsten durch jedes Kunstwerk wird das Gegenteil bewiesen und ebenso wird durch jedes Geschehnis, das vor ein Gericht gezogen wird, und durch die Norm, nach der es gerichtet wird, die zwar eine methodische Gliederung fordernde, aber eine gegenständliche Teilung nicht zulassende Einheit von Wirklichkeit und Wert veranschaulicht. Wer wollte dem Einbruchsdiebstahl, von dem die Zeitung erzählt, den Wert (Unwert), wer der Vorschrift, die das Gesetz für diesen Fall gibt, die Wirklichkeit absprechen? Zieht man sich aber auf allgemeingültige Werte wie das Gute, Schöne, Gerechte zurück, so steht neben dem hier auszuscheidenden Zweifel, ob wir überhaupt imstande sind, sie zu denken, doch die Gewißheit, daß sie nichts anderes sein können als Abstraktionen von den Besonderheiten konkreter Werte, sich also zu verwirklichten Werten verhalten wie jedes beliebige Allgemeine zu einem Besondern. Und da die Kulturwissenschaften von Werturteilen durchsetzt sind und ihrer, woran der Jurist am wenigsten erinnert zu werden braucht, nicht entraten können, liegt der für das Wesen der Philosophie bedeutsame Unterschied nur in der Gegenüberstellung von allgemeineren und besonderen Werten. Sie enthält, ohne daß darin ein Mangel gefunden werden dürfte (vgl. 2a), keine scharfe Abgrenzung, läßt aber keinen Zweifel, daß es der Philosophie, weil sie die ganze Wirklichkeit zu bewältigen versucht, zufällt, den allgemeinen Teil der Wertlehre in ihren Aufgabenkreis aufzunehmen (vgl. 2b).

c) Wie jeder Begriff, so nimmt der der Wirklichkeit sovielmal eine neue Färbung an, als er in einen neuen Gegensatz gestellt wird. Und da es nicht möglich ist, in das Wesen der Philosophie einzudringen, ohne von der übersinnlichen Welt zu sprechen, muß die Wirklichkeit als erfahrbare Welt der über die Erfahrung hinausgehenden gegenübergestellt werden. Ihr nähern wir uns durch die Überlegung, daß wir von jedem Ding nur so viel wissen können, als wir durch sinnliche Wahrnehmung oder innere Erfahrung festzustellen vermögen, was aber das Ding an sich ist, was es unabhängig vom Stückwerk unseres Wissens ist, das möchten wir, sofern wir philosophisch interessiert sind, am liebsten enträtseln. Die Philosophen sind unbescheidene Menschen, sie finden kein Genüge an dem Schauspiel,

---

weil ihr Bestreben, die Methode der Rechtsprechung zu lehren, letzten Endes an der Ausscheidung der Psychologie gescheitert ist. Endlich zwingt der zur Verfügung stehende Raum zu einer Begrenzung des Themas; und da die rechtsphilosophische Literatur im allgemeinen vor lauter methodischen Erwägungen nicht zur Sache kommt, was ebenso peinlich ist, wie wenn eine Versammlung in der Geschäftsordnungsdebatte stecken bleibt, schien es mir am geratensten, den erkenntnistheoretischen Teil zu vernachlässigen. Das Unerläßliche ist da und dort eingestreut und namentlich in den Vorbemerkungen zu den beiden Kapiteln des systematischen Teils angegeben.

das auf der Weltbühne gespielt wird, sie wollen hinter die Kulissen blicken, wollen erkunden, was aus dem Menschen wird, der in der Versenkung verschwindet, und zusehen, wer das große Himmelslicht anzündet und den Sternen Glanz verleiht. In der Tat, das jenseits der Erfahrung liegende Reich gehört der Philosophie. Sie trägt ja auch, soweit sie sich mit diesen letzten Dingen beschäftigt, einen besondern Namen: Metaphysik. Wenn z. B. SPINOZA die Wirklichkeit aus der unendlichen Substanz erklärt, Gott und Natur vereinheitlicht — deus sive natura heißt die kühne Formel — und so zum Pantheismus gelangt, so ist das Metaphysik. Und das Beispiel zeigt, was die Metaphysik anstrebt und leistet; sie bietet eine Weltanschauung, sie allein bietet, wenn man von religiösen Überzeugungen absieht, eine Weltanschauung. Ohne Metaphysik kann man weit vordringen, nämlich bis zu einer Lebensauffassung, einer tief verankerten und zugleich hochragenden, aber nicht bis zur Auflösung der letzten Welträtsel. Die große Frage aber ist, ob die Philosophie nicht „das Unerforschliche still verehren", also auf Metaphysik verzichten und sich mit der Begründung einer Lebensauffassung begnügen muß, weil das Übersinnliche jenseits der Grenzen des Erkenntnisvermögens liegt.

Es ist KANT gewesen, der in seiner Kritik der reinen Vernunft die Bedingungen, unter denen Erkenntnisse zustandekommen, untersucht und die Besinnung auf die Grenzen des Möglichen in die Philosophie eingeführt hat. Trotzdem ist es nicht zulässig, die Metaphysik unter Berufung auf KANT aus der Philosophie auszuschalten, wie es unter dem Einfluß der Neu-Kantianer vielfach geschehen und in der Rechtsphilosophie lange Zeit als feststehendes Resultat hingenommen worden ist. Denn KANT hat zwar die Unmöglichkeit der unkritisch-rationalistischen Metaphysik eines DESCARTES, SPINOZA oder LEIBNIZ dargetan, hat aber keineswegs die erkenntniskritisch gesicherten Systeme, die nach ihm vom deutschen Idealismus, besonders von HEGEL, oder von einem SCHOPENHAUER entworfen worden sind, antizipierend widerlegt. Im Gegenteil, die Erkenntnistheorie KANTS führt notwendig auf Metaphysik hin, und diese Notwendigkeit ist in der Geschichte der Philosophie glänzend zutage getreten, denn auf KANT folgten FICHTE, SCHELLING, HEGEL. Die Aufgabe, über diesen Zusammenhang genauer Rechenschaft zu geben, führt zu weit, als daß sie hier in Angriff genommen werden dürfte. Wir können nur auf die Angaben über HEGELS Rechtsphilosophie (unten II 2b) und die dort erklärte alles besagende Formel „Logik oder Metaphysik" verweisen. Abseits von allen gelehrten Gedankengängen liegt aber die Überzeugung, die uns für die Anerkennung der Metaphysik entscheidend sein soll, daß jedes philosophische System, das über die letzten Dinge keine Auskunft gibt, hinter den Ansprüchen zurückbleibt, die von dem Erkenntnisbedürfnis und mehr noch von dem Drang, ein einheitlich geschlossenes Weltbild zu gewinnen, unbeirrbar erhoben werden. Der philosophische Trieb fordert Metaphysik. Daher wird auch das hier zu entwerfende System an einen Punkt gelangen, an dem eine metaphysische Begründung notwendig wird, obwohl es im allgemeinen für eine Rechtsphilosophie, da sie nicht von der Absicht geleitet sein kann, eine Weltanschauung zu entwickeln, genug sein muß, sich auf einer Lebensauffassung aufzubauen.

Mit all dem räumen wir nicht im geringsten ein, daß die Philosophie einen besondern Gegenstand wenigstens insoweit habe, als sie Metaphysik ist. Das hieße das Wesen der Philosophie fälschen. Denn dann entstände der Anschein, als ob die Metaphysik etwas anderes als die Wirklichkeit ergründen wolle, während sie doch in Wahrheit über die erfahrbare Welt nur deswegen hinausgeht, um deren letzten Gründe, also das Allerwirklichste am Wirklichen zu erforschen. In diesem Bestreben begegnet sie sich mit den Wissenschaften und muß sich im einzelnen immer neue Grenzregulierungen gefallen lassen; die Atomenlehre war einst Metaphysik, heute ist sie Physik. Erst in Verbindung mit der für die Philosophie charakteristischen Aufgabe, von der Wirklichkeit als einem einheitlichen Ganzen eine Vorstellung zu geben, nimmt auch die Bedeutung der Metaphysik feste Gestalt an. Wie die Ethik den ganzen Wert der „Totalität des Seins" erfassen will, so die Metaphysik den ganzen und letzten Grund. Daher ist sie, was sie von ARISTOTELES an war, Lehre von den letzten Prinzipien der gesamten Wirklichkeit, und wird so, insbesondere unter Betonung ihres Wirklichkeitscharakters, gegenwärtig wieder mit wachsender Entschiedenheit aufgefaßt (DRIESCH, VOLKELT, BECHER a. a. O, S. 318). Wächst aber der ganze Wert und der letzte Grund der Totalität des Seins zu einer Einheit zusammen, so ist der ganze Sinn von Welt und Leben gedeutet und die reifste Frucht der Philosophie erblüht.

2. Die Hauptaufgaben der Rechtsphilosophie.

Die Rechtsphilosophie hat genau die gleichen Aufgaben wie die Philosophie, hat sie aber zu erfüllen an dem Stück Wirklichkeit, das ihr als Ggenstand zugewiesen ist, also am positiven Recht. Sie ist daher Rechtsprinzipien- (a) und Rechtswertlehre (b).

a) Wer vom Recht als einem einheitlichen Ganzen eine Vorstellung gewinnen will und sich deswegen den Prinzipien des Rechts zuwendet, darf sich vor allem nicht durch die sophistische Frage, wo denn die Prinzipien aufhören und die Einzelheiten beginnen, in Verlegenheit bringen lassen. Denn diese Frage beruht auf der verkehrten Annahme, die Grundbegriffe seien ein von den dem konkreten Stoff näher stehenden Begriffen gesonderter Gegenstand, während sie in Wahrheit die letzten Zusammenfassungen der Einzelheiten sind. Jeder Begriff ist eine Synthese, und der Grundbegriff ist die gründlichste. In den Prinzipien des Sachenrechts sind die der einzelnen Rechte an Sachen enthalten, die Prinzipien des Privatrechts umfassen die der Schuldverhältnisse, des Sachen-, Familien- und Erbrechts. Daher kann für den Rechtsphilosophen das Gesetz betr. die Anfertigung von Zündhölzern ebenso interessant sein wie eine grundlegende Verfassungsbestimmung, nur darauf kommt es an, daß sich ihm an diesem oder jenem Stoff etwas Grundsätzliches offenbart. Allerdings kann nicht ein für allemal ausgemacht werden, welche Erkenntnisse grundsätzliche Bedeutung haben, denn es steht nicht bloß jedes einzelne Problem, sondern auch die Wichtigkeit eines jeden Problems im Fluß der Zeit. Daher fällt das Grundsätzliche, wenn nicht völlig, so doch in weitem Maße, mit dem Wichtigen zusammen (ähnlich RADBRUCH S. 1). So hätte z. B. eine Rechtsphilosophie, in der vom Widerstandsrecht des Volks gegen den König nichts zu finden ist, bis ins 18. Jahrhundert hinein eine Lücke gehabt, denn diese Frage war damals problematisch und wichtig, heute liegt sie vom Grundsätzlichen weit ab. So verstanden, beschäftigt sich die Prinzipienlehre nicht mit weltfremden, sondern mit den weltbewegenden Problemen.

Von den Prinzipien des Rechts kann nun aber in einem doppelten Sinn die Rede sein. Es können die Grundbegriffe gemeint sein, die hinter dem Rechtsbegriff liegen, wie z. B. subjektives Recht, Rechtspflicht, Rechtsfolge, oder diejenigen, die ihm logisch vorausgehen, von denen er selbst also abhängig ist[1]). Die ersteren werden von der Allgemeinen Rechtslehre dargestellt, die wohl den Anspruch erhoben hat, Rechtsphilosophie zu sein, aber doch nur zu ihren Surrogaten (II, 3) gehört. Denn diese Lehre setzt genau wie die Rechtswissenschaft das Recht voraus, der Rechtsphilosoph aber schürft nach den Voraussetzungen des Rechts. Wer nämlich das Ganze des Rechts erkennen will, darf sich nicht inner-

---

[1]) Ebenso FELIX SOMLO, Juristische Grundlehre 1917, S. 8ff., bes. 12. Das hervorragende Werk enthält den ersten Teil der Rechtsphilosophie (Prinzipienlehre) und Hauptstücke der Allgemeinen Rechtslehre.

halb des Rechtsbezirks tummeln, sondern muß seinen Gegenstand auf dem weiteren Gebiet suchen, auf dem es selbst ein Teil ist und neben andern Erscheinungen steht, — darf nicht im Walde bleiben, sondern muß die Höhe erreichen, die einen freien Ausblick auf die Landschaft bietet, denn nun erst sieht er den Wald als eine in saubere Konturen eingeschlossene Einheit. Dieses weitere Gebiet ist das der Sozial- und Kulturphilosophie und bedarf, da wir es durchwandern werden, hier keiner näheren Beschreibung. Wohl aber muß es noch vom metaphysischen unterschieden werden.

Im Anschluß an die Ausführungen über das Wesen der Philosophie könnte die Meinung entstanden sein, jede Prinzipienlehre müsse durchweg metaphysisch sein. Das ist nicht der Fall und ist am wenigsten für die Rechtsphilosophie zutreffend. Vielmehr entnehmen wir die Grundbegriffe des Rechts aus dem Kulturprozeß, dessen Werdegang die Geschichte überliefert, dessen gegenwärtigen Stand uns das Erlebnis übermittelt. Geschichte und Erlebnis schöpfen aber aus der erfahrbaren Welt. Die Aufgabe, das Recht als ein Ganzes zu erkennen, führt nämlich im Ergebnis zur Feststellung des Rechtsbegriffs, — nach diesem Zielpunkt ist unser erstes Kapitel benannt — so daß wir vor allem bemüht sein müssen, die den Rechtsbegriff konstituierenden Begriffe, — in unserer Darstellung sind es zwei, der Begriff der Gesellschaft und der der Kultur — also konstruktive Prinzipien zu gewinnen. Das metaphysische Bedürfnis meldet sich erst in letzter Linie und im letzten Abschnitt, aber ich räume gerne ein, daß dies hauptsächlich auf die hier vorgenommene Anordnung und Formung des Stoffs zurückzuführen ist.

b) Wer sich eines Ganzen bemächtigen will, kann von dem theoretischen Bedürfnis geleitet sein, zur letzten Synthese vorzudringen, wird aber gewöhnlich von dem Wunsche getrieben, sich selbst in eine Beziehung zu den Dingen zu setzen, also ihren Sinn in seinen Sinn aufzunehmen und sein Wesen in ihrem Wesen wiederzufinden. Dieses Herstellen einer Beziehung zwischen Subjekt und Objekt, diese Subjektivierung des Objekts ist die Seele einer jeden Wertbetrachtung, denn auf diesem Wege gelangt man, wie nicht schön, aber treffend gesagt zu werden pflegt, zu einer „Stellungnahme“, was sich dann in Einschätzungen aller Art und jeden Grades äußert. Zu allen Zeiten hat die Philosophie versucht, aus solchen Wertbetrachtungen eine Wissenschaft zu machen, die man Ethik (nicht etwa Moral!) nennt, und unter den neueren Philosophen hat WINDELBAND[1]) am entschiedensten und in gewollter Einseitigkeit die Philosophie als „die kritische Wissenschaft von den allgemeingültigen Werten aufgefaßt“. Für die Rechtsphilosophie ist hiermit nicht die einzige, aber doch die zentrale Aufgabe bestimmt. Der Wert des Rechtes soll ergründet und festgelegt werden, und zwar um ein Verhältnis zum Recht zu gewinnen, um seine vielfachen Vorschriften beurteilen, aber auch um sie in dem grundsätzlich richtigen Geiste anwenden zu können. Das Ziel ist also, — und nach diesem Zielpunkt ist unser zweites Kapitel benannt — zu einer Verständigung über die Idee des Rechtes vorzudringen. Und wenn wir die Aufgaben und Überschriften der beiden Kapitel zusammennehmen, tritt ergänzend zu der schon aufgestellten sachlicheren Definition (oben S. 2) die unserem systematischen Aufbau entsprechende: Rechtsphilosophie ist die Lehre vom Begriff und der Idee des Rechts[2]).

Von den mannigfachen Gestalten, in denen die rechtsphilosophische Wertlehre aufgetreten ist, berichtet der zweite Abschnitt dieser Einleitung und das

---

[1]) Präludien (zuerst 1884) S. 28; Einleitung in die Philosophie 1914. — Tiefe, stark konzentrierte Ausführungen über die Bedeutung der Wertlehre für die Rechtsphilosophie und Jurisprudenz bietet EMIL LASK in der Festschrift für Kuno Fischer, 2. Aufl. 1907.

[2]) Ebenso u. a. STAMMLER und SOMLO. BINDER, Rechtsbegriff und Rechtsidee 1915, an dessen Titel die Definition anknüpft, enthält eine Kritik der Lehre STAMMLERS. Über abweichende Auffassungen SOMLO a. a. O. S. 14.

zweite Kapitel des Systematischen Teils. Hier ist die Fragestellung noch vor einem grundsätzlichen Mißverständnis zu schützen, zu dem weniger der Jurist als der Philosoph neigt. Belanglos ist es allerdings, ob man das Problem der Wertlehre STAMMLER folgend darin sieht, das Kriterium für die Richtigkeit des Rechts zu finden, oder ob man, wie andere es vorziehen[1]), nach der Gerechtigkeit des Rechts fragt, denn die eine und die andere Formulierung stellt in gleicher Weise das Beurteilungsprinzip, an dem das Recht gemessen werden soll, in Frage und erwartet die Antwort. Verhängnisvoll ist es aber, wenn man übersieht, daß das Recht, dessen Richtigkeit oder Gerechtigkeit untersucht werden soll, dasjenige ist, das in Gesetzen, Urteilen, Vollstreckungen usw. in die Erscheinung tritt, also das positive Recht ist. Mit diesem Recht, das den Gegenstand der Rechtswissenschaft bildet, ist wie in kleinen so in prinzipiellen Fragen das Rechte, also das soeben als Richtigkeit oder Gerechtigkeit bezeichnete ethische Prinzip zum Schaden der Rechtsphilosophie allzu oft verwechselt worden. Diese Verwechslung lebt von dem „Doppelsinn des Wortes Recht", der z. B. scharf hervortritt, wenn von einem Rechtssatz gesagt wird, seine Anwendung führe zu einem Unrecht[2]), und ist um so gefährlicher, weil das Problem der Wertlehre gerade darin liegt, das Recht im juristischen Sinne mit dem Rechten im ethischen Sinne zu konfrontieren, also, wie nunmehr pointiert gesagt werden darf, „das Recht des Rechts" zu ergründen[3]). —

II. Die Richtungen der Rechtsphilosophie.

1. Das Naturrecht bis zum 19. Jahrhundert.

a) Bis zum Beginn des 19. Jahrhunderts ist die Rechtsphilosophie Naturrecht gewesen und so genannt worden[4]); nur Vereinzelte haben eine andere Richtung eingeschlagen. Der Grundgedanke[5]) aller naturrechtlicher Äußerungen und Systeme ist aber der Gegensatz zum positiven Recht, und zwar ein doppelter Gegensatz. Er betrifft den Ursprung und die Geltung. Positives Recht hat seine Geschichte,

---

[1]) RICHARD SCHMIDT, Einführung in die Rechtswissenschaft I. Tl. 1921, S. 24; der II. Tl. soll die Rechtsphilosophischen Grundlagen enthalten, ist aber noch nicht erschienen.

[2]) Vgl. SOMLO a. a. O. S. 121.

[3]) Zur Literaturfrage: An zeitgemäßen, dem Typus des Lehrbuchs oder Grundrisses entsprechenden Darstellungen herrscht Mangel; nur die Grundzüge der Rechtsphilosophie von RADBRUCH (1914) und die oben schon charakterisierte Juristische Grundlehre von SOMLO (1917) können als solche gelten und dem Studierenden empfohlen werden. Wir zitieren beide Werke nur mit dem Autornamen. RUDOLF STAMMLERS anfangs 1922 erschienenes Lehrbuch der Rechtsphilosophie hat nachträglich noch benutzt werden können; es bringt die Theorie des Verf. (vgl. unten II, 4b) erneut zur Darstellung und leistet durch eine bisher vermißte Zusammenstellung der Literatur der Bearbeitung rechtsphilosophischer Fragen unschätzbare Dienste.

Das System der Rechts- und Wirtschaftsphilosophie von FRITZ BEROLZHEIMER, 5 Bde. 1904/07, ist ein vorzügliches Nachschlagewerk; für die Literatur mit Ausnahme der jüngsten, bei STAMMLER angegebenen sei ein für allemal auf BEROLZHEIMER verwiesen. — JOSEF KOHLERS Lehrbuch der Rechtsphilosophie 1909 (2. Aufl. 1917) ist der Sache nach keine Rechtsphilosophie, der Form nach kein Lehrbuch (vgl. unten II 3b).

Die Zeitschriften unserer Materie sind: 1. Archiv für Rechts- und Wirtschaftsphilosophie, begründet 1907 von KOHLER und BEROLZHEIMER, vom 15. Bd. (1921) an herausgegeben von ZITELMANN, WENGER, KLEIN. 2. Zeitschrift für Rechtsphilosophie, herausgeg. von HOLLDACK, JOERGES, STAMMLER, 1. Bd. 1914, bisher 3 Bde. 3. Philosophie und Recht, begr. 1920, herausgeg. von C. A. EMGE u. FRIEDR. RAAB, bisher 3 Hefte von Bd. 1.

Im übrigen dient der nächste Abschnitt unserer Einleitung auch zur Einführung in die Literatur.

[4]) Zur Geschichte des Naturrechts GEYER in Holtzendorffs Enzykl. bis zur 5. Aufl. 1890, S. 55. — LANDSBERG, Gesch. d. dtschn. Rechtswissenschaft, 3. Abt., 1. Hälfte 1898.

[5]) Neuere Lit. über das Wesen des Naturrechts bei SOMLO S. 131.

es ist in Raum und Zeit entstanden, ist das Produkt eines bedingten Willens; Naturrecht ist kein historisches, sondern ein logisches Produkt, es wird deduziert, wird abgeleitet aus der menschlichen Natur oder, wie es in der Bezeichnung „Vernunftrecht" anklingt, aus der menschlichen oder gar der göttlichen Vernunft. Demgemäß gehört unbedingte Geltung, also örtlich und zeitlich unbegrenzte Herrschaft zum Wesen des Naturrechts, während das positive Recht immer ein räumlich und zeitlich begrenztes Geltungsgebiet hat und daher dem Naturrecht weichen muß, wo immer es ihm widerspricht. „In seiner konsequentesten Zuspitzung erscheint das Naturrecht als ein transzendentes, »absolut gemeines« Recht, demgegenüber sämtliche positive Rechtsordnungen zur Rolle subsidiären Partikularrechts herabsinken." „Naturrecht bricht positives Recht" (LASK a. a. O. S. 274).

Dieser Grundgedanke ist über zwei Jahrtausende hindurch variiert worden. Denn ARISTOTELES hat den Ton angeschlagen. Er unterscheidet in seiner Ethik das von Natur und das durch Satzung Gerechte und verlangt, da ein Gesetz nur Regeln aufstellen kann, im Leben aber Ausnahmen vorkommen, die Berichtigung des gesetzten durch das natürliche Recht, wenn die Regel auf den Fall nicht paßt. Diese Berichtigung ist das Wesen der Billigkeit. Die Römer, die zur Philosophie so wenig getaugt haben wie die Griechen zur Jurisprudenz, sind, als sie über ARISTOTELES hinausgingen und neben ius civile und ius gentium als dritte Kategorie das ius naturale stellten, auf einen Irrweg geraten; sie haben nämlich auf Grund der Überzeugung, daß Sklaven vom natürlichen Recht nicht ausgeschlossen werden dürfen, in ihre dritte Kategorie nur die den Menschen und Tieren gemeinsamen Funktionen, wie Geschlechtsverbindung und Aufzucht des Nachwuchses eingeordnet, womit für Lebens*betätigungen* der Rang von Lebens*regelungen* usurpiert wird. Die Römer waren aber zu gute Juristen, als daß sie vom Naturrecht viel Aufhebens gemacht hätten; nur CICERO preist es als natürliches Sittengesetz (communis lex naturae) und beteuert, ähnlich wie Anwälte es zuweilen noch heute tun, kein Senat und kein Volk dürfe es antasten. — Für die spätere Scholastik, die ihre prinzipielle Aufgabe in der Verschmelzung der Aristotelischen Philosophie mit den Lehren der Kirche fand, wird das Naturrecht zum ius divinum, das aus den Offenbarungen Gottes zu entnehmen ist. Der Gegensatz zum positiven Recht tritt aber umso schärfer hervor, weil die Zweiweltentheorie (civitas dei und civitas terrena) die philosophische und politische Grundlage der christlichen Weltanschauung bildet, — was alles um so mehr bedeutet, weil der Katholizismus auch heute noch diesen Standpunkt einnimmt und sich keineswegs mit bloßer Theorie begnügt; zu allen Zeiten sind aus dem Naturrecht sehr praktische Folgerungen abgeleitet worden, wie z. B. die Unauflöslichkeit der Ehe, die Unantastbarkeit des Privateigentums, die Befreiung der Kleriker vom Militärdienst[1]).

Eine neue Aera[2]) brach für das Naturrecht an, als die Reformation und die englische Revolution die Geister wachgerüttelt hatte. Aus Grundfragen der Rechtsordnung, wie das Widerstandsrecht der Untertanen gegen die Obrigkeit, wie das Verhältnis des Staats zur Kirche oder der Gewissensfreiheit des Einzelnen zur Zwangsgewalt des Staates, wurden heiß umstrittene Zeitfragen, die sowohl in Fehden und Kriegen wie in naturrechtlichen Äußerungen und Systemen einer Menge von scheinbar unwandelbaren und doch so vergänglichen Entscheidungen zugeführt worden sind. Bunt wie die Auffassungen der Natur des Menschen — er ist nach GROTIUS ein wohlwollendes geselliges, nach HOBBES jedoch ein streitbares selbst-

---

[1]) So PIUS IX. im Syllabus zit. nach CATHREIN, Recht, Naturrecht u. positives Recht (1901) S. 118. Dieses Buch sei zugleich als Repräsentant der Richtung genannt. 2. Aufl. 1909.

[2]) In gefälliger Darstellung berichtet ERICH CASSIRER, Natur- u. Völkerrecht im Lichte der Geschichte u. der system. Phil. 1919 über DANTE, NIKOLAUS CUSANUS, ALTHUSIUS, GROTIUS, HOBBES, PUFENDORF, LEIBNIZ, ROUSSEAU, KANT. — Ferner hierzu und zu den folgenden Abschnitten STAMMLER, Rechts- u. Staatstheorien der Neuzeit, Leitsätze zu Vorlesungen 1917.

süchtiges und nach ROUSSEAU vor allem ein frei geborenes Wesen — sind die Ergebnisse, insbesondere die Entscheidungen der Verfassungsfrage; für das absolute Königtum tritt HOBBES, für die konstitutionelle Monarchie LOCKE, für die Demokratie ROUSSEAU ein, und jeder begründet seine Lehre mit dem Nachweis, nur diese Staatsform entspreche der menschlichen Natur. Unwiderstehlich aber wächst aus dem Streit der Meinungen der große Sieg des Naturrechts heraus, die Erklärung der Menschenrechte. In jähem Absturz folgt die Ernüchterung und die Überwindung der Alleinherrschaft des Naturrechts, denn um die Jahrhundertwende fangen die Menschen an, historisch denken zu lernen.

Trotzdem bleibt das Naturrecht auch im 19. Jahrhundert noch lebendig; an ihm hält nicht nur, wie schon erwähnt, der Katholizismus fest, es findet in ganz Europa ein großes Publikum, was schon aus dem für ein rechtsphilosophisches Werk erstaunlichen Erfolg des in viele Sprachen übersetzten und oft aufgelegten Buches von HEINRICH AHRENS, Naturrecht oder Philosophie des Rechts und des Staats, entnommen werden kann[1]). Der erbittertste Feind aber erwuchs dem Naturrecht in KARL BERGBOHM[2]); schier fanatisch hat er es bis in die letzten Schlupfwinkel verfolgt und nicht weniger unternommen, als ihm den Todesstoß zu versetzen. Bis zur Revolution des Jahres 1918 schien es, als ob er einen vollen Erfolg erzielt habe.

b) Aus der unvergleichlichen Lebenskraft des Naturrechts muß die Kritik lernen, daß mit einer bloßen Widerlegung nicht genug geschehen ist, vielmehr kommt es ebensosehr darauf an, über den Grund der ungeheuren Wirkung Rechenschaft zu geben.

Die Widerlegung beginnen wir mit einem Zugeständnis. Es hat einen guten Sinn, von der Natur des Menschen zu sprechen und aus ihr die Rechtsordnung abzuleiten; versteht man unter Natur die Summe der sich gleich bleibenden Eigenschaften, zu denen vor allem gehört, daß der homo sapiens ein vernünftiges und geselliges Lebewesen ist, so ist in der Tat die wesentlichste Bedingung, ohne die das Recht undenkbar wäre, angegeben. Das Naturrecht geht aber über diesen elementaren Zusammenhang einen großen Schritt hinaus; es leitet aus der menschlichen Natur nicht bloß das Dasein irgendeiner, sondern den Inhalt einer bestimmten Rechtsordnung ab und überträgt dann die Konstanz vom Ursprung auf die Geltung. Natürlich gelingt diese Ableitung nur, wenn man vorher die menschliche Natur mit kulturellen Forderungen und Bedürfnissen angefüllt hat; dann kann man wie der Zauberkünstler aus dem Zylinder aus ihr breit herausholen, was man vorher zusammengepackt hineingelegt hat. Man muß z. B. die Natur des Mannes mit reichlich spätem abendländischen Kulturgut ausstatten, um aus ihr die monogamische Ehe oder gar deren Unauflöslichkeit rechtfertigen zu können.

Ebenso illegitim wie die Herkunft ist die behauptete Geltung. Denn Geltung im Sinne einer äußeren, durch Machtmittel garantierten Verbindlichkeit hat das Naturrecht zweifellos nicht; vielmehr ist ihm lediglich ein auf Vernünftigkeit gestützter Geltungsanspruch einzuräumen. Das Naturrecht ist also ein Rechtsideal, aber kein Recht — oder Recht nur in dem ethischen Sinne von Gerechtigkeit. Ohne den schon hervorgehobenen Doppelsinn des Wortes Recht, der keineswegs auf die deutsche Sprache beschränkt und keineswegs zufällig ist (vgl. Kap. 1, B I 1b), hätte es nie ein Naturrecht geben können, vielmehr wäre die Lehre sachlich und sprachlich ehrlicher als Anpreisung eines Rechtsideals vorgetragen worden. Als Rechtsideale müssen die naturrechtlichen Systeme kritisch gewürdigt, als solche

---

[1]) Zuerst 1839 in französischer, 1846 in deutscher Sprache. Vgl. LANDSBERG a. a. O. III, 2 S. 655.

[2]) Jurisprudenz und Rechtsphilosophie 1892.

aber auch mit aller Entschiedenheit abgelehnt werden, weil die Wandelbarkeit nicht bloß ein wesentliches Merkmal des Rechts, sondern auch eine notwendige Eigenschaft eines jeden Rechtsideals ist. Es lohnt sich nicht, darüber viele Worte zu verlieren. Wie sollte für einen hochentwickelten Industriestaat dieselbe ideale Ordnung gefordert werden können wie für einen primitiven Agrarstaat? Und wie eindringlich widerlegt die Gegenwart die Unwandelbarkeit des seinsollenden Rechts! Die Anerkennung des Privateigentums war die Jahrhunderte hindurch ein Felsen, an dem sich die Stürme aller Rechtsveränderungen brachen, wir aber erleben es, daß die stärksten Beeinträchtigungen des Eigentums als gerecht empfunden werden, sofern sie nur dem Wohl der Allgemeinheit entsprechen. Will man aber, wie es zuweilen geschieht, die Unwandelbarkeit des Rechts und des Rechtsideals durch die Nachweisung von Grundsätzen retten, die sich immer gleich geblieben sind, so stellen sich inhaltsleere Abstraktionen ein wie „Du sollst jedem das Seinige geben, du sollst niemandem Unrecht tun." Eine sehr bescheidene Weisheit, denn das, was jedem gegeben werden soll, hat man zu allen Zeiten das Seinige, und das, was niemandem getan werden darf, Unrecht genannt. Füllt man das Blankett aus, so zeigt sich, wie buntbewegt die Geschichte des Seinigen und des Unrechts ist. Selbst Gebote, die so konkret und konstant erscheinen wie „Du sollst nicht töten", werden mitgerissen vom Strom der Kulturgeschichte, wenn man sie nur in den ihnen gebührenden Zusammenhang einreiht, also z. B. auf die erlaubten Tötungen achtet.

— Oft genug geht mit wissenschaftlicher Unzulänglichkeit praktische Brauchbarkeit Hand in Hand, ja mehr als das, Erfolge größten Stils können aus dürftigen oder verkehrten Theorien emporwachsen. Wie widerspruchsvoll und anfechtbar ist die in den Schriften von MARX und ENGELS niedergelegte Theorie des Sozialismus, aber diese Unzulänglichkeit hat den Siegeszug des Sozialismus eher befördert als aufgehalten. Dasselbe gilt vom Naturrecht. Es hat für die Befreiung der Menschheit aus Knechtschaften aller Art Gewaltiges geleistet, es war in der Entwicklung freiheitlicher Staatsverfassungen und in der Ausbildung eines humanen Völkerrechts eine stark treibende Kraft. Wie ist das zu erklären? Daraus, daß in der mehr oder weniger gewahrten Form des wissenschaftlichen Systems politische Forderungen erhoben worden sind, die aus Zeit- und Streitfragen entstanden waren, aber in den Glorienschein des ewigen Rechts hineingestellt und dadurch zu wirkungsvoller Eindringlichkeit gesteigert wurden. Es war ebensosehr Mangel an kritischer Besonnenheit, also eine glückliche Naivität, wie Instinkt für die enthusiastische Phrase, die die Naturrechtslehrer instand gesetzt haben, ihre Vorschläge de lege ferenda und ihre parteiischen Wünsche als „unzerbrechlich wie die Sterne selbst" zu empfinden und vorzutragen. So gewannen sie Einfluß. Denn es macht auf Massen — und Politik wendet sich immer an Massen — einen tiefen Eindruck, wenn die Idee, für die gerade Propaganda getrieben wird, als unveräußerliches Recht hingestellt wird, als eine nicht aus den gegebenen Umständen, sondern aus der Ewigkeit geborene Anwartschaft. Wer eine Volksversammlung mitreißen oder als Verteidiger ein Schwurgericht beeinflussen will, mag es sich merken, wer aber die Wissenschaft fördern will, der hat mit dem guten Glauben auch das Recht auf diese Methode verloren. Ihm hat das Naturrecht ein anderes Vermächtnis hinterlassen, die Warnung vor einer rein rationalistischen Rechtsphilosophie. Ein bloß verstandesmäßig aufgebautes System, mag es auch bis zur letzten Feinheit durchdacht sein, wird niemals als Rechtsweisheit anerkannt werden; es muß erwärmt sein von dem feinen Rechtsgefühl eines HUGO GROTIUS und durchglüht sein von der Sehnsucht eines JEAN JAQUES ROUSSEAU, muß durchströmt sein von dem leidenschaftlichen Willen, ein Erzieher der Menschheit zu werden. Wem es aber leidig scheint, daß solchermaßen die Erkenntnis der Wahrheit getrübt werden kann, dem sei die später auszubauende Antwort schon hier gegeben: der Rechtsphilosoph will nicht mit einem gelehrten Richter, er will mit einem weisen Richter verglichen werden und sucht daher für seine Lehre so wenig wie der Richter für sein Urteil Wahrheit, beide suchen Richtigkeit[1]).

2. Die geschichtsphilosophischen Richtungen im 19. Jahrhundert.

a) Die historische Rechtsschule, deren Gründung „eine bewußte und planmäßige Tat" des Romanisten FRIEDRICH KARL VON SAVIGNY ist und durch das Erscheinen seiner Schrift „Vom Beruf unserer Zeit für Gesetzgebung und Rechtswissenschaft" im Jahre 1814 bezeichnet wird[2]), ist das Fundament, auf dem die Rechtswissenschaft des 19. Jahrhunderts aufgebaut worden ist. Diese „grundlegende" Bedeutung kommt ihr in der Geschichte der Rechtsphilosophie nicht zu, hier ist sie eine epochemachende Zäsur, nämlich weil sie die Herrschaft des Naturrechts bricht und neuen Richtungen die Bahn frei macht. Diese Bedeutung beruht auf zwei Grundlehren: die erste, das Recht kann nur aus seiner Geschichte verstanden werden, erscheint uns heute trivial, hat aber damals gerade rechtsphilosophisch viel bedeutet, denn sie negiert die Grundvoraussetzungen des Naturrechts. Die zweite, das Recht ist ein Produkt des Volksgeistes, es entwickelt sich organisch, es wird, es wird nicht gemacht, verstärkt den Angriff auf das Naturrecht, denn die Erlebnisse der Volksseele stehen in einem schroffen Gegensatz zu den Erfindungen der Vernunft. Namentlich führt diese romantische Auffassung dazu, die naturrechtliche These eines allgemeingültigen Rechts durch starke Betonung der nationalen Bedingtheit des Rechts zu ersetzen, und erweist sich hierdurch als der Vorbote zukunftsreicher Einsichten. Geschichte und Volksgeist sind nämlich, wenn wir sie in ihrer Wechselwirkung beobachten, — die Geschichte bildet den Volksgeist, der Volksgeist macht Geschichte — nicht allzuweit von dem entfernt, was heute Kultur genannt wird. Und so ist es die Abhängigkeit des Rechts von der Kultur, dieser schon bei MONTESQUIEU auftauchende Gedanke, der sich in der historischen Rechtsschule durchringt, um nicht mehr zu verschwinden.

b) Während das organische Werden des Rechts von der historischen Rechtsschule allzu romantisch als ein unerforschliches Walten des Volksgeistes aufgefaßt worden ist, erscheint es bei dem Philosophen, der die Romantik rationalisiert hat, d. i. bei HEGEL (1770—1831), als ein erforschliches, logisch sauberes Fortschreiten von niederen zu höheren Entwicklungsstufen. Erst hierdurch gelangt die philosophische Würdigung der Geschichte, von der im Kreise der Rechtshistoriker nur Keime festzustellen sind, zur Entfaltung[3]). Die Art, wie HEGEL diese geschichtsphilosophische Erfassung des Rechts durchführt, kann aber ohne einen Ausblick auf die Grundlinien seines Systems[4]) nicht angegeben werden. Es ist um so nötiger, so vorzugehen, weil eine neuere Richtung der Rechtsphilosophie sich selbst als Wiederbelebung und Fortbildung HEGELS verkündet, in Wahrheit jedoch nur ein Programm entworfen hat, das, so sehr es der Ausführung wert ist, von ihr selbst nicht im entferntesten durchgeführt worden ist (vgl. unten 3b).

---

1) Wir meinen dies nicht ganz im Sinne JHERINGS Zweck im Recht I (3. Aufl. S. 437): „Richtigkeit ist der Maßstab des Praktischen, d. h. des Handelns, Wahrheit der des Theoretischen, d. h. des Erkennens." Vgl. vielmehr unten Kap. 2 A I 2.

2) LANDSBERG, Geschichte d. dtschn. Rechtswissenschaft, 3. Abt. 2. Hälfte 1910, S. 199ff. — KANTOROWICZ, Was ist uns Savigny? 1912 (S.-A. aus „Recht u. Wirtschaft" 1911); MANIGK, Savigny und der Modernismus im Rechte 1914.

3) Über das Wesen der Geschichtsphilosophie und ihre Entwicklung besonders RICKERT in der Festschrift für Kuno Fischer, Die Philosophie im Beginn des 20. Jahrhunderts, und auf RICKERT fußend das Lehrbuch der Geschichtsphilosophie von GEORG MEHLIS 1915.

4) Auf KUNO FISCHER, Gesch. der neuern Philosophie, Jubiläumsausg. Bd. 8 (2 Tle.) 1901 sei für ein umfassendes Studium, auf WINDELBAND, Gesch. der neueren Philosophie Bd. 2 (in der 2. Aufl. S. 300—336) für ein kürzeres verwiesen.

Der gesunde Menschenverstand teilt in einer Hinsicht den Standpunkt KANTS, er unterscheidet Denken und Sein; sie bedeuten ihm zwei Welten. Im Gegensatz zu KANT gibt es für HEGEL nur eine Welt, die des Geistes. Die gesamte Wirklichkeit ist Geist oder Vernunft — HEGELS Lehre ist Idealismus; Denken und Sein sind identisch — HEGELS Lehre ist Identitätsphilosophie. Daß dem so ist, hat HEGEL nicht bewiesen, sondern vorausgesetzt, aber er bietet besseres als einen Beweis, nämlich die glänzende Bewährung der Voraussetzung. Glänzend bewährt sich die Identitätsphilosophie vor allem darin, daß sie mit einem Schlage die Weltgesetze offenbar macht. Es können keine anderen sein als die des Geistes, der im Menschen lebt. Und diese Gesetze sind uns vertraut, — eine ungeheure Perspektive! Die Untersuchung der menschlichen Vernunft, die für KANT Erkenntnistheorie und gar nichts sonst war, wird für HEGEL Welt- und Wirklichkeitstheorie, also Prinzipienlehre. Logik und Metaphysik, die wir zu trennen gewohnt sind, treten in eine unerhörte Verbindung, sie sind miteinander austauschbar, Logik *oder* Metaphysik muß es im HEGELschen Sinne heißen. Da nun Logik Begriffslehre ist, fällt die Entwicklung der Begriffe zusammen mit der der gesamten Wirklichkeit. Entwicklung ist aber nicht bloß die Methode der Logik HEGELS, sondern auch der Begriff, in dem das System seinen Abschluß findet; es entwickelt den Begriff der Entwicklung. Und nun verfolgt HEGEL die Entwicklung auf allen Gebieten und entfaltet dabei eine Universalität sondergleichen. Überall aber vollzieht sich die Entwicklung in demselben Prozeß, sie schreitet fort von Thesis und Antithesis zur Synthesis, die den in ihr „aufgehobenen" Widerspruch in einem neuen Gegensatzpaar weitergibt, das dann wiederum einen einigenden Begriff fordert und findet (dialektische Methode). Die Welt erscheint als ein symmetrisch gegliedertes, architektonisches Kunstwerk von zwingender Selbstverständlichkeit, sie könnte nicht anders sein als sie ist. Das Einzelne und Einzelste ist in den allumfassenden Zusammenhang gestellt, die Aufgabe der Philosophie ist virtuos gelöst. Darauf beruht der tiefe Eindruck, den HEGEL hervorgerufen hat und immer wieder hervorruft. Zu ihm, dem viel Bewunderten und viel Geschmähten, kehrt die Wissenschaft immer wieder zurück, denn er befriedigt wie kein zweiter das mächtige Bedürfnis des Denkens und der Lebensgestaltung, zur Synthese vorzudringen. Jedes Zeitalter ist krank an Gegensätzen und sehnt sich nach der Erlösung, die in ihrer Auflösung verheißen ist.

In dem allumfassenden System müssen auch Staat und Recht ihre Plätze finden. Seine Rechtsphilosophie hat HEGEL als der gefeierte Lehrer der Berliner Universität (1818—1831) vorgetragen und 1821 unter dem Titel „Grundlinien der Philosophie des Rechts" veröffentlicht[1]). Die Grundlage bildet der Gegensatz von subjektivem und objektivem Geist. Den subjektiven nennen wir heute lieber Bewußtsein oder Seele des Individuums, den objektiven, „die Vernunft im menschlichen Gattungsleben" (WINDELBAND), verstehen wir besser, wenn wir vom Gemeinschaftsleben oder etwa von Zwecken der Gesellschaft sprechen. Somit geht HEGEL vom Gegensatz zwischen Einzelwesen und Gesellschaft aus und legt hierdurch das zentrale Problem der Rechtsphilosophie und Politik bloß. Und das ist die *eine* Errungenschaft seiner Lehre, daß der Begriff der Gesellschaft und der des Rechts in die engste Verbindung treten; die Auffassung, als ob das Recht auf das Individuum zu beziehen und danach zu werten sei, wird überwunden, Transpersonalismus, Soziologie und Sozialphilosophie, Massenpsychologie und Sozialethik kämpfen sich in der Lehre vom objektiven Geist durch und behaupten sich von nun an in der vordersten Linie.

---

[1]) Neu herausgeg. v. GEORG LASSON 1911 (Philos. Bibl. Bd. 124). — Der Lehre HEGELS folgt ADOLF LASSON: System der Rechtsphilosophie 1882, ein wertvolles, aber doch stark veraltetes Buch.

Das zweite bahnbrechende Ergebnis wird durch die Einsicht in die Universalität der staatlichen Aufgabe[1]) gewonnen. Der objektive Geist wird nämlich in drei Entwicklungsstufen geschildert, deren höchste Legalität und Moralität vereinigt und Sittlichkeit genannt, aber richtig nur verstanden wird, wenn man sie als Vervollkommnung des Gemeinschaftslebens deutet. Die Sittlichkeit findet nämlich wiederum in gesteigerter Entwicklung Verwirklichung in der Idee der Familie, der Gesellschaft, des Staates. Der Staat ist der erhabenste Begriff und somit die vollkommenste Wirklichkeit, ist in der Terminologie HEGELS die den subjektiven und objektiven Geist zusammenfassende Verwirklichung der absoluten Vernunft, in der Sprache der Rechtsphilosophie der Gegenwart der höchste Wert. Hiermit erneuert HEGEL die antike Staatsidee, wie sie von PLATO und ARISTOTELES gezeichnet worden ist, und wendet sich ebensowohl gegen die Philosophen und Staatsmänner der Aufklärungszeit, die den Staat als Wohlfahrtsanstalt aufgefaßt und daher als Polizeistaat ausgebildet haben, wie gegen KANT, der in ihm nur eine Rechtsanstalt gesehen hat. Nicht Polizeistaat, nicht Rechtsstaat, sondern Kulturstaat, das ist HEGELS Standpunkt. Damit aber der Staat zur Pflege aller kulturellen Bestrebungen fähig sei, muß er seine Macht hüten und mehren, und daher ist es die höchste Pflicht eines jeden Einzelnen, Mitglied des Staates zu sein. Ein Ton wärmender Beredsamkeit mischt sich in HEGELS schwerflüssige Deduktionen, wenn er des Staates Herrlichkeit verkündet, und es ist begreiflich, daß der aufstrebende, aus tiefer Niederlage sich eben emporarbeitende preußische Staat für diese Staatsidee die größte Empfänglichkeit gezeigt hat. Der Triumph, den HEGEL gerade mit seiner Rechtsphilosophie errungen hat, erklärt sich zum großen Teil daraus, daß er einer patriotisch gesinnten Zeit die logische Notwendigkeit des Patriotismus dargelegt hat.

c) Wie HEGEL, so ragen KARL MARX und FRIEDRICH ENGELS als Vertreter einer Geschichtsphilosophie in die Rechtsphilosophie hinein[2]); auch sie rationalisieren die Geschichte. Wie eine Bestätigung der dialektischen Methode mutet es aber an, daß auf HEGELS Idealismus der Materialismus, auf die Thesis die Antithesis folgt. HEGEL hat die Materie vergeistigt, MARX materialisiert den Geist. Den Grundgedanken hat ENGELS in jenem überall zitierten bildlichen Ausdruck, in dem das gesellschaftliche Leben in einen Unter- und Überbau zerlegt wird, dargestellt; der Unterbau, „die reale Grundlage“ aller gesellschaftlichen Zustände, wird gebildet durch die „ökonomische Struktur der Gesellschaft“, der Überbau durch die Gesamtheit der rechtlichen und politischen Einrichtungen und der religiösen und philosophischen Vorstellungen. Mir scheint dieses Bild nicht so zutreffend, wie es gewöhnlich hingestellt wird, denn in ihm fehlt ein wesentlicher Zug. Die materialistische Geschichtsauffassung will nämlich das gesellschaftliche Leben nicht als stabilen Bau, sondern ganz im Gegenteil als stark bewegten Prozeß aufgefaßt wissen. Daher ist es, wenn schon eine bildliche Wendung gewählt werden soll, treffender, die ökonomischen Verhältnisse mit einem bebenden und brodelnden Boden zu vergleichen, mit einem Vulkan, der Recht, Politik usw. wie Lavaströme auswirft und durch einen einzigen gewaltigen Ausbruch das Antlitz der Erde umgestaltet. Auch insofern paßt dieses Bild, als die wirtschaftlichen Erscheinungen nach MARX „Materie“ d. h. Naturgebilde sind, die sich gesetzmäßig verändern. Hiermit sollen die Ideen nicht aus der Geschichte wegdisputiert sein, nur sind sie „Reflexwirkungen ökonomischer Phänomene“, so daß rechtliche oder politische Veränderungen in ihnen zwar

[1]) Die aktuelle Bedeutung äußert sich in der anwachsenden Literatur der jüngsten Zeit; vgl. BÜLOW, Die Entwicklung der Hegelschen Sozialphilosophie 1920, ROSENZWEIG, Hegel und der Staat 1920, HELLER, Hegel und der nationale Machtstaatsgedanke in Deutschland 1921.

[2]) MARX u. ENGELS, Das kommunistische Manifest 1848. Ferner MARX, Zur Kritik der polit. Ökonomie 1859, ENGELS, Herrn Eugen Dührings Umwälzung der Wissenschaft 1878. — Hierzu namentlich STAMMLER, Wirtschaft u. Recht nach der materialist. Geschichtsauffassung 1896 (4. Aufl. 1921). Ebenda und in STAMMLERS Lehrbuch S. 39 Angaben über die große Lit. — Der Text ist beeinflußt durch F. VON WIESER, Recht und Macht 1910, S. 105ff.

manchmal den nächsten Grund, ihren letzten Grund jedoch immer in der Güterproduktion und im Güteraustausch finden.

Die Absicht dieser Geschichtsauffassung ist, die Rechtsordnung als das sehr veränderliche Ergebnis eines fortwährenden Klassenkampfes darzustellen, aber auch das Stadium dieses Kampfes zu bestimmen. „Die moderne Staatsgewalt ist nur ein Ausschuß, der die gemeinschaftlichen Geschäfte der ganzen Bourgeoisieklasse verwaltet" (Komm. Manifest). Wie aber die feudale Gesellschaft durch die bürgerliche verdrängt worden ist, so wird diese vom Proletariat überwunden werden. Im Vulkan brodelt es, die neue Eruption kann nicht ausbleiben, sie steht unmittelbar bevor. Der daran anknüpfenden Frage, wie Staat und Recht unter der Herrschaft der Arbeiterklasse gestaltet sein werden, ist MARX nur wenig nachgegangen; er hat eine deutliche Antwort vermieden. Daher ist dieses Zukunftsbild umstritten, jede einzelne sozialisti che Richtung, der Bolschewismus einbegriffen, ist überzeugt, den richtigen Marxismus zu vertreten und wirft allen andern Richtungen Ketzerei vor. Es hat für uns keinen Sinn, in diesen Kampf der Meinungen einzudringen, es genügt, an die leitenden Ideen, die Zurückdrängung des Privateigentums und die allmähliche Überwindung des Staates, zu erinnern.

Aus der weitverzweigten Kritik des Marxismus ist, da wir über das für uns Wesentliche nicht hinausgehen dürfen, nur wenig hervorzuheben, und zwar vor allem, daß die materialistische Geschichtsphilosophie insofern Philosophie ist, als sie keinen Zweifel läßt, daß der wirtschaftliche Wert das Prinzip und in sozialistischer Ausprägung das Ziel der Entwicklung ist. Je mehr sie aber mit der Meinung ernst macht, die von ihr ergründete Entwicklung vollziehe sich notwendig wie ein natürliches Geschehnis, desto nichtssagender wird sie; denn erstens ist dann nur ein Kausalzusammenhang konstatiert, und zweitens ist seine Allgemeingültigkeit zu allen Zeiten, ganz besonders aber durch die Geschichte der letzten 50 Jahre widerlegt worden. Wie sehr aber MARX den Kulturprozeß unter den Gesichtspunkt des natürlichen Werdens gerückt hat, zeigt sich am deutlichsten in der Unterschätzung der Persönlichkeiten. Treibende Kraft ist für ihn die Masse. Und wenn zuzugeben ist, daß die von ihr ausgehende Wirkung in früheren Geschichtsauffassungen vernachlässigt worden ist, so genügt es doch, Namen wie LUTHER, GOETHE, BISMARCK zu nennen, um die Einseitigkeit der materialistischen Geschichtsauffassung zu kennzeichnen. Der Mensch ist nicht, wie sie glauben machen möchte, ein Schauplatz, auf dem sich ökonomische Vorgänge gesetzmäßig abspielen, sondern ein Schauspieler; und wenn die meisten nur Statisten sind, einige spielen doch eine sehr große Rolle. Somit wird der Marxismus auch durch MARX widerlegt, denn er hat mit seinem Reden und Agieren eine weltgeschichtliche Bewegung ausgelöst. Das kommunistische Manifest schließt nicht mit einer der materialistischen Geschichtsauffassung entsprechenden Wendung wie etwa: wir warten auf die unausbleibliche, uns beschiedene Stunde, sondern mit einem Schlachtruf, wie ihn ein Führer in sein Heer schleudert: „Proletarier aller Länder vereinigt euch!"

d) RUDOLPH VON JHERINGS (1818—1892) Rechtsphilosophie[1]) wird gewöhnlich nicht zu den geschichtsphilosophischen Richtungen gestellt, es muß aber geschehen, um der Vielseitigkeit dieses genialen Schriftstellers die charakteristische Seite abzugewinnen. Wird nämlich seine Richtung, wie es meistens geschieht, als rationalistisch oder als utilitaristisch oder als soziologisch gekennzeichnet, so ist zwar nichts Falsches, aber auch nichts völlig Zutreffendes behauptet. Denn JHERINGS Rationalismus ist historisch, und steht somit in schroffem Gegensatz zum unhistorischen Rationalismus des Naturrechts, sein Utilitarismus ist gesellschaftlich, seine

---

[1]) Hauptwerke: Geist des röm. Rechts auf den verschiedenen Stufen seiner Entwicklung, 3 Bde. 1852ff., 6. Aufl. 1907; Der Zweck im Recht, 2 Bde. 1877, 4. Aufl. 1904, ich zitiere nach der 3. 1893/98. Ferner: Der Kampf ums Recht 1872, 19. Aufl. 1919. Dazu HURWICZ, R. v. Jhering u. d. dtsche. Rechtswissenschaft 1911 (Abh. d. krim. Seminars Berlin, neue Folge Bd. 6, H. 4).

Soziologie nicht naturwissenschaftlich wie die COMTES (vgl. unten 3a), sondern kulturwissenschaftlich wie die HEGELS. Diese drei Eigenschaften erweisen seine Werke als geschichtsphilosophisch orientiert und dadurch als grundsätzlich verschieden von allen außerhalb unseres zweiten Abschnitts besprochenen Richtungen. Zu den ihm angehörenden verhält sich JHERING folgendermaßen: Das Programm der historischen Schule hat er „erfüllt und überwunden. Erfüllt, indem er den Zusammenhang des Rechts mit dem Volksgeiste, den die historische Schule programmatisch behauptet, niemals aber im einzelnen darzulegen unternommen hatte, am ‚Geiste des römischen Rechts' genial aufzeigte. Aber auch überwunden. An die Stelle des dunklen Drangs setzte er den zielbewußten Willen als den Träger der Rechtsentwicklung"[1]). — Mit HEGEL verbindet ihn die Rationalisierung der Geschichte, von HEGEL trennt ihn die völlige Abkehr von der metaphysischen Identitätslehre und der dialektischen Methode, an deren Stelle eine durchaus empirisch gerichtete Erforschung der Tatsachen des gesellschaftlichen Lebens tritt. Aus ihr ist das Motto des zweiten Hauptwerkes erwachsen: „Der Zweck ist der Schöpfer des ganzen Rechts", aus ihr die ebenda (I S. 443) abgeleitete Definition des Rechts als „die Form der durch die Zwangsgewalt des Staats beschafften Sicherung der Lebensbedingungen der Gesellschaft." — Wie stark diese Rechtsphilosophie von der materialistischen des Manifests verschieden ist, braucht nicht ausgeführt zu werden, ihr tertium comparationis finden sie aber nicht bloß in der geschichtsphilosophischen Grundstimmung, vielmehr sind sie einander dadurch näher verwandt, daß das Werden des Rechts innerhalb der Gesellschaft ihr zentrales Problem ist. JHERING löst es ungleich umfassender, vollständiger und tiefer als MARX, denn er geht nicht einseitig der wirtschaftlichen, sondern der gesamten kulturellen Bedingtheit des Rechtes nach und würdigt dabei als der große Jurist, der seinesgleichen sucht, die in der Natur des Rechtes selbst enthaltenen Bedingungen, wie die sachlichen, so die technischen. So entsteht ein imposantes Gemälde, in dem sich Egoismus, Sitte, Moral, Macht, Norm und Zwang zu einer Einheit zusammenfinden, es entsteht das philosophische Bild des Rechts.

Allerdings ein wesentlicher Zug fehlt ihm. JHERING fragt nicht nach der Idee des Rechts, nicht nach einem bleibenden oder wechselnden Rechtsideal, sondern lediglich nach dem Zweck, dem das Recht tatsächlich immer und überall gedient hat, und bleibt daher dabei stehen, jedes rechtliche Wollen und Handeln, durch das eine Lebensbedingung einer Gesellschaft gesichert worden ist, gutzuheißen. Es ist z. B. richtiges Recht gewesen, daß einige Sklavenstaaten Nordamerikas vor dem Bürgerkrieg bei Todesstrafe verboten haben, Neger im Lesen und Schreiben zu unterrichten, denn der gebildete Sklave hört auf, Arbeitsvieh zu sein, er wird Mensch und gefährdet hierdurch die wesentlichste Lebensbedingung des Sklavenstaats (Zw. i. R. I S. 446/47). Zweifellos eine zutreffende Erklärung, jedoch durchaus nicht eine Rechtfertigung! Deswegen aber auch eine wohl zu merkende Bestätigung dafür, daß sich mit Utilitätserwägungen eine Bewertung des Rechts nicht betreiben läßt[2]). Das urphilosophische Problem, welches Recht richtig ist, wird erst im 20. Jahrhundert wieder gestellt und erst mit seiner Wiederaufnahme beginnt die Wiedergeburt der Rechtsphilosophie.

In der Zwischenzeit werden mannigfache Anregungen JHERINGS aufgenommen und in allerlei Richtungen ausgebaut, die nur als Surrogate der Rechtsphilosophie gelten können, weil ihnen nicht bloß die Wert-, sondern auch die Geschichtsphilosophie fehlt, die die Teile der Werke JHERINGS zusammengehalten und dem großen

---

[1]) So zutreffend und prägnant RADBRUCH S. 19.

[2]) Daran ist neuerdings MEZGER, Sein und Sollen im Recht (1920), gescheitert; er bemüht sich, JHERINGS Zwecklehre „kritisch zu stützen", es kommt aber darauf an, sie kritisch fortzubilden. Die Tendenz des beachtenswerten Buches, die Abhängigkeit des Sollens vom Sein nachzuweisen, ist aber anzuerkennen. Dieselbe Tendenz bei BRODMANN, Recht und Gewalt 1921.

Gesichtspunkt unterstellt hat. Die Rechtsphilosophie zerfällt, knüpft aber in ihrem Zerfall und darüber hinaus in ihrer Wiedergeburt, hier in der freirechtlichen Bewegung, an den großen Meister an.

3. Die Surrogate der Rechtsphilosophie im 19. Jahrhundert.

a) Auf AUGUSTE COMTE (1798—1857), den Begründer der Soziologie, freilich nicht allein auf ihn ist es zurückzuführen, daß in der zweiten Hälfte des 19. Jahrhunderts eine der Rechtsphilosophie feindliche Stimmung geherrscht hat, der Positivismus. Er ist in vier Richtungen verfolgt worden (soziologisch, historisch, psychologisch und abstrahierend-zusammenfassend)[1]), bedeutet aber zunächst für COMTE eine Reduzierung der Philosophie auf die Aufgabe, die erfahrbare Welt naturwissenschaftlich zu erforschen. Da nun Staat und Recht in ihrer historisch bedingten Gestalt einer solchen Erforschung nicht zugänglich sind, muß man auf die Gesellschaft als das natürliche Substrat des Staates zurückgehen und somit die sozialen Verhältnisse erforschen. Dieses Programm fand in einer Zeit, die der spekulativen Philosophie müde geworden war und die naturwissenschaftlichen Untersuchungen Wunder wirken sah, überdies auch „sozial" und „sozialistisch" gerne verwechselt hat, die willigste Aufnahme. Schnell, allzu schnell wächst die neue Wissenschaft der Soziologie in die Höhe und Breite und greift auf das Gebiet der Rechts- und Staatstheorien über. Daraus ist für die Rechtswissenschaft manche Anregung und manche Gefahr entstanden, die stärkste Anregung und Gefahr für das Strafrecht in der kriminal-soziologischen Schule; die rechtsphilosophischen Aufgaben, wie wir sie uns denken, blieben aber unter diesem Einfluß brach liegen. Immerhin sind sie, so wie man sie sich damals dachte, behandelt worden u. a. von GUMPLOWITZ[2]), der als Führer der Richtung gilt, und von der organischen Staatslehre, die in dem geistreichen, aber eben auch nur geistreichen Werke von SCHÄFFLE, „Bau und Leben des sozialen Körpers" (1875—1878, 2. Aufl. 1896), ihren Höhepunkt erreicht.

b) Erweitert man die von SAVIGNY gestellte, von HEGEL vertiefte, von JHERING am Paradigma des römischen Rechts durchgeführte Aufgabe, so muß die Entwicklung aller Rechtsordnungen erforscht werden. Aus dem also anzusammelnden Material, namentlich aus dem Studium der primitivsten rechtlichen Einrichtungen und Gebräuche (ethnologische Jurisprudenz)[3]), neue Aufschlüsse über die Entwicklung des Rechts durch Vergleichung herauszuholen, mußte um so verlockender erscheinen, weil der Vergleichung auf andern Wissensgebieten, insbesondere in den Naturwissenschaften, aber auch in der Sprach- und Religionswissenschaft, unbestreitbare Erfolge beschieden gewesen sind. Die Rechtswissenschaft hat verhält-

---

[1]) Zu diesen unter a—d besprochenen Richtungen BEROLZHEIMER, System II, 322ff. In dieser Darstellung ist LUDWIG KNAPP (1821—1858), einer der sonderbarsten Rechtsphilosophen, nicht erwähnt. Sein unter dem Einfluß von LUDWIG FEUERBACH stehendes „System der Rechtsphilosophie" (1857) gehört durchaus dem Positivismus an, ist aber ein selbständiges Werk, das keiner der genannten Richtungen zugewiesen werden kann. Es verfolgt die Aufgabe, die „Rechtsphantasmen", d. h. alle über die positive Jurisprudenz hinausgehenden Erwägungen, zu bekämpfen. KNAPP ist folglich im Grunde ein Gegner der Rechtsphilosophie, — aber auch der Jurisprudenz, über die er hart urteilt (z. B. S. 239, „sie ist das gesinnungslose Aktuariat der Revolution wie der Reaktion"). Es ist daher begreiflich, daß das Werk, obwohl es geistreich ist, immer nur wenig beachtet worden ist. Eine Ehrenrettung hat HURWICZ im Archiv für system. Philosophie Bd. 18, S. 195 versucht; vgl. auch RADBRUCH S. 10, BRODMANN a. a. O. S. 31.

[2]) Aus der Reihe seiner Schriften heben wir hervor: Rasse und Staat 1875, Grundriß der Soziologie 1885, Allgemeines Staatsrecht 1897. — An GUMPLOWICZ knüpft u. a. an FRANZ OPPENHEIMER, Der Staat (o. J.).

[3]) Bahnbrechend BACHOFEN, Das Mutterrecht 1861, ferner die Arbeiten von ALB. HERM. POST, B. W. LEIST, BERNHÖFT u. a.

nismäßig spät diese Methode aufgenommen, erst 1878 wird in der „Zeitschrift für vergleichende Rechtswissenschaft" ein Zentralorgan geschaffen. Durchaus führend war JOSEPH KOHLER (1848—1919), der in zahlreichen Studien über zeitlich und räumlich entlegenes Recht Bausteine zu einer Universalrechtsgeschichte gesammelt hat[1]). Niemand wird dieser wissenschaftlichen Leistung die Hochachtung versagen, ihr Anspruch, als Rechtsphilosophie oder auch nur als Grundlegung der Rechtsphilosophie zu gelten, muß aber zurückgewiesen werden. Man hält es für eine Ironisierung dieser Richtung, wenn man bei FELIX DAHN (Rechtsphil. Studien 1883, S. 298) liest: „und doch ist es gewiß für die Rechtsphilosophie an sich ebenso interessant zu lernen, wie die Petschenegen oder Australneger Eigentum und Strafe auffassen als wie die Römer und BECCARIA darüber dachten", der Autor aber hat es bitter ernst gemeint. Man verkennt die philosophische Anlage und Aufgaben gründlich, wenn man glaubt, ein möglichst lückenloses Material sei eine wesentliche Voraussetzung philosophischer Ergebnisse. Die Kunst des Philosophen besteht darin, in der einzelnen Erscheinung die typische Bedeutung zu erkennen; wenn die Römer schweigen, werden die Australneger nicht zur Weisheit verhelfen. Das Motto, das SCHOPENHAUER in berechtigtem Stolze seinen sämtlichen Werken gegeben hat, — non multa! — muß der Ehrgeiz jeder Philosophie sein; das Motto der Rechtsvergleichung aber ist multa, plurima!

In späteren Jahren hat KOHLER für seine ethnologischen Forschungen einen philosophischen Unterbau gesucht und ihn unter dem Einfluß von BEROLZHEIMER (gest. 1920) im „Neu-Hegelianismus" gefunden[2]) (vgl. Jurist. Lit. Bl. 1909, S. 104). Dem Programm, das in der Enzyklopädie deutlicher dargelegt ist als in dem Lehrbuch, ist (abgesehen von der hohen Einschätzung der Rechtsvergleichung) in der Hauptsache beizupflichten, die Durchführung sucht man aber bei KOHLER vergeblich. Er ist uns nicht nur „die Modernisierung HEGELS", sondern jeden systematischen Aufbau schuldig geblieben. Und wenn es zweifellos ist, daß KOHLER der Philosophie HEGELS sehr viel näher steht als der KANTS[3]), so kann die richtige Betonung der kulturellen Bedingtheit des Rechts doch nicht genügen, dem Anspruch, Hegelianer oder Neu-Hegelianer zu sein, eine Stütze zu bieten. Sonst wäre es der von KOHLER heftig abgelehnte JHERING ebenfalls gewesen. Was KOHLER zur Rechtfertigung seiner philosophischen Herkunft und Anwartschaft sonst noch vorbringt (Pantheismus, Entwicklungslehre), darf umsomehr unerörtert bleiben, weil es nur aus dem Wesen der Kultur heraus verstanden werden könnte. Gerade dieser Begriff, der der Brennpunkt des Systems sein müßte, ist aber von KOHLER anfangs völlig unbestimmt gelassen (vgl. unten Kap. 1 A II 1 a)[4]) und schließlich als „Herrschaft der Menschheit über die Welt durch Erkenntnis, Schöpfung und Technik"[5]) bestimmt worden. Das kann man gelten lassen, aber zur Modernisierung HEGELS reicht diese Trivialität ebensowenig aus wie zur Begründung einer Rechtsphilosophie. Da KOHLER somit über Beiträge zur Universalrechtsgeschichte nur in seinem Programm hinausgelangt ist, gehören seine — in anderem Zusammenhang rühmenswerten — Leistungen zu den Surrogaten der Rechtsphilosophie.

---

[1]) Vgl. das Verzeichnis der Schriften bei BEROLZHEIMER, System II, S. 405 u. 439.

[2]) Neubearbeitung der von HOLTZENDORFF begr. Enzyklopädie der Rechtswissenschaft I, zuerst 1904, Lehrbuch der Rechtsphil., zuerst 1909; dazu die scharf ablehnende, aber berechtigte Bespr. von RADBRUCH, Zeitschr. f. Politik III, S. 427; wesentlich verbessert 2. Aufl. 1917. — Über den „Neuhegelianer KOHLER" BEROLZHEIMER, System II, S. 439.

[3]) Dazu WIELIKOWSKI, Die Neukantianer in d. Rechtsphil. 1914.

[4]) Die ebenda erwähnte Auffassung von FRITZ MÜNCH, die der Autor unter der Überschrift „Das Erbe des Hegelschen Geistes" vorträgt (Beitr. z. Phil. d. dtschn. Idealism. I S. 137), lassen in starkem Kontrast zu KOHLER erkennen, in welcher Richtung sich eine Fortbildung HEGELS bewegen muß.

[5]) Lehrb. 2. Aufl. S. 33; vgl. 1. Aufl. S. 14: „alles erkennen und alles können und damit die Natur bemeistern, das ist das letzte Ziel der Kulturentwicklung."

c) Die psychologische Vertiefung juristischer Probleme ist einer der bemerkenswertesten Fortschritte der Rechtswissenschaft der Kaiserzeit. Alle möglichen Einzelfragen sind bis zu ihren psychischen Wurzeln verfolgt worden, wobei Begriffe wie Willenserklärung, Handlung, Irrtum, Schuld, Zurechnungsfähigkeit usw. Klärung gewonnen haben. Tonangebend und klassisch: ZITELMANN, Irrtum und Rechtsgeschäft (1879). Ferner sind in diesem Zusammenhang zu erwähnen die mannigfachen Beiträge zur Psychologie des Judizierens, denen auch die Psychologie der Zeugenaussage zuzuzählen ist, und die lange Reihe von Beobachtungen des Seelenlebens des Einzelnen oder der Massen, die unter irgendeinem Gesichtspunkte juristisch erheblich werden können. Die Gesamtheit dieser Untersuchungen, die durch die Angabe von hundert Büchertiteln nicht auszuschöpfen wäre, steht der Rechtsphilosophie nahe und umso näher, jemehr ihrem Gegenstand allgemeine Bedeutung zukommt, — so z. B. die Psychologie des Rechtsgefühls (vgl. Kap. 2 B II 1c) — fällt aber doch nicht in den Kreis der rechtsphilosophischen Probleme, da sie über die Erforschung eines besondern Stoffs nicht hinausgeht[1]).

d) Eine Zusammenfassung der Ergebnisse der drei zuletzt besprochenen Richtungen bietet ihrem Sinne nach die Allgemeine Rechtslehre, die eine Zeit lang als Rechtsphilosophie gegolten hat und gerade wegen ihres Positivismus gerühmt worden ist. Ihre namhaftesten Vertreter sind ADOLF MERKEL[2]) und E. R. BIERLING[3]). Ohne zu verkennen, daß ein solcher „Allgemeiner Teil der Rechtswissenschaft" ähnlich wie die allgemeinen Teile des Straf- oder Staatsrechts[4]) oder der Schuldverhältnisse wissenschaftlich fruchtbar und für das Studium unumgänglich ist, muß aus den schon angegebenen Gründen (oben S. 5) an der Auffassung festgehalten werden, die in der Übersicht dieses Abschnitts zum Ausdruck gebracht ist.

4. Die Renaissance der Rechtsphilosophie im 20. Jahrhundert.

Der Positivismus war notwendig, um die deutsche Rechtswissenschaft auf die stolze Höhe hinaufzuführen, die sie erreicht hat. Je mehr diese Errungenschaft als gesichert empfunden worden ist, desto stärker wurde der Wille zur Erneuerung der Rechtsweisheit; er durfte und mußte es werden, denn nur für eine junge Wissenschaft, die ihre Methoden und Aufgaben noch sucht, kann Philosophie gefährlich werden, gereifte, selbstbewußte Wissenschaft aber verlangt nach philosophischen Impulsen und altert, wenn sie ihr dauernd fehlen. So hat sich in den letzten zwei Jahrzehnten eine Wiedergeburt der Rechtsphilosophie vollzogen, die schließlich auch durch die Revolution gefördert worden ist, nämlich insofern als das Interesse für Rechtsphilosophie seitdem in einem sehr viel größeren Kreis heimisch geworden ist. Denn immer wenn die Zerbrechlichkeit des positiven Rechts durch eine Umwälzung allen sichtbar und fühlbar gemacht wird, gewinnt der Wunsch, sich zu be-

[1]) Das gilt auch von dem breit angelegten, hier nur beiläufig zu erwähnenden Werke von WILHELM WUNDT, Völkerpsychologie, Eine Untersuchung der Entwicklungsgesetze von Sprache, Mythus, Sitte. 10 Bde. 1900ff. Der 9. Bd. (1918) behandelt das Recht.

[2]) MERKELS Jurist. Enzyklopädie 1885, 5. Aufl. 1913, eine in kurze Paragraphen gefaßte Zergliederung der juristischen Grundbegriffe und Fächer, ist immer noch eine hervorragende Einführung in die Rechtswissenschaft. Ferner Elemente der Allg. Rechtslehre in der 5. Aufl. von HOLTZENDORFFS Enzyklopädie 1890, Gesammelte Abhandlungen, 2 Bde. 1899, herausgeg. von RUD. MERKEL. Über Merkel LIEPMANN, Zeitschr. f. d. ges. Strafrechtsw. Bd. 17, S. 638.

[3]) BIERLING, Zur Kritik der Jurist. Grundbegriffe, 2 Tle. 1877, 1883, Juristische Prinzipienlehre, 5 Bde. 1894—1917.

[4]) Über das Allgemeine Staatsrecht geht die Allgemeine Staatslehre hinaus, weil und sofern sie den Staat unter Abstraktion von seiner rechtlichen Organisation als gesellschaftliches Gebilde darstellt, wodurch sie zur „sozialen Staatslehre" erweitert wird. So das führende Werk, die „Allgemeine Staatslehre von GEORG JELLINEK 1900, 3. Aufl. 1914, herausgeg. von WALTER JELLINEK. Durch den philosophischen Geist, der das Werk erfüllt, und durch methodologische Ausführungen hat es der freirechtlichen Bewegung und dem Relativismus starke Anregungen gegeben und dadurch zur Wiedergeburt der Rechtsphilosophie viel beigetragen.

sinnen, wozu das Recht taugt und taugen sollte, Popularität. — In der Zunft aber ist das Sein und Sollen des Rechts nach vier Methoden bearbeitet worden: es entstand die Lehre vom freien, vom formal-richtigen, vom relativ-richtigen Recht und eine Wiederbelebung des absolut-richtigen Rechts.

a) Die freirechtliche Bewegung ist nicht das Werk eines Einzelnen, sondern des Juristenstandes. Sie war auf dem Wege, seit der Berliner Staatsanwalt KIRCHMANN seinen Vortrag „Über die Wertlosigkeit der Jurisprudenz als Wissenschaft" gehalten und darin das viel zitierte Wort: „Drei berichtigende Worte des Gesetzgebers, und ganze Bibliotheken werden Makulatur", geprägt hat (1847)[1], sie hat in JHERINGS[2]) Kampf gegen die Begriffsjurisprudenz eine Etappe und in G. JELLINEKS dem Relativismus zuneigenden Methode eine zweite erreicht, eine „Bewegung" ist sie aber erst im 20. Jahrhundert geworden, erstrecht als GNAEUS FLAVIUS[3]) Öl ins Feuer goß.

Man muß mancherlei unterschlagen, wenn man mit wenigen Worten den Inhalt und die Bedeutung der freirechtlichen Literatur angeben will, denn sie ist in mehreren Richtungen ausgebaut worden. Der gemeinsame Ausgangs- und Angriffspunkt ist das Dogma von der logischen Geschlossenheit der Rechtsordnung. Es besagt, daß jede Entscheidung, die überhaupt gefordert werden kann, im Rechtssystem enthalten ist und vom Richter durch rein logische Operationen herausgeholt werden kann und muß; der Richter wird, wie oft gesagt worden ist, eine „Subsumtionsmaschine", von rechtsschöpferischen Funktionen ist er ausgeschlossen. Da der Richter andrerseits nicht nach seiner Weisheit und seinem Gefühl entscheiden darf, nicht ein „Kadi" sein soll, ist das Verhältnis von richterlicher Gebundenheit und Freiheit der Kern des Problems. Wie sich die freirechtliche Bewegung zu ihm stellt, sagt ihr Name; sie verteidigt zwei Grundgedanken: die richterliche Aufgabe besteht darin, über Lebensverhältnisse Werturteile zu fällen, ist also keine rein logische Operation. Zweitens: der Richter soll die Rechtsidee zur Geltung bringen, sein Urteil soll ebensosehr auf Gesetzlichkeit wie auf Gerechtigkeit gegründet sein. Und wenn nun bei der Durchführung dieser Thesen von den einen mehr psychologische, von andern mehr kulturhistorische Fragen behandelt werden, wenn hier die Rechtsquellen, dort die Rechtslücken in den Mittelpunkt des Interesses treten, so wird doch auf der ganzen Linie Rechtsphilosophie vorbereitet und gefordert; denn die Untersuchung findet keine Ruhe und keinen Halt, bevor sie bei den letzten

---

[1]) Vgl. THEODOR STERNBERG, J. H. von Kirchmann und seine Kritik der Rechtswissenschaft 1908, RADBRUCH S. 203.

[2]) Scherz und Ernst in der Jurisprudenz, zuerst 1884.

[3]) Unter diesem Namen hat KANTOROWICZ 1906 eine Programmschrift, Der Kampf um die Rechtswissenschaft, veröffentlicht, die lebhafte Diskussionen hervorrief. Vgl. dazu KANTOROWICZ, Die Contra-legem-Fabel, in der Dtschn. Richter-Ztg. 3, S. 256.—Ausführliche Lit.-Angaben über die freirechtl. Bewegung u. a. bei HECK, Problem der Rechtsgewinnung 1912; SOMLO S. 428, speziell über die Rechtsquellenbewegung bei JUNG, Problem des natürlichen Rechts 1912; dieses Buch gehört trotz des Titels zur freirechtl. Bewegung. — Sie ist weitergeführt worden von MAX SALOMON, Grundlegung zur Rechtsphilosophie 1919; das behutsam abwägende, gründlich durchdachte Buch untersucht den Wissenschaftscharakter der Jurisprudenz, um auf diesem Wege die Grundlagen für die Rechtsphilosophie zu gewinnen, kommt aber, wie es seiner Aufgabe entspricht, leider nur wenig „zur Sache" (vgl. oben S. 2 Anm. 2). — Ob ARTHUR BAUMGARTENS breit angelegtes Werk, Die Wissenschaft vom Recht und ihre Methode, Bd. I 1920, durch Nennung an dieser Stelle charakteristisch in die Richtungen der Rechtsphilosophie eingereiht ist, konnte zweifelhaft sein, solange die Fortsetzung des Werkes nicht vorlag. Sie ist nach Abschluß meines Manuskripts erschienen (Bd. II u. III 1922) und bestätigt, daß BAUMGARTEN die Lösung des alten Kirchmannschen Problems anstrebt; leider können die Ergebnisse der beiden Bände, in denen ausgedehnte Forschungen und eine reiche Kasuistik meisterhaft verarbeitet sind, hier nicht mehr aufgenommen werden. — KELSENS Werke, in denen die normative Methode für die Jurisprudenz gefordert wird, liegen außerhalb der Rechtsphilosophie, wie wir sie verstanden und begrenzt haben (vgl. besonders Hauptprobleme der Staatsrechtslehre 1911, Problem der Souveränität 1920), bieten aber starke Anregungen.

Prinzipien und dem höchsten Wert des Rechts angelangt ist. So hat die freirechtliche Bewegung das Verdienst, wie ein Anstifter und Gehilfe an der Renaissance der Rechtsphilosophie teilgenommen zu haben.

b) RUDOLF STAMMLER hat sie herbeigeführt. An KANT orientierte Erkenntniskritik ist die Grundlage seiner in einer gar eigenen Terminologie verfaßten Werke[1]); ihr Ziel ist dasselbe wie das uns vorschwebende, die Bestimmung des Rechtsbegriffs und der Rechtsidee. Da sich aber unser systematischer Teil die Ergebnisse STAMMLERS in beiden Fragen nicht hat aneignen können, muß hier um so stärker betont werden, daß STAMMLER der große Erneuerer der Rechtsphilosophie ist. Und da es weniger die Begriffs- als die Ideenlehre ist, in der dieser Fortschritt zutage tritt, entwerfen wir, wie es der uns gebotenen Konzentration auf das Wesentliche entspricht, nur die Skizze des zweiten Grundgedankens, d. i. der „Lehre vom richtigen Recht"[2]).

Wie das Naturrecht will diese Lehre das Recht richten, also in gutes und schlechtes scheiden; im Gegensatz zum Naturrecht soll aber das richtige Recht nicht ober- und außerhalb, sondern innerhalb des geltenden Rechts gefunden werden. Das ist nur möglich, wenn man sich über den Maßstab klar ist. Ihn bietet die Idee des Rechts oder — in der aus der Begriffslehre hervorwachsenden Terminologie — das soziale Ideal. Das ihm entsprechende Recht ist richtig. Um diese maßgebende Funktion erfüllen zu können, muß das soziale Ideal erstens allgemeingültig sein; sonst könnte es nicht für jeden beliebigen Rechtsstoff gelten, sonst müßte die Idee des Rechtes für Rußland anders als für England, für das 16. Jahrhundert anders als für das 20. bestimmt werden, quod est absurdum. Daher muß das soziale Ideal zweitens formal sein, d. h. es kann nicht inhaltlich festgelegt werden, sonst wäre die Lehre nichts als ein Rückfall in den Irrtum des Naturrechts. Hier begegnet der zweite Gegensatz von Naturrecht und richtigem Recht: nach jener Lehre ist das Recht gut, wenn es sich mit einem ausgemalten Vorbild deckt, nach dieser, wenn es eine nur formal zu umschreibende Aufgabe erfüllt. Pointiert durfte STAMMLER daher sagen, er wolle „ein Naturrecht mit wechselndem Inhalt" lehren.

Den so gestalteten Anforderungen entspricht die Formel: „Gemeinschaft frei wollender Menschen". Sie ist das soziale Ideal. Frei ist hier aber in einem ganz besondern Sinne gemeint; das freie Wollen ist das reine Wollen; es hat keinen irgendwie erfahrbaren Inhalt, es umfaßt nicht etwas Bedingtes, also nicht einen persönlichen Wunsch oder ein noch so sittliches Streben, es ist überhaupt nicht psychologisch begreifbar, vielmehr ist es eine reine Form, eine bedingende Methode, nach der das bedingte soziale Wollen zu „richten", d. h. zu beurteilen und zu leiten ist. Von der Höhe dieser Abstraktion steigt STAMMLER über eine Stufenfolge, auf die

---

[1]) Auf das mehr vorbereitende Buch, Wirtschaft und Recht 1896 (4. Aufl. 1921), sind gefolgt: Die Lehre vom richtigen Recht 1902, Theorie der Rechtswissenschaft 1911 und nunmehr (1922) das Lehrbuch. — Zu STAMMLERS Lehre u. a. meine Besprechung Krit. Vierteljahrsschr. für Gesetzgebung und Rechtsw. 1905, S. 178, MAX WEBER im Arch. f. Sozialw. 1907, S. 94, KANTOROWICZ, Zur Lehre vom richtigen Recht 1909, BINDER, Rechtsbegriff und Rechtsidee 1915, LEONHARD COHN, Das objektiv Richtige 1919, ERICH KAUFMANN, Kritik der neukantischen Rechtsphil. 1921. Über Kaufmann SAUER, Logos 1921, S. 162, und heftig ablehnend RICKERT, Die Grenzen der naturw. Begriffsbildung, 3. u. 4. Aufl. 1921, S. 551. — Vgl. ferner über STAMMLER, aber überhaupt über „Die wissenschaftliche Rechtsphilosophie der Gegenwart in Deutschland" die so betitelte, vorwiegend erkenntniskritische, wertvolle Darstellung von FRITZ MÜNCH in den Beiträgen zur Phil. d. dtschn. Idealismus Bd. 1 (1919), S. 95; über MÜNCH selbst unten Kap. 1 A II 1 a. Ferner MEZGER, Sein und Sollen im Recht, 1920, BRODMANN, Recht und Gewalt 1921. — Ähnlich wie STAMMLER, aber in Anknüpfung an HUSSERL seinen eigenen Weg gehend hat ADOLF REINACH eine Kritik der Rechtsvernunft versucht: „Die apriorischen Grundlagen des bürgerl. Rechts", in HUSSERLS Jahrbuch 1913, S. 685 (auch als Sonderdruck); über diesen tiefen, aber durchaus abzulehnenden Versuch, der hier nur beiläufig erwähnt werden kann, vgl. KANTOROWICZ, Logos 1919, S. 111, SOMLO 48, BRODMANN a. a. O. S. 83.

[2]) Über das Ergebnis der Begriffslehre (Definition des Rechts) unten Kap. 1 B II 1 vor a.

wir nur verweisen (Grundsätze des Teilnehmens und Achtens usw.), herab zur Praxis. Denn die konkreten sozialen und rechtlichen Fragen sollen möglichst nach der formalen Methode entschieden, also so behandelt werden, wie es dem sozialen Ideal entspricht, weil die Entscheidung nicht unter die Herrschaft des persönlichen Gutdünkens und subjektiven Meinens geraten darf. Wo aber ein dem sozialen Ideal widersprechendes Ergebnis zweifellos durch ein Gesetz gefordert wird, muß es dabei sein Bewenden haben; es darf nicht richtiges Recht contra legem gesprochen werden.

Warum mir STAMMLERS Lehre verfehlt erscheint, geht, so hoffe ich, aus der Gesamtheit der folgenden systematischen Ausführungen hervor; der letzte Grund der Differenz liegt wohl darin, daß dort alles kulturphilosophisch betrachtet ist, was STAMMLER erkenntniskritisch meistern möchte. Wie unzulänglich diese Methode gerade für die Wertlehre ist, wird an ihrem Grundbegriff am gründlichsten offenbar. Man hat die „Gemeinschaft frei wollender Menschen" mit einer Gemeinschaft von Heiligen verglichen; das ist aber unzutreffend, denn die Heiligen wollen etwas, etwas Edles und Vollkommenes; die frei wollenden Menschen wollen nichts. Infolgedessen wird das soziale Ideal eine reine Kategorie genau wie der Gedanke einer von jedem Stoff losgelösten Richtigkeit oder einer auf nichts bezogenen Schönheit. Daß durch die Besinnung auf ein solches Apriori die Erkenntniskritik gefördert wird, mag eingeräumt werden, daß hierdurch die Wertlehre begründet werden könne, ist ausgeschlossen. Wir erfahren nicht mehr, als daß dasjenige Recht richtig ist, das einer richtigen Gemeinschaft entspricht. Nur die Hereinziehung des Gemeinschaftsgedankens bringt eine Einsicht, im übrigen ist STAMMLERS Prinzip eine Tautologie. Aus ihr nun gar konkrete Entscheidungen ableiten zu wollen, das ist ebenso unmöglich, wie aus dem abstrakten Gedanken die Richtigkeit irgend etwas in einem gegebenen Fall Richtiges zu entnehmen (vgl. dazu unten Kap. 2 A I 1 b). Es ist daher begreiflich, daß STAMMLERS Lehre fast nur Gegner gefunden hat. Allgemein wird aber auch STAMMLERS großes Verdienst anerkannt, in einer Zeit, in der die Frage nach dem „Recht des Rechts" schier verstummt war, das Problem neu gestellt und Rechtsstoff und Rechtsidee mit äußerster Energie konfrontiert zu haben. Darüber hinaus scheint mir der richtige Weg insofern gewiesen zu sein, als die Idee des Rechts in der Tat mit dem Gedanken einer veredelten Gemeinschaft in der engsten Verbindung steht; diese Anregung nimmt unser systematischer Teil dankbar auf.

c) Auf STAMMLER folgt RADBRUCH, auf den Kritizismus der Relativismus[1]). Die Reihenfolge ist kein Zufall, sondern eine gewollte Reaktion. RADBRUCH will die blutleeren Abstraktionen und intellektualistische Einseitigkeit STAMMLERS überwinden, also ein inhaltlich gesättigtes soziales Ideal aufstellen. Von Anfang an aber stellt sich diesem Wunsch das kritische Bedenken in den Weg, ob sich über ein solches Ideal überhaupt wissenschaftlich etwas ausmachen lasse, da es doch von jedem im Lichte derjenigen politischen und ethischen Anschauungen gesehen werden muß, die mit der Persönlichkeit unlösbar verbunden sind. Vor diesem Bedenken, das von RADBRUCH erläutert, aber doch wie ein Axiom behandelt wird, kapituliert seine Lehre und läßt daher der Rechtsphilosophie nur die Aufgabe übrig, „die richtigen Mittel zu supponierten Rechtszwecken zu erforschen" und diese in ihren Konsequenzen und ihrem gegenseitigen Verhältnis darzustellen, um solchermaßen die persönliche Entscheidung wissenschaftlich vorzubereiten. Diesen Standpunkt nennt RADBRUCH Relativismus, läßt aber dem besten Teil des Begriffes, die sachliche Bedingtheit der Werte, durch die sie erst Kulturwerte werden, liegen. Dar-

---

[1]) Außer RADBRUCHS Grundzügen der Rechtsphilosophie ist seine Einführung in die Rechtswissenschaft, 3. Aufl. 1919, zu beachten. Den gleichen Standpunkt nimmt KANTOROWICZ ein, vgl. u. a. Monatsschr. f. Krim.-Psychol. Bd. 4 u. 7. Dagegen sind G. JELLINEK und MAX WEBER, die oft als Lehrer des Relativismus genannt werden, es nicht im gleichen Sinne wie RADBRUCH.

über und über die starken Einwände, denen diese Rechtsphilosophie überhaupt ausgesetzt ist[1]), geben wir in der Darstellung der Wertsysteme (Kap. 2 A I 2) genauer Rechenschaft, wollen hier aber nicht abbrechen, ohne festzustellen, daß RADBRUCHS Buch, obwohl es der literarischen Gattung nach einer Sammlung von Essays näher steht als einem System, das bleibende Verdienst hat, der Rechtsphilosophie ihren Anteil an den politischen Problemen und an der Menschheit großen Gegenständen zurückerobert zu haben. Daher ist die Resignation des Verfassers um so bedauerlicher; er hätte einen Ausspruch SIMMELS (Tagebuch, Logos 1920), „Alles was man beweisen kann, kann man auch bestreiten. Unbestreitbar ist nur das Unbeweisbare“, kennen und nicht bloß den ersten Teil beherzigen sollen.

d) Revolution und Naturrecht sind aus durchsichtigen Gründen immer gut befreundet gewesen. So hat sich auch nach 1918 eine revolutionäre, von naturrechtlichen Erinnerungen und Forderungen erfüllte Literatur in Broschüren, Zeitschriften und Zeitungen breit gemacht. Sie ist nicht wissenschaftlich, sie muß politisch sein, weil sie wirken will; sie begräbt die bemerkenswerte Leistung unter der Fülle der nichtssagenden Erscheinungen, muß aber trotzdem hier in Bausch und Bogen erwähnt werden, weil sie nicht nur ein Zeichen der Zeit ist, sondern auch des Willens, sich auf den Wert des Rechts wieder zu besinnen.

Ein Buch ragt hervor: ALFRED FRITERS, Revolutionsgewalt und Notstandsrecht, Rechtsstaatliches und Naturrechtliches (1919). Es ist ein Schrei nach Naturrecht. Der Verfasser bekennt, strenger Positivist gewesen und unter dem Eindruck der Revolution ein Anhänger des Naturrechts geworden zu sein. Diese Tendenz wird aber keineswegs in geordneter Darstellung zur Geltung gebracht, vielmehr ist das Buch nach Form und Inhalt eine chaotische, leidenschaftlich bewegte Masse. Es wird hier nicht nach den Regeln der Zunft gesungen, „doch sag' ich nicht, daß das ein Fehler sei; nur ist's nicht leicht zu behalten...“

Mit den Mitteln der Gelehrsamkeit hat LEONARD NELSON[2]) versucht, das Naturrecht zu beleben. Die Grundlage seiner Philosophie ist die von JAKOB FRIEDRICH FRIES (1773—1843) aufgestellte, längst vergessene und überwundene Lehre, es gebe eine im Gefühl enthaltene unmittelbare Gewißheit, von dem was wahr ist, die zwar jeder Mensch hat, die aber erst durch Nachdenken in das Bewußtsein erhoben werde, wobei die guten Dienste des Philosophen unentbehrlich sind. Er ist also ein Geburtshelfer, er hilft, bloß Gefühltes in das helle Licht des Tages zu stellen. Demgemäß stellt NELSON der Rechtsphilosophie die Aufgabe, „das Rechtsgefühl in klare Begriffe aufzulösen“, wozu ein „Prinzip a priori“ nötig ist, das „allein durch eignes Nachdenken“ gefunden werden kann (S. 20/21).

Den ungewöhnlichen und viel verschlungenen Pfaden zu folgen, auf denen dieser sogenannte „juristische Kritizismus“ entwickelt wird, wäre ebenso schwierig wie unnötig. Man vergegenwärtige sich z. B. nur, welches Bündel von Geheimnissen in einem Satze wie dem folgenden enthalten ist (S. 75): „Das der Idee nach analytische Verhältnis der Gültigkeit zur Geltung des Gesetzes wird in der Natur zum synthetischen“. Genug, daß sich NELSON verwahrt, das Naturrecht zu erneuern, es aber trotzdem tut. Wir lernen acht Postulate kennen, die nicht deswegen aufhören, naturrechtlich zu sein, weil ihnen lediglich „regulative Bedeutung“ zugestanden wird. Greift man eines heraus, z. B. „das öffentliche Gesetz soll mit einem Strafgesetz verbunden werden, dessen Prinzip das Recht der Wiedervergeltung ist“ (S. 99), erfährt man, daß das „Recht der Sprache“, dem die Lüge widerstreitet,

---

[1]) EMGE, Über das Grunddogma des rechtsphil. Relativismus 1916; NELSON, Rechtswisssenchaft ohne Recht 1917, S. 123; MEZGER, Sein und Sollen im Recht 1920, S. 2.

[2]) Die hier interessierenden Werke sind: Die Rechtswissenschaft ohne Recht 1917, ein scharfer, vielfach ungerechter Angriff auf mehrere Rechtslehrer, und aufbauend System der philosophischen Rechtslehre 1920. Dazu die schroffe, aber berechtigte Ablehnung von MÜNCH (a. a. O. S. 130). Die Zitate des Textes beziehen sich auf das zweite Buch.

gerade wie das Eigentumsrecht ein Postulat der formalen Rechtslehre ist, so weiß man, wes Geistes Kind dieses Buch ist. Dazu etwa noch am Schluß das einzige vom Verfasser selbst als naturrechtlich anerkannte Prinzip der „Widerrechtlichkeit aller künstlichen Bevormundung".

Eine längere Kritik erübrigt sich. Das Wortspiel, auf das NELSON den Buchtitel „Rechtswissenschaft ohne Recht" aufgebaut hat, ist die Seele seiner virtuosen Dialektik, und das „üble Jongleurspiel mit den verschiedenen Bedeutungen des Wortes gelten»" (so MÜNCH a. a. O. S. 131) vollendet die Verblüffung. Trotzdem hat die Lehre, die nicht, wie NELSON (Vorwort S. VII) nicht ungern hören würde, „satanisch" ist, vielmehr das Gute will und es nicht schafft, hier erwähnt werden müssen, denn sie ist ein Zeuge mehr für das lebhafte Verlangen der Zeit, der Gerechtigkeit eine Gasse zu bahnen.

Systematischer Teil.

Erstes Kapitel.

Der Begriff des Rechts.

Vorbemerkung über Begriffsbestimmungen.

Einen Begriff bestimmen heißt nach alter guter Lehre seine wesentlichen Merkmale angeben. Die Grundlage und der Ausgangspunkt einer solchen Angabe ist stets eine Ansammlung von Stoff; man muß erst das Material zusammentragen, d. h. Erfahrungen sammeln über die Gegenstände oder Erscheinungen, deren Begriff bestimmt werden soll, also z. B. wenn es gilt, den Begriff der Strafe zu bilden, Vorstellungen gewonnen haben von häuslichen, kirchlichen, staatlichen Strafen, von ihren mittelalterlichen und neuzeitlichen Formen, von Leibes-, Freiheits- und Ehrenstrafen usw. Sodann durchsucht man diesen Stoff auf Merkmale, die überall wiederkehren, stellt also eine Vergleichung an, wobei sich die Ausdehnung auf verwandte Erscheinungen als unumgänglich erweist; so läßt sich, um beim Beispiel zu bleiben, der Begriff der Strafe nur bilden, wenn man Strafe und Schadensersatz, Bestrafungen und Belohnungen und ähnliches mehr vergleicht.

Mit der Stoffsammlung und Vergleichung allein kommt man nicht ans Ziel, denn die gemeinsamen Merkmale können nicht ohne weiteres als die wesentlichen angesehen werden. Daß z. B. alle Strafen erst verhängt und dann vollzogen werden, kann sehr unwesentlich sein. Die Angabe der wesentlichen Merkmale setzt also eine Vorstellung von dem, was wesentlich ist, voraus, die Vergleichung muß unter einem bestimmten Gesichtspunkt durchgeführt werden. Er kann gewiß nicht aus dem Stoff entnommen werden, sondern nur aus der wissenschaftlichen Aufgabe, deren Lösung erstrebt wird. Wer ohne Aufgabe an einen Stoff herantritt, steht ihm ratlos gegenüber; man kann nicht schlechthin suchen, man kann immer nur *etwas* suchen. Deswegen ist es keine scharfe Charakterisierung, wenn man die Begriffsbestimmung als bloße „*Angabe*" von wesentlichen Merkmalen beschreibt. Denn hierdurch wird die falsche Meinung erweckt, es seien diese Merkmale fertig im Stoff enthalten und müßten nur zusammen- und abgelesen werden. Nein, diese Merkmale müssen *herausgearbeitet* werden; es handelt sich um eine schöpferische Tätigkeit, die wie das wissenschaftliche Arbeiten überhaupt dem künstlerischen Schaffen nahe verwandt ist. Jede Begriffsbestimmung ist somit *Formung* eines Materials oder prägnanter, da Stil Weglassen des Unwesentlichen ist (Anselm Feuerbach), *Stilisierung eines Stoffs nach Maßgabe einer wissenschaftlichen Aufgabe.*

Hieraus folgt, daß die weitverbreitete Meinung, es könne für jeden Begriff nur *eine* richtige Definition geben, grundfalsch ist; vielmehr muß ein in mehrere Untersuchungen eingereihter Begriff immer dann verschieden bestimmt werden, wenn die Aufgaben, zu deren Lösung er beitragen soll, verschieden sind. So begegnet z. B. der Begriff des Staates nicht nur auf dem Gebiete des Staatsrechts, sondern kann in einen wirtschaftswissenschaftlichen oder soziologischen oder kulturphilosophischen Zusammenhang eingegliedert sein und wird daher mit gutem Grunde dort anders als hier bestimmt.

Noch eine andere falsche Vostellung muß in dieser Vorbemerkung, die dem Studierenden nicht nur bei der Lektüre der vorliegenden Rechtsphilosophie, sondern beim ganzen Studium dienlich sein will, berichtigt werden. Unter einer Begriffsbestimmung versteht man sowohl das Definieren wie die Definition, das Bestimmen als Tätigkeit so gut wie die Bestimmung als Ergebnis. Was aber kann verkehrter sein, als das Resultat an den Anfang zu stellen? Definitionen müssen entwickelt werden, sie sollen der Schlußsatz eines Gedankenganges sein, sie sollen das Auseinandergesetzte zusammensetzen und können daher gar nicht prägnant genug sein. (Gegen lange Definitionen sei man mißtrauisch!) Und wenn sich die äußere Darstellung nur zu oft von der richtigen Reihenfolge dispensiert, in der innern Anordnung der Gedanken darf es unbedingt nicht geschehen, hier darf die Definition nie der Auftakt, sie muß immer die Schlußfermate sein.

Nach dieser Methode ist das vorliegende System, ist insbesondere das erste Kapitel aufgebaut: der Begriff des Rechts steht am Ende. Alles aber, was vorangeht, dient seiner Entwicklung, auch wenn es auf den ersten Blick anders scheinen könnte.

A. Gesellschaft und Kultur.

I. Die Gesellschaft.

1. Der Begriff der Gesellschaft.

a) Ohne Zusammenfassung einer Vielheit von Menschen zu einer Einheit ist Rechtsphilosophie unmöglich. Ein Begriff, der diese Grundbedingung erfüllt, ist der der Gemeinschaft, ein nüchternerer der der Gesellschaft[1]). Er tritt in unsern Gesichtskreis als eine um einer prinzipiellen Aufgabe willen zu bildende Form und nicht als eine Zusammenfassung der mannigfachen Verwendungen, die dem Wort Gesellschaft der Sprache nach eigen sind. Aber auch von diesem Ausgangspunkt aus würden wir sofort auf die entscheidende Frage, welches Band die vielen Menschen zu einer Einheit zusammenschließt, hingeführt werden. Es ist nicht die räumliche Verbindung; sie fehlt der Aktiengesellschaft und der Gesellschaft der Wissenschaften, deren Mitglieder über alle Länder zerstreut sein können. Ebenso unwesentlich ist die zeitliche Vereinigung; die in einer Straßenbahn vereinigte Gesellschaft löst sich spätestens an der Endstation auf und der Staat „stirbt nicht". Natürlich ist auch die Zahl etwas Zufälliges, eine Nation umfaßt Millionen, und der Engländer sagt in einem feinen Sinne: two is company, three none. Danach bleibt nur der Zweck als synthetisches Prinzip übrig und er ist es auch, der als solches im BGB. § 705 angegeben ist. Man könnte die Gesellschaft also als Zweckgemeinschaft definieren; dem steht aber die im Zweckbegriff liegende Absichtlichkeit entgegen, da es Zusammengehörigkeiten gibt, die den Verbundenen ohne besondern Anlaß überhaupt nicht ins Bewußtsein treten (z. B. eine Nation, irgendein Publikum). Nach Eliminierung dieses nur juristisch bedeutsamen Elements ergibt sich: G e s e l l s c h a f t e n   s i n d   I n t e r e s s e n g e m e i n s c h a f t e n[2]). Das vielen Einzelnen

---

[1]) Es ist mehrfach mit Erfolg versucht worden, den Unterschied zwischen Gesellschaft und Gemeinschaft begrifflich scharf zu fassen; vgl. TÖNNIES, Gemeinschaft u. Gesellschaft 1887, 3. Aufl. 1920, STAMMLER, Lehrbuch S. 218, HEINZ MARR, Proletarisches Verlangen 1921 mit der ansprechenden Formulierung (S. 11): „Gesellschaft ist Mechanismus und Kalkül, Gemeinschaft Organismus und Gefühl". Soviel ich sehe, darf es dem Sprachgefühl überlassen bleiben, wann das eine und wann das andere Wort den Vorzug verdient.

[2]) Zur Geschichte des Gesellschaftsbegriffs vgl. BEROLZHEIMER, System II, S. 322, 337.

gemeinsame Interesse ist der gesellschaftsbildende Faktor. Wir denken also durchaus nicht an ein zu den Einzelinteressen hinzutretendes Neues, sondern an die mit der Übereinstimmung von vielen Interessen Einzelner ohne weiteres gegebene Tatsache. Und wenn es für die Pflege des gemeinsamen Interesses ungemein wichtig ist, daß besondere Veranstaltungen getroffen werden, so geschieht damit doch weit mehr, als begrifflich notwendig ist. In der ursprünglichen Form vollzieht sich die Pflege des gemeinsamen Interesses dadurch, daß jeder tut, was seinem Einzelinteresse entspricht. Ein einfaches Beispiel ist ein tanzendes Paar; er tanzt zu seinem, sie zu ihrem Vergnügen, er dient hierdurch ihr. sie ihm.

Auch der Inhalt des gemeinsamen Interesses ist begrifflich gleichgültig. Daher gibt es unabsehbar viele Gesellschaften. Dem Begriff Interessengemeinschaft unterfällt jede Handelsgesellschaft und jede Gesellschaft im Sinne der Umgangssprache, gleichviel ob das gemeinsame Interesse bestimmt gestaltet ist (Sport, Musik) oder in der allgemeineren Form gegenseitiger Unterhaltung vorliegt; der Begriff trifft ebenso zu für alle Vereine und Vereinigungen, für Berufsstände und soziale Schichten, für kommunale und politische Verbände, nationale und internationale Gruppen usw. usw. Diese Vielheit der Gesellschaften ist um so stärker zu betonen, weil unser Gesellschaftsbegriff auf JHERINGS Lehre beruht, dort aber die Gesellschaft als etwas streng Einheitliches geschildert ist, nämlich als die von koinzidierenden Zwecken erfüllte zivilisierte Welt.

b) Da eine Einteilung der Gesellschaften nach dem Inhalt der gemeinsamen Interessen offenbar wertlos wäre, verspricht nur die Beachtung der formalen Verschiedenheiten weiteren Aufschluß. Solche Kategorien sind die Extensität und Intensität des gesellschaftsbildenden Faktors, denn es ist für jede Gesellschaft charakteristisch, ob das Interesse von vielen oder wenigen Menschen geteilt wird und ob es schwächer oder stärker ist. Allerdings wäre es unrichtig, sich die Extensität und Intensität einer bestimmten Gesellschaft als konstante Faktoren vorzustellen. Sie wechseln, da jede Gesellschaft im Fluß der Geschichte steht; der Adel eines Landes war z. B. zur Zeit der ständischen Gliederung eine Gesellschaft von hoher Intensität, während er heute kein gemeinsames Interesse mehr hat. Wegen dieser ihrer historischen Bedingtheit sind Extensität und Intensität des gemeinsamen Interesses einer allgemeinen Betrachtung nur insoweit zugänglich, als sich aus der Geschichte ein gesetzmäßiges Verhalten erkennen läßt. Gingen wir in dieser Richtung weiter, so könnten wir z. B. feststellen, daß die Bedrohung des gemeinsamen Interesses stets eine Intensitätssteigerung zur Folge hat, denn in der Stunde der Gefahr regt sich der Selbsterhaltungstrieb, — oder daß die gewaltsame Unterdrückung zwar zeitweise die Extensität einschränken kann, die Intensität aber eher steigert; das Christentum ist unter den Christenverfolgungen erstarkt, die Sozialdemokratie ist unter dem Gesetz gegen ihre gemeingefährlichen Bestrebungen nicht zusammengebrochen, nationale Interessen werden am eifrigsten unter einer Fremdherrschaft gepflegt.

Unsere Untersuchung ist an den Ursachen der Intensitätsschwankungen weniger interessiert wie an einer bestimmten Wirkung der Intensitätssteigerung. Jede Gesellschaft, in der das gemeinsame Interesse einen relativ hohen Grad erreicht hat, schafft sich Organe an, wodurch sie zur organisierten Gesellschaft wird. Da das Recht eine organisierte Gesellschaft voraussetzt, ist dieser Begriff für uns besonders wichtig, aber er ist auch besonders einfach. Immer charakterisiert sich das Organ durch den korrelaten Begriff der Funktion. Die Funktion aller Gesellschaftsorgane, mögen sie Vorstand, Ausschuß, Präsident, König, Parlament heißen, besteht aber in der Wahrung des gemeinsamen Interesses. Und daß die also ausgerüstete Gesellschaft den Kampf ums Dasein energischer und planvoller führen kann als jene, die sich bloß auf die Übereinstimmung der Einzelinteressen verläßt, ist zu deutlich, als daß es ausgeführt werden müßte, und kann überdies an tausend Beispielen aus der jüngsten Vergangenheit beobachtet werden. Wer hat sich nicht organisiert?

2. Gesellschaft und Einzelwesen.

Das Verhältnis von Gesellschaft und Einzelwesen ist das zentrale Problem der innern Politik — alle ihre Maßnahmen betreffen letzten Endes die Regulierung dieses Verhältnisses — und ist ein Grundproblem der Rechtsphilosophie[1]). Daher werden wir ihm an vielen Stellen in konkreterem Zusammenhang Betrachtungen zu widmen haben, hier aber kommt es darauf an, die Grundlage für diese besondern Untersuchungen festzulegen.

a) Ein jedes Individuum gehört einer Unmenge von Gesellschaften an; in die einen wird es hineingeboren, in andere wächst es hinein, wieder andern tritt es spontan bei. Maßgebend für alle diese Zugehörigkeiten sind die Interessen, die der eine mit dem andern teilt. Wer auch nur seine Personalien durchgeht, entdeckt sich als Glied einer Reihe von Gesellschaften, und wer in dieser Richtung fortschreitend die seinen andern Eigenschaften und Betätigungen entsprechenden Eingliederungen überdenkt, löst sich in einen vielfältigen Teilnehmer an Gesellschaften aller Art auf. Es verschwindet dann die Meinung, Gesellschaft und Einzelwesen seien Gegensätze, und das Individuum wird als das Element des gesellschaftlichen Lebens erkannt, es wird die tiefe Weisheit des von Aristoteles an den Anfang der Rechtsphilosophie gestellten Wortes ausgeschöpft: *ἄνδρωπος ζῷον πολιτικὸν καὶ κοινωνικόν*, der Mensch ist ein geselliges Lebewesen. Das bedeutet uns keineswegs bloß, daß der Mensch nicht isoliert lebt, sondern vielmehr, daß er mit jedem Interesse, das er hat, in eine Gemeinschaft hineingezogen ist.

Und doch kann jede und jede soziale Gebundenheit mit einer individuellen Freiheit in Widerspruch geraten. Deswegen ist das Individuum nicht nur das die Gesellschaften aufbauende, sondern ebensosehr das sie störende und zerstörende Element. Manch einer muß seine Freiheit verteidigen gegen die Familie oder gegen den Stand, denen er durch Geburt zugeteilt ist; Emanzipation und traditionelle Gebundenheit liegen im Streit. Und dicht daneben steht der Kampf zwischen Individualität und Solidarität, der allemal zum Ausbruch kommt, wenn der Aufruf zu einer gemeinsamen Aktion, den eine Gesellschaft an ihre Glieder richtet, auf Widerstand stößt. In der schärfsten Ausprägung tritt aber dieser Gegensatz von Gesellschaft und Einzelwesen im Verbrechen zutage.

So wohnen soziale Triebe und individuelle Triebe als zwei Seelen in jeder Brust. Wie sie sich mischen, ist für das Schicksal eines Menschen immer bedeutsam, oft genug entscheidend. Je mehr einer ein gesellschaftliches Lebewesen ist, um so williger trägt ihn der Strom des Lebens, je mehr einer sich gedrängt fühlt, sein Einzelwesen zur Geltung zu bringen, um so heftiger muß er mit den Wellen der sozialen Flut ringen. Und wenn diese Konflikte in unserer Kulturperiode überwiegend unter wirtschaftlichen Akzenten stehen, in früheren Zeiten lagen sie hauptsächlich auf religiösem Gebiet; damals war es eine Lebensfrage, wie sich in einer Brust das göttliche Erbteil und der weltliche Anteil mischen. Kulturhistorisch bedingte Variationen über ein Thema.

b) Ungezwungen ergibt sich an dieser Stelle der Begriff des sozialen Verhaltens, der in einem System der Rechtsphilosophie nicht früh genug geborgen werden kann. Sozial ist in diesem Zusammenhang nur eine Latinisierung von gesellschaftlich, soziales Verhalten ist das von der Gesellschaft geforderte, also das

---

[1]) Die methodologische Seite der Frage ist vorzüglich behandelt worden von Kistiakowski, Gesellschaft und Einzelwesen 1899.

dem gemeinsamen Interesse entsprechende. Denn vom Standpunkt einer jeden Gesellschaft ist dieses Verhalten das wertvolle und darum das seinsollende, ohne daß hiermit etwas über die Beurteilung ausgemacht wäre, die es von höherer oder auch nur von anderer Warte aus findet. In einer Kegelgesellschaft verhält sich derjenige sozial, der regelmäßig und eifrig am Kegeln teilnimmt.

Da es somit so viele soziale Forderungen gibt wie Gesellschaften (cum grano salis!), geraten nicht nur Einzelwesen und Gesellschaft, sondern auch die einzelnen Gesellschaften untereinander in Gegensätze. Klassenkämpfe, Parteikämpfe, und nicht bloß Kämpfe der politischen, sondern aller erdenklichen Parteien, erfüllen das soziale Leben, in der Tat ein Krieg aller gegen alle. Daraus folgt aber, daß das antisoziale Verhalten des Einzelnen ein soziales Verhalten sein kann, wenn man es an den Interessen einer andern Gemeinschaft mißt. Wenn ein Arbeiter an dem Generalstreik seiner politischen Partei nicht teilnimmt, weil der Betriebsrat seiner Fabrik die Arbeitseinstellung verworfen hat, so verhält er sich nach dem Urteil des politischen Verbands antisozial, sozial nach dem des wirtschaftlichen. Wie oft ist in den letzten Jahren die Treue gegen die wirtschaftliche Interessengemeinschaft Untreue gegen das Vaterland gewesen! Und so erhebt sich nun die Einsicht, daß der Mensch ein gesellschaftliches Lebewesen ist, zu einer schier erschreckenden Potenz: Nicht nur das sich sozial verhaltende Einzelwesen, auch der antisozial Handelnde bleibt in gemeinsamen Interessen verstrickt; die Individualität sinkt auf ein Minimum herab, sie ist der nur selten bescheidene Größe erreichende Saldo des Kontokorrents, in dem Gesellschaft und Einzelwesen stehen.

3. Die staatliche, nationale und menschliche Gesellschaft.

a) Es bedarf keiner Begründung, daß in einer rechtsphilosophischen Betrachtung keine Gesellschaft größeres Interesse beansprucht als der Staat. Wenn er uns aber hier als eine Gesellschaft und natürlich als organisierte gegenübertritt, so ist die grundlegende Einsicht schon gewonnen, und es besteht nur noch die Aufgabe, die Merkmale anzugeben, die den Staat von andern organisierten Gesellschaften unterscheiden. Allerdings erscheint die hier entschiedene Frage in der Geschichte des Gesellschaftsbegriffes als eine viel umstrittene[1]). In den naturrechtlichen Systemen wird der Staat aus der Gesellschaft abgeleitet und danach beurteilt, wie weit er Gesellschaft ist. Ebenso haben HEGEL und die Theoretiker der Sozialdemokratie Staat und Gesellschaft einander gegenübergestellt, freilich in verschiedener Absicht. In all diesen Systemen ist Gesellschaft ein kritischer, oft ein geradezu politisch-polemischer Begriff. Der hier zugrunde gelegte Gesellschaftsbegriff ist jedoch ethisch indifferent und rein technisch — unser kritisches Prinzip wird erst aus der Entwicklung des Kulturbegriffs hervorgehen — und in dieser rein logischen Atmosphäre kann kein Zweifel die gewonnene Einsicht trüben. Ebenso zweifellos dürfte der Staat in einer juristischen Untersuchung nicht dem Begriff der Gesellschaft unterstellt werden, denn für den Juristen ist Gesellschaft (societas) ein Rechtsverhältnis, während der Staat ein Rechtssubjekt ist. Wir haben schon darauf hingewiesen, daß ein und derselbe Begriff in verschiedenen Gebieten verschiedene Definitionen finden muß und dabei am Staate exemplifiziert (oben S. 24).

Hiermit soll gewiß nicht jede Staatsdefinition gutgeheißen sein. Die enorme Literatur über den Staatsbegriff hat ihm die mannigfachsten Merkmale zugeschrieben, zum großen Teil weil sie in methodischer Verwirrtheit, oft auch in politischer Interessiertheit das Wesen aus der angeblichen Entstehung des Staates oder aus einem Zweck erklärt oder auch den Begriff und die Idee des Staates vermengt hat.

---

[1]) Vgl. G. JELLINEK, Allg. Staatslehre, in der 1. Aufl. S. 76.

Die empirischen Elemente liegen klar zutage: „Land und Leute“ und eine Regierung. Somit ist nur noch anzugeben, was unter Regierung zu verstehen ist, denn dieser Begriff ist zu unbestimmt und ist überdies unzutreffend, wenn man die Leitung und Verwaltung von Kommunalverbänden als Regierungen gelten lassen will. Der Lehre LABANDS und G. JELLINEKS folgend vergegenwärtigen wir uns, daß sich Regieren überall in der Form des Befehlens und Zwingens vollzieht, daß aber regierende Nichtstaaten dazu nur berechtigt sind, weil, soweit und solange ihnen diese Rechte vom Staat überlassen werden. Der Staat aber befiehlt und zwingt aus eigenem d. h. nicht abgeleiteten Recht. Dieses Recht ist (wie jedes Recht) Macht, es besteht aus der unvergleichlichen Macht, freie Menschen frei von Obrigkeit zu beherrschen. Keine zweite Gesellschaft verfügt über eine solche Macht; sie ist, weil ihr in der weiten Welt kein Wille über- und in ihrem Bereich jeder Wille untergeordnet ist, im vollen Sinne Herrschermacht. Somit ist der Staat eine organisierte Gesellschaft, die aus Land und Leuten besteht und über Herrschermacht verfügt. — Die weitverzweigten Erörterungen der Allgemeinen Staatslehre, die hier anknüpfen, liegen jenseits unserer Aufgabe; wir wollen nicht mehr als eine Verständigung, die uns erlaubt, mit dem Staat als mit einer bekannten Größe zu rechnen, und erwarten, daß die Begriffsbestimmung, wenn sie nicht evident sein sollte, dadurch als richtig erwiesen wird, daß sie sich beim Aufbau des Systems bewährt.

b) Dasselbe gilt für den Begriff der Nation. Auch die Nation ist eine Gesellschaft, aber an und für sich eine unorganisierte, denn ihre Organisation findet sie entweder überhaupt nicht oder im Staat. Allerdings gibt es wohl überall, wo sich nationales Leben regt, Vereine und Verbände, die die Pflege eines nationalen Interesses betreiben, und sie haben in der staatlich nicht geeinigten Nation als diejenigen, die ganz allein die Tradition wahren und den Verfall aufhalten, die größte Bedeutung, sind aber selbst dann im genauen Sinne nicht Organe der Nation, weil sie niemals die ganze Nation und vor allem nicht das ganze nationale Interesse vertreten. Sie verwalten ein von den Vätern ererbtes Gut, wenden etwa der Muttersprache ihre Sorge zu, das ganze Gut ist aber das Vaterland, und das kann jeder Nation nur vom Staat erhalten werden.

Für die Nation ist nämlich nicht ein gesondertes und äußeres Merkmal charakteristisch, wie es in der gemeinsamen Sprache oder dem ursprünglichen Wortsinne gemäß in der Abstammung (natio = Geburt) gesucht werden könnte. Kaum eine Nation ist aus einem einzigen Völkerstamm hervorgewachsen, in einer Nation können mehrere Sprachen heimisch sein (die Schweiz), in mehreren Nationen kann die gleiche Sprache gesprochen werden (z. B. Spanisch in Süd-, Englisch in Nordamerika). Wohl aber gewinnen diese in ihrer Vereinzelung unwesentlichen Merkmale Wesentlichkeit, wenn man sie in den Zusammenhang der alles umfassenden gemeinsamen historischen Schicksale stellt. Italiener, Polen, Ungarn, jedes dieser Völker ist eine Nation, weil es sich als eine Einheit fühlt und dieses Gefühl der Zusammengehörigkeit dadurch erworben hat, daß seine Angehörigen lange Zeiten hindurch die gleichen politischen und die gleichen kulturellen Erlebnisse aller Art gehabt haben. Durch die Universalität des gesellschaftlichen Faktors unterscheidet sich die Nation von andern Gesellschaften; ihre Kultur ist nicht auf ein Teilgebiet beschränkt, wie das für andere Kulturkreise (Geburts-, Berufsstände, „gesellschaftliche“ Klassen) zutrifft. Vom Völkerstamm aber, dem universelle Kultur nicht unbedingt abgesprochen werden kann, unterscheidet sich die Nation durch die in Generationen erarbeitete Höhe ihrer Kulturstufe, so daß nach dieser Seite hin die Grenze flüssig ist. (Die Litauer oder Serben sind doch wohl „nur“ Volksstamm und nicht Nation.) Somit begreifen wir die Nationen als Gesellschaften mit ausgeprägt hoher und universeller Kultur[1]).

---

[1]) In der Literatur findet sich eine erfreulich weitreichende Übereinstimmung über das Wesen der Nation. Vgl. etwa FR. J. NEUMANN, Volk u. Nation 1888, G. JELLINEK, Allg. Staats-

Diese Definition wird in der Erörterung über das Wesen und die Differenzierung der Kultur (unten II 1 u. 2) an Deutlichkeit gewinnen, namentlich führen wir dort aus, daß die Ausprägung einer Kultur immer ein Werk der Geschichte ist. Schon aus dem Wesen der Gesellschaft folgt aber, daß die Intensität des nationalen Gefühls und Bewußtseins sehr verschieden sein kann und daß sich, wo hohe Grade erreicht sind, der Drang zur Organisation einstellt. Jede selbstbewußte Nation ersehnt die staatliche Einheit, weil sie sich auf andere Weise nicht organisieren kann, und muß sie, wenn ihre Sehnsucht erfüllt ist, als kostbarstes Gut hüten. Die Gründe sind grundsätzlich die gleichen wie die in jeder beliebigen Gesellschaft für die Organbildung maßgebenden, aber ihr Gewicht ist um so viel schwerer, als die Macht des Staates die anderer Organisationen überragt. Die jüngste Geschichte bietet dafür so viele Beispiele, daß weitere Ausführungen nicht nötig erscheinen; am markantesten ist das Beispiel der Polen, denn sie sind immer in seltenem Maße eine Nation gewesen und müßten mächtig werden, wenn ihre Fähigkeit, einen Staat zu erhalten, ihrer nationalen Begeisterung gleichkäme.

Aus ganz andern Gründen erstreben die Staaten die Einheit von nationaler und staatlicher Gemeinschaft, sie tun es, weil eine einheitliche Kultur zu den Grundbedingungen eines gesunden Staatslebens gehört. Mehrere Nationen sind aber immer zugleich verschiedene Kulturkreise, sei es daß sie durch die Sprache, das religiöse Bekenntnis, die politischen Ideale oder sonstwie differenziert sind, und bereiten dadurch der Regierung und Verwaltung Schwierigkeiten, wofür die Polen, solange sie preußisch und österreichisch und russisch waren, ein Beispiel boten. Somit ist der Nationalstaat ebensosehr das Ideal der Nation wie das des Staates.

c) Von der menschlichen Gesellschaft kann nicht wie von der staatlichen gesagt werden, ihre rechtsphilosophische Bedeutung liege klar zutage. Sie wird zwar in vielen rechtsphilosophischen Darstellungen irgendwie erwähnt, meistens als die alle Staaten und Nationen umschließende Einheit, keineswegs aber als integrierender Bestandteil des Systems behandelt. Das soll hier geschehen, und deswegen müssen wir uns vor allem über diese ungeheure Synthese „verwundern".

Alle Menschen — ein großes Wort! Wenn sie nun gar eine Gesellschaft bilden sollen, so muß es mindestens ein Interesse geben, was ihnen allen gemeinsam ist. Wer es aufsuchen wollte, müßte bis zu den untersten animalischen Trieben hinabsteigen und käme dann auf einen ähnlichen Irrweg, wie ihn die Römer einschlugen, als sie die griechische Auffassung des Naturrechts weiterzubilden versuchten (oben S. 8), oder könnte auch mit KOHLER zu dem großen Gedanken hinaufsteigen, daß die Bewohner unseres Planeten mit denen eines benachbarten in Verkehr treten und dadurch gezwungen werden, sich auf ihre Einheit zu besinnen, er könnte schließlich ein gemeinsames Interesse aufzeigen, das die Menschheit zwar nicht hat, aber haben sollte. Letzteres wäre noch am erträglichsten, jedoch nicht beweiskräftig, da die Menschheit hierdurch nicht als eine wirkliche Gemeinschaft erwiesen werden kann. Dieser Beweis ist auf keine Weise zu führen, es gibt kein Interesse, das von allen Menschen geteilt wird. Trotzdem ist die menschliche Gesellschaft nicht eine willkürlich erdachte Gemeinschaft, gleichsam ein Phantasiegebilde, das man nach Belieben anerkennen oder abweisen könnte, vielmehr muß sie gedacht werden, obwohl sie unwirklich ist. Es wäre nämlich unmöglich, wenn man irgendeine Anzahl Menschen zu einer Einheit zusammengefaßt hat, in

---

lehre S. 104, RUEDORFFER, Grundzüge der Weltpolitik 1914, S. 5, BRUNO BAUCH, Vom Begriff der Nation 1916. Ganz konnten wir keinem folgen, z. B. JELLINEK nicht, weil seine Definition (S. 106), „Vielheit von Menschen, die durch eine Vielheit gemeinsamer, eigentümlicher Kulturelemente und eine gemeinsame geschichtliche Vergangenheit sich geeinigt und dadurch von anderen unterschieden weiß," auch auf andere Kulturkreise, etwa die deutsche Arbeiterschaft oder die englische Aristokratie, paßt.

Gedanken still zu stehen, bevor die letzte Einheit erreicht ist; jeder frühere Stillstand wäre Willkür, die Menschheit ist ein notwendiger Gedanke.

Somit ergibt sich: Die menschliche Gesellschaft ist kein aus der Erfahrung entnommener, sondern ein an die Erfahrung angrenzender Begriff, also ein Grenzbegriff oder recht eigentlich eine Idee im Sinne KANTS: „Ich verstehe unter der Idee einen notwendigen Vernunftbegriff, dem kein kongruierender Gegenstand in den Sinnen gegeben werden kann."

Wozu dieser Grenzbegriff taugt, das ist eine ganz andere Frage; die Antwort kann erst im letzten Abschnitt unserer Darstellung gegeben werden und ist namentlich auf den im nächsten Abschnitt entwickelten Kulturbegriff angewiesen. Es mag aber doch richtig sein, hier nicht ohne einen Ausblick abzubrechen. — Die menschliche Gesellschaft ist die einzige Gemeinschaft, die nur als unbedingte gedacht werden kann und so gedacht werden muß; sie setzt anders als jede der Erfahrung gegebene Gesellschaft nur voraus, daß Menschen leben, ist also nicht etwas historisch Gewordenes. Dieser notwendige Gedanke ist aber an und für sich ethisch indifferent; der Gesellschaftsbegriff behält in der Anwendung auf die Gesamtheit der Menschen seinen Charakter, er bleibt wertfrei. Wenn wir aber eingesehen haben werden, daß jeder Gesellschaft eine Kultur entspricht, wird der Gedanke einer Kultur der Menschheit unabweislich sein; und wird uns um so vertrauter sein, weil er als Humanität in unser aller Bewußtsein lebt. Und wie unsere Gedanken, wenn sie von den konkreten Gesellschaften zur menschlichen fortschreiten, alle bedingten Elemente hinter sich lassen, so schälen sie aus der lebensvollen Fülle der bedingten Kultur die Humanität als die unbedingte heraus. Ihr Wesen ist, jeden Menschen als Menschen gelten zu lassen, also von allen gegebenen Zugehörigkeiten abzusehen und nur die letzte und notwendige, die Zugehörigkeit zur menschlichen Gesellschaft, übrig zu lassen. Nach der Kultur der menschlichen Gesellschaft bedeutet es nichts, daß dieser Mensch ein Franzose und ein Katholik und ein Kaufmann und ein Feind ist, bedeutet es alles, daß er ein Mensch ist, — wie es LESSING gepredigt hat. „Sind Christ und Jude eher Christ und Jude als Mensch?" frägt Nathan den Tempelherrn und fährt fort: „Ah wenn ich einen mehr in euch gefunden hätte, dem es genügt, ein Mensch zu sein." In der Humanität werden wir den letzten für irdische Gedanken erreichbaren Wert und darum das Ideal der Sittlichkeit und die Idee des Rechtes erkennen.

II. Die Kultur.

1. Der Begriff der Kultur.

a) Es hat lange gedauert, bis die Einsicht, daß das Recht eine Kulturerscheinung ist, den ihr gebührenden Rang einer rechtsphilosophischen Trivialität gewonnen hat; sie mußte immer hervortreten, wenn sich die Rechtsphilosophie vom Naturrecht ab- und historischer oder geschichtsphilosophischer Besinnung zugewendet hat, — MONTESQUIEU, die historische Rechtsschule, HEGEL sind die Höhepunkte — aber sie ist auch immer wieder vernachlässigt und bis zum heutigen Tage noch nicht systematisch ausgebaut worden. Dazu gehört nicht mehr und nicht weniger, als den Kulturbegriff so zu gestalten, daß er als Grundbegriff der Rechtsphilosophie brauchbar wird. Und wer von RICKERTS Wissenschaftslehre, in der den Naturwissenschaften die Kulturwissenschaften gegenübergestellt sind, ausgeht[1]), kann nicht zweifeln, daß diese Aufgabe besteht und daß ihre Lösung

[1]) Das tat ich in meiner Habilitationsschrift (Die schuldhafte Handlung 1901) und bin im Anschluß hieran 1903 von den Rechtsnormen auf die Kulturnormen zurückgegangen. Die Kennzeichnung dieser Schrift als „glückliche Synthese KOHLERscher und BINDINGscher Rechtsphilosophie" (BEROLZHEIMER, System II, S. 402), die gerne wiederholt wird (zuletzt wieder SAUER,

ungemein fruchtbar sein muß. Denn die Überwindung des Naturrechts, der die ältere Wissenschaftslehre mit ihrer Einreihung des Rechts in die Geisteswissenschaften eher hinderlich als förderlich war, wird durch die berichtigte Charakterisierung der den Naturwissenschaften gegenüberstehenden Gruppe deutlich genug auf den einzuschlagenden Weg gewiesen. Angesichts dieser grundsätzlichen Erwägung ist es erstaunlich, daß sich die rechtsphilosophische Literatur mit dem Kulturbegriff nur wenig und nicht mit sonderlichem Erfolge beschäftigt hat[1]).

Kohler, der nicht müde geworden ist, das Recht als Kulturerscheinung darzustellen, hat ethnologische Kuriosa und rechtsvergleichende Breite der philosophischen Vertiefung vorgezogen. Daher sind seine Beiträge zur Erfassung des Kulturbegriffs, die teils an der Oberfläche nichtssagender Definitionen bleiben (z. B. „Die Kultur ist die Entwicklung der in der Menschheit liegenden Kräfte zu einer der Bestimmung der Menschheit entsprechenden Gestaltung"), teils in die Tiefe dunkler Aussprüche hinabsteigen („Das Denken des Weltalls in bezug auf den Menschen ist Kultur[2])", durchaus ungeeignet, der Rechtsphilosophie die begriffliche Basis zu bieten. — Dagegen haben sich jüngere Rechtsphilosophen[3]) und unter ihnen vor allem der zu früh verstorbene (1920) Fritz Münch[4]) um die Aufgabe bemüht. Von seinem grüblerischen Ringen, das sich in der Undurchsichtigkeit seiner Resultate spiegelt, durfte die Rechtsphilosophie noch reifere Früchte erwarten; ich aber betrauere in ihm, der 1904 bei mir Rechtsphilosophie gehört hat, ganz persönlich meinen Studenten, der karge, von ihm weit überholte Anregungen wie kein zweiter in Ehren gehalten hat. Es wäre nicht förderlich, Münchs „vorläufig abschließende" Definition der Kultur (a. a. O. S. 13) mitzuteilen; er geht davon aus, die Kultur als „ideenbezogene Gestaltung" zu bezeichnen, Gestaltung der Natur und der Gesellschaft, aber er begreift schließlich die Kultur als „Erarbeitung des zeitlos Gültigen", d. h. als historische Erfüllung eines absoluten Ideensystems, und die Ideen als „sachliche Synthesisprinzipien", die mit den Naturgesetzen erkenntnistheoretisch in Parallele stehen. Vielleicht wird mit all dem einer Methodenlehre der Weg gebahnt, die (anzuerkennende) Ausbeute für die Prinzipien- und Wertlehre ist auf das Bestreben beschränkt, das Recht nach seiner Kulturleistung zu würdigen. Es wäre besser gelungen, wenn der eigene bedingte Wert der Kulturtatsachen nicht einseitig in die Annäherung an einen unbedingten und dazu unbestimmten Wert umgedeutet worden wäre, aber es ist nicht mißlungen: um den geschichts- und kulturphilosophischen Unterbau der Rechtsphilosophie hat sich Münch bleibende Verdienste erworben. — Andere[5]) lehnen es ausdrücklich ab, den Kulturbegriff maßgebend in die Rechtsphilosophie hineinzuziehen, so am lehrreichsten und deutlichsten Stammler (Theorie der Rw. S. 515 ff.). Ausgehend von der Definition: „Kultur ist Ausbildung im Sinne des Richtigen" und

Grundlagen des Strafrechts S. 269), muß ich, soweit sie auf Kohler Bezug nimmt, schon deswegen ablehnen, weil Kohlers erste Darstellung der Rechtsphilosophie später (1904 in der ersten Aufl. der Neubearbeitung der Holtzendorffschen Enzyklopädie) erschienen ist und seine früheren ethnologischen Abhandlungen (Zusammenstellung bei Berolzheimer a. a. O. S. 439) eine systematische Verwertung des Kulturbegriffs überhaupt nicht anstreben.

[1]) Das gilt auch für die auf Rickertscher Grundlage aufgebaute vorwiegend methodologische Abhandlung von Müller-Eisert, Rechtswissenschaft u. Kulturwissenschaft 1917.

[2]) So zum Zweck der „Modernisierung Hegels" vgl. oben S. 17. Die Zitate sind aus Kohler, Moderne Rechtsprobleme 1907 (S. 2 u. 8) entnommen (2. Aufl. 1913).

[3]) Hervorzuheben Radbruch in Logos II, S. 200 und Grundzüge, bes. S. 39 u. 89 (Gesamtheit absoluter Werte). Sauer, Grundlagen des Strafrechts 1921, verdrängt zwar den Kultur- durch den Wertbegriff (vgl. dazu unter b), würdigt den ersteren aber als Summe objektiver Werte.

[4]) Kultur und Recht 1918 (zwei Abh., die zuerst 1914 in der Zeitschr. für Rechtsphil. I, S. 347 und im Juliheft der Monatsschrift „Die Tat" erschienen sind). — Ferner die oben S. 20 zit. kritische Übersicht über die Rechtsphilosophie der Gegenwart.

[5]) Salomon, Grundlegung zur Rechtsphilosophie, bestimmt zwar die Philosophie als Prinzipienlehre der Kultur (S. 118), zieht aber nicht die danach zu erwartenden Konsequenzen.

beifügend, daß bei dem Rechte die Kultur der Gesellschaft in Frage steht, verwirft STAMMLER diese „auf halbem Wege" Halt machende Auffassung, weil sie den Gedanken des Richtigen voraussetzt und somit in dem Zirkel, richtiges Recht sei ein solches, das ein richtiges Zusammenwirken fördert, befangen bleibt; es ist interessant, daß sich STAMMLER hier genau des Arguments bedient, das gegen seine Lehre vom „sozialen Ideal" geltend gemacht worden ist. Wir pflichten denn auch STAMMLERS Kritik durchaus bei, nicht aber der Begriffsbestimmung, für die sie gilt. Sie gibt nur den halben Inhalt des Kulturbegriffs an, die andere Hälfte ist bewußt eliminiert; sie besteht, wenn wir STAMMLERS Worte gebrauchen, aus „den Besonderheiten einzelner Ziele", also, wie ich lieber sage, aus dem konkreten, stark bedingten, stets relativen Inhalt, der jeder Kulturerscheinung eigen ist. Diese Hälfte schaltet STAMMLER aber nur deswegen aus, weil sonst Kultur als allgemeiner, d. h. unbedingter Maßstab unbrauchbar wird. Gewiß, wer aber der Kultur diese Bedeutung nicht beilegt, — ich für meinen Teil denke nicht daran, es zu tun, und bin niemals so stark entgleist[1]) — hat keinen Grund, auf halbem Wege stehen zu bleiben, sondern wird erkennen, daß der Kulturbegriff, so wie er verschwommen im allgemeinen Bewußtsein und in der intuitiv sicheren Empfindung lebt, gerade dadurch ausgezeichnet ist, daß in ihm die „Ausbildung im Sinne des Richtigen" und „die Besonderheit einzelner Ziele", seien sie erstrebt oder erreicht, daß also Wert und Wirklichkeit in ihm zu einem einheitlichen Ganzen verbunden sind. Ob der also zu bestimmende Kulturbegriff brauchbar ist, ob er uns gar auf die Idee des Rechtes hinführt, wird aus der Fortführung unserer Untersuchung ersichtlich werden, hier ist er zu entwickeln.

b) Von Kultur wird in unserer Zeit mehr denn je und in sehr verschiedener Absicht geredet. Es wäre aussichts- und einsichtslos, den Begriff so festlegen zu wollen, daß er jeder vernünftigen Verwendung des Wortes gleichmäßig gerecht wird; er muß in einem Buche über „Deutsche und französische Kultur im Elsaß" einen etwas andern Sinn haben als in einem Buche „Zur Psychologie der Kultur" und wieder einen etwas abweichenden, wenn der Rechts- dem Kulturstaat gegenübergestellt wird. Hier kommt es nun darauf an, die Kultur unter Wahrung des Wortsinns und des daran anknüpfenden Vorstellungskomplexes so zu begreifen, daß die Begriffsbestimmung für die systematische Entwicklung des Rechtsbegriffs und der Rechtsidee taugt. Dafür ist vor allem erforderlich, den Anschluß an den Gemeinschaftsgedanken und an den Wertbegriff zu finden, ohne die das Recht nicht gedacht werden kann. Diese Aufgabe wird erfüllt durch die Definition[2]): Kultur ist Pflege eines gemeinsamen Interesses und der dadurch geschaffene wertbetonte Zustand. Zur Erläuterung diene folgendes:

Der Wortsinn ist gewahrt, cultura heißt Pflege, Ausbildung. Vom Gegenstand der Kultur scheint wenig gesagt zu sein, irgend ein von einer Vielheit geteiltes Interesse; gerade darin aber erblicke ich den ersten Beitrag zur prinzipiellen Lösung unserer Aufgabe, denn die beiden Grundbegriffe des Systems, Kultur und Gesellschaft, treten in die engste Verbindung. „Aus der Entwicklung des gesellschaftsbildenden Faktors, aus der Entfaltung des gesellschaftlichen Lebens entsteht Kultur, eine umso ausgeprägtere, je eigenartiger das gemeinsame Interesse ist. Diese produktive Tätigkeit ist inhaltlich unbegrenzt. Wie die Kultur jeden beliebigen Gegenstand, so kann das gesellschaftliche Interesse jeden beliebigen Inhalt haben." Hiernach verhält sich die Gesellschaft zur Kultur, wie der Schöpfer zu seinem Werk; und wenn es richtig ist, daß die Kultur gestaltend auf die Gemeinschaft wirkt, so paßt diese Parallele nur um so besser, denn aus jedem Werk strömt Leben auf den

---

[1]) Zutreffend LEONHARD COHN, Das objektiv Richtige (Heft 46 der Kant-Studien), 1919, S. 65, „die Kulturnormen sagen nichts über ihre Richtigkeit", womit COHN die absolute Richtigkeit meint.

[2]) Vgl. meinen Allg. Tl. des Strafrechts S. 41; daselbst auch das im Text folgende Zitat.

Schöpfer zurück; das Kunstwerk gewinnt Einfluß auf das Wesen des Künstlers und das Tagewerk auf das des Tagelöhners. In dieser Wechselwirkung gleicht das Verhältnis von Gesellschaft und Kultur dem von Staat und Recht. Allerdings aber ist das gemeinsame Interesse dasjenige Merkmal unseres Kulturbegriffes, das mit dem allgemeinen Vorstellungskomplex „Kultur" in loserem Zusammenhang steht als die andern; immerhin nehmen übliche Wendungen wie deutsche Kultur, Förderung allgemeiner Kultur, Kulturaufgaben der Gegenwart auf das gemeinsame Interesse so deutlich Bezug, daß uns der Vorwurf der Willkür nicht treffen kann.

Dagegen ist der zweite Beitrag zur Lösung unserer Aufgabe aus dem innersten Wesen der Kultur geschöpft. Kultur ist nicht bloß Wirklichkeit und ist nicht bloß Wert, sondern die Einheit von beiden. Kultur ist wertvoll gewordene Wirklichkeit und darum auch wirklich gewordener Wert. Von selbst stellt sich das Wort in den mannigfachsten Zusammenhängen ein, denn es entspricht dem immer wieder gegebenen Bedürfnis, ein Stück Wirklichkeit an einen Wert oder einen Wert an ein Stück Wirklichkeit heranzutragen. Diese Assoziation wird von den Werken und Aufgaben der Kunst und Wissenschaft am lebhaftesten herausgefordert, und sie sind ja auch Kultur schlechthin. Die gleiche Verbindung tritt aber unvermeidlich ein, wenn z. B. über Körperpflege oder Straßenbau, über den Zustand eines Ackers oder einer Volksklasse, über die Einrichtung einer Wohnung oder über eine soziale Einrichtung etwas ausgesagt werden soll, überall suchen und finden sich die tatsächliche und die bewertende Betrachtung. Wertfrei ist nur die Natur und daher ist sie der Gegensatz zu Kultur. Wald und Wiese, Menschen und Volksstämme in ihrem natürlichen Zustand sind unkultiviert; erst aus der Überwindung der Natur, erst aus der Verbesserung des Urzustands, erst aus der Läuterung der natürlichen Triebe entsteht Kultur. Sie ist daher ein in der Vervollkommnung begriffener Zustand, sie befindet sich dem Begriffe nach in einer immer höheren Werten zustrebenden Entwicklung. — Dies alles ist aber in dem von der Definition aufgenommenen Begriff der Pflege zum Ausdruck gebracht. Ein herrliches Wort! Es ist reich an Gefühlswerten und in seinem Inhalt vollkommen deutlich. Es umfaßt, worauf es uns in erster Linie ankommt, das faktische und normative Element: Pflege ist nicht ohne Gegenstand, ist nicht ohne Ziel (Zweck, Wert) denkbar, auch nicht ohne fortschreitende Annäherung an dieses Ziel; es umfaßt ferner die Tätigkeit des Pflegens und ihr Ergebnis, den gepflegten Zustand. Um aber die Breviloquenz nicht zu übertreiben, nennt die Definition neben dem Pflegen den dadurch geschaffenen Zustand; er muß unter dem Akzent des Wertes stehen, denn er ist das Ergebnis einer Pflege.

2. Die Differenzierung der Kultur.

Die unkritische Auffassung verharrt gerne in dem Irrtum, Kultur sei etwas Einheitliches und Absolutes; und wenn aus einem einzigen Blick auf das Weltbild die Erkenntnis hervorwächst, daß viele Kulturschichten übereinander und viele Kulturkreise nebeneinander liegen, so wird die absolute Einheit als höchster Wert in die Welt der Ideen und Ideale hinübergerettet. Das ist unmöglich; wenn Kultur etwas empirisch Gegebenes ist, kann sie nicht zugleich etwas überempirisch Erdachtes sein. Sie ist lebensvolle Wirklichkeit und daher bunt, bedingt, bewegt. Differenzierende Faktoren sind für die grundsätzliche Betrachtung die Gesellschaften und die Tendenzen ihrer Interessen; jene bilden Kulturkreise, diese Kulturrichtungen.

a) Grundsätzlich gibt es soviele Kulturkreise als Gesellschaften, also unübersehbar mannigfache, denn jede Gesellschaft pflegt ein gemeinsames Interesse, nämlich das ihrige. Tatsächlich vermindert sich die Zahl erheblich, weil die Differenzierung der Kultur weit hinter der der Gesellschaft zurückbleibt. Davon kann man sich unter zwei Gesichtspunkten überzeugen.

Eine Kultur kommt nur zustande, wenn das gemeinsame Interesse intensiv und eigenartig ist; es darf keine Dutzendware sein. Eine Unmenge Gesellschaften pflegen aber ihr Interesse nicht so intensiv, daß es sich entfalten könnte, oder pflegen es zwar sorgsam, aber nicht auf eine eigene Art. Namentlich pflegen die Gesellschaftsexemplare der Regel nach nur das Interesse der Gesellschaftsgattung, die Zünfte das der Zunft, die Provinzen das der „Provinz“, die religiösen Gemeinschaften das ihrer Konfession.

Eine Kultur kommt auch nicht von heute auf morgen zustande. In der Geschichte, in der über die Generationen hingehenden Geschichte liegt eine ihrer Grundbedingungen. Jede Kultur ist ein historisches Produkt. Was die historische Rechtsschule vom Recht gelehrt hat, gilt für die Kultur: sie wird nicht gemacht — sie wird. Alte Städte, alte Gewerbe, alte Familien sind befugt, sich auf ihre Kultur zu berufen. Und je mehr eine Gesellschaft durch die Jahrhunderte hindurch ihr eigenes Leben führt, desto ausgesprochener tritt ihre Kultur zutage; dann, nur dann haben die Bauwerke ihren eigenen Stil und Hochzeitsfeste und Totenklage ihre eigene Note, nur dann tragen die moralischen Anschauungen den Stempel von Merkwürdigkeiten, die vom Weltenbummler angestaunt und vom Kulturhistoriker gesammelt werden.

Die Differenzierung der Kultur ist trotzdem gewaltig. Vor allem bilden die Nationen Kulturkreise. Mit dem Wesen der Nation (oben S. 29) ist die Fähigkeit, eine ausgeprägte Kultur zu schaffen, unzertrennlich verbunden, denn die geschichtlichen Schicksale, die die Nation heranbilden, entwickeln auch ihre Kultur. Die deutsche Kultur unterscheidet sich von der englischen, weil über die deutschen Lande in Jahrhunderten eine andere Geschichte hingegangen ist als über die britischen Inseln, eine andere Sitten- und Wirtschaftsgeschichte, eine andere Kunst- und Literatur-, Verfassungs- und Rechtsgeschichte. Gerade hieraus begreift sich, daß die nationale Kultur trotz aller Zunahme des internationalen Verkehrs unverwüstlich ist, daß sie den festen Kern bildet, der zwar abgeschliffen oder in fremde Schalen gepackt, aber, solange die Nation lebt, niemals aufgerieben werden kann.

Zu den Trägern ausgeprägter Kultur gehören ferner die Berufs- und Gesellschaftsklassen, die sich innerhalb einer Nation von einander abheben, weil und soweit ihnen ein eigenes historisches Schicksal bestimmt war. Die Geschichte des deutschen Handwerks und der Industrie ist nicht bloß die Geschichte einer Technik und Wirtschaftsform, sondern ebensosehr die Geschichte einer geistigen Verfassung und somit einer Art, das Leben zu führen und zu gestalten, also Kulturgeschichte im umfassenden Sinne des Wortes. Deswegen darf man sich die Kultur eines Volkes nicht bloß als einen einfachen großen Kreis vorstellen, sondern muß in ihn viele kleinere einzeichnen, die sich schneiden, berühren, umschließen und jede überhaupt denkbare Lage haben.

Viel verschlungene Linien, nicht genug verwickelt, um der Wirklichkeit zu gleichen. Denn die Kultur einer Gruppe überschreitet oft genug die nationalen und staatlichen Grenzen. Die Geschichte einer Berufs- oder Gesellschaftsklasse kann in verschiedenen nationalen Kreisen die gleichen oder ähnliche Züge zeigen, also ein internationales gemeinsames Interesse heranbilden; wird es gepflegt, — und der Industriearbeiter ist wahrlich nicht das einzige Beispiel — so entsteht eine kosmopolitische Kultur. Sie wird außerdem durch den internationalen Verkehr großgezogen, wovon z. B. die Sitten der „guten Gesellschaft“ und ethnologisch interessanter der Brauch der Seeleute und rechtlich bedeutsamer die Gepflogenheiten der Diplomaten Zeugnis ablegen; sie wird zu weltgeschichtlicher Bedeutung gesteigert durch die kosmopolitische Tendenzen verfolgenden Religionsgemeinschaften, den Katholizismus und den Islam. So tritt im ganzen zur Gliederung nach Nationen eine die Nationen durchquerende Schichtung, ein den nationalen Interessen gefährliches Ferment. Unsere Darstellung hat hiermit aber das Zeichen des Kreises schon verlassen.

b) Wie im Bild der Kulturkreise, so bietet sich in dem der Kulturrichtungen die Pflege gemeinsamer Interessen als eine stark differenzierte Erscheinung dar. Alle erdenklichen Richtungen hat die Kultur eingeschlagen; und wenn man einige zu Bündeln zusammenfaßt, indem man, wie wir es eben taten, nationale und kosmopolitische Kultur unterscheidet oder andere Gegensätze heranzieht und z. B. die idealistische der materialistischen Kultur gegenübergestellt, so muß man sich doch bewußt bleiben, daß solche Charakterisierungen die Individualitäten der einzelnen Richtungen aufheben.

Es gibt nur eine Kulturrichtung, die ihren eigenen Namen hat, die Zivilisation. Wir könnten unser System aufbauen, ohne von ihr zu sprechen, würden dann aber vermutlich eine Erwartung täuschen, und erwähnen sie umso lieber, um für den Begriff der Kulturrichtung wenigstens ein Beispiel zu geben. — Es ist üblich, die Zivilisation der Kultur gegenüberzustellen; man sagt wohl von einem Negerstamm, er habe Kultur, aber keine Zivilisation; dann aber hat man sich schon unter Kultur eine bestimmte Ausprägung oder Richtung gedacht und unterscheidet diese eine von der Zivilisation als der andern Richtung. So wird die Zivilisation auch von OSWALD SPENGLER aufgefaßt, der sie als „das unausweichliche Schicksal" einer jeden Kultur, nämlich als erstarrende, absterbende Kultur geschildert hat. Wie dem auch sei — uns will es nicht einleuchten, daß die Zivilisation in der „Morphologie der Geschichte" immer eine Endstation bedeutet, — eine Kulturrichtung ist sie auch nach SPENGLER. Ihre charakteristischen Züge scheinen mir die Verfeinerung der äußern und die Vereinheitlichung aller Lebensbedingungen zu sein. Nur diejenige Kultur, die den „Urstand der Natur", besonders der animalischen Natur des Menschen, gründlich (und manchmal allzu gründlich) überwindet, gilt als Zivilisation, aber die Seele wird von dieser Verfeinerung nicht ergriffen. In Verbindung hiermit ist die Zivilisation in geistigen Dingen, in Technik, Wirtschaft usw. — nicht von ungefähr — auf dasselbe Ziel gerichtet wie die Demokratie in der Politik, auf nüchterne Gleichheit. Sie schafft in der Fabrik Serien, führt in der Mode den Frack ein und gibt in der Kunst dem Einfarbigen und Eindeutigen den Vorzug vor dem Phantastischen und Symbolischen. In summa eine Kulturrichtung, die in idealistischen, individualistischen und romantischen Bestrebungen ihre Gegensätze findet.

3. Die Kritik der Kultur.

Kultur ist eine kritische Macht, — ja die kritische Macht. Wäre es nicht einleuchtend, daß dem so ist, so könnte es aus dem Begriff der Kultur gefolgert werden, da doch die Pflege von Interessen nach Weg und Ziel Werte scheidet und ordnet. Da von dieser kritischen Funktion der Kultur in unserem System an vielen und gerade an den entscheidenden Stellen die Rede sein muß, ist es vor allem nötig, ihre Formen kennen zu lernen. Drei sind zu nennen: Der Kulturprozeß, die Kulturnorm, die Rechtsnorm.

a) Unter Kulturprozeß verstehen wir den Verkehr von Kulturkreisen untereinander, soweit er zu einem Kulturaustausch oder Kulturkampf führt, also, wenn man so sagen darf, die gegenseitige bald friedliche, bald feindliche Auseinandersetzung von Werten. Freilich bleiben wir hiermit an der Form haften und überlassen es der Kulturgeschichte, besonders aber dem Ausbau der Kulturphilosophie, das in dieser Form sich vollziehende Werden und Walten zu schildern[1]). Und den

[1]) Etwa in der Art von JAKOB BURCKHARDT, vgl. bes. seine Weltgeschichtlichen Betrachtungen, herausgeg. von JAKOB OERI 1905.

Kulturkampf erwähnen wir nicht in dem politisch zugespitzten Sinne, den das Wort im Streit zwischen dem preußischen Staat und der katholischen Kirche nach 1872 angenommen hat; wohl aber ist dieser Kulturkampf ein lehrreiches Beispiel. Ein größeres und vielleicht das größte ist die Kolonisation; sie ist ihrer Idee nach der Siegeszug höherer Kultur und ist den Tatsachen nach oft genug die Ausbeutung niederer Kultur gewesen. Höhere und niedere Kultur! Gerade darin tritt die kritische Funktion des Kulturprozesses zutage. Ebenso kann sie sich in der Einschaltung junger oder in der Ausschaltung alt gewordener Ideen äußern, ebenso kann sie sich darin bekunden, daß die in einem Kulturkreis heimische Sitte an Geltung verliert oder umgekehrt sich einen neuen Kulturkreis erobert, oder darin, daß eine unter religiösen Akzenten stehende Kulturrichtung von einer stark wirtschaftlich interessierten abgelöst wird, — kurzum ein Auf- und Abstieg, ein Übergreifen, Aufleuchten und Verblassen von Werten. Wenn man aber diesen nie endenden kulturellen Prozeß da oder dort als beendigt denkt, so hat er wie ein rechtlicher zu einem Urteil, und zwar einem die Wirklichkeit meisternden Urteil geführt.

Die Eigenheit dieser Form von Kulturkritik ist hiermit noch nicht angegeben. Sie besteht darin, daß ein kritisierender Kulturwert einem kritisierten gegenübersteht. Wird z. B. die Duellsitte als Unsitte verworfen, also dieser Kulturerscheinung der Wert abgesprochen, so wird in Wahrheit dem einen Kulturwert ein angeblich besserer vorgezogen, ein Gebot der Sitte wird durch eines der Sittlichkeit kritisiert. Ein anderes Beispiel bietet der kritische Einfluß der Religion auf das wirtschaftliche Gebaren und auch die Umkehrung dieses Verhältnisses, die von wirtschaftlichen Interessen diktierte Stellungnahme zur Religion[1]). Diese stetig und still sich vollziehende Zersetzung und Erneuerung von Werten kann, weil sie innerhalb des Kulturprozesses verläuft, mit der Selbstkritik verglichen werden, die ein Mensch an sich übt: Wie dort, so sind hier die kritische Macht und der kritisierte Wert Teile eines Ganzen, und wie das sich selbst kritisierende Individuum in Subjekt und Objekt gespalten ist und unter dem Zwiespalt leidet, aus ihm aber Läuterung gewinnen kann, so die Kultur. Deswegen ist es auch kein grundsätzlicher Unterschied, ob man unsere Überschrift „Kritik der Kultur" als genitivus subjectivus oder objectivus auffaßt, beides ist zutreffend.

Aus dieser der Kultur immanenten Selbstkritik erklärt sich, daß unter den Begriff der Kultur viel Unkultur fällt; die Kulturgeschichte umfaßt, wie RADBRUCH (S. 38) mit Recht hervorhebt, auch die „Laster, Irrtümer, Geschmacklosigkeiten" eines jeden Zeitalters. Diese Erscheinung hört auf, geheimnis- oder widerspruchsvoll zu sein, wenn man bedenkt, daß zwar vom Standpunkt einer bestimmten Gesellschaft die Pflege des eigenen Interesses unbedingt Kultur ist, daß aber die vom Standpunkt einer andern Gesellschaft daran geübte Kritik jene Kultur als Unkultur verwerfen kann.

Aus dem Bannkreis der Selbstkritik kann die Kultur erst heraustreten, wenn sie ein Objekt findet, das nicht Kulturwert ist, oder ein Subjekt, das nicht kulturschöpferisch ist. Ersteres bietet sich ihr im Menschen, letztres im Staat. Im ersten Fall (unter b behandelt) gewinnt unser genitivus subjectivus sein besonderes Objekt, im zweiten (unter c behandelt) unser genitivus objectivus sein besonderes Subjekt. Diesen Formen von Kulturkritik muß die Rechtsphilosophie die größte Aufmerksamkeit schenken.

b) Der Mensch, genauer das menschliche Verhalten, ist in einem ganz bestimmten, schon erläuterten Sinne (oben S. 27) Objekt der Kulturkritik: Jede Gesellschaft verlangt das ihren Interessen entsprechende Verhalten von ihren Mitgliedern, übt also Kritik, indem sie soziales und antisoziales Verhalten scheidet und abstuft. Das soziale Verhalten ist das mit der Kultur der gerade in Frage stehenden Ge-

---

[1]) MAX WEBER, Gesammelte Aufsätze zur Religionssoziologie, 3 Bde. 1920/21.

meinschaft übereinstimmende, denn jede Gesellschaft pflegt und schützt ihr eigenes Interesse, gleichviel wie vor dem Tribunal höherer Kultur darüber befunden wird. Um diese Beziehung grell zu beleuchten, habe ich an anderer Stelle gesagt, die Pflicht, jedes Beutestück zur Verteilung abzuliefern, gehöre zur Kultur der Räuberbande, und es war nicht einsichtsvoll, meiner Darstellung Fehlerhaftigkeit vorzuwerfen, weil Unkultur zur Kultur gerechnet sei. Der letzte Kulturwert, die Spitze des kritischen Systems, stand damals überhaupt nicht und steht hier noch nicht in Frage.

Die Form, in der die Kultur oder die Gesellschaft als der Schöpfer der Kultur ihre Forderungen innerhalb der Gemeinschaft aufstellt, ist die Kulturnorm. Von den beiden Elementen dieses Begriffs ist das erste schon analysiert, das andere bedarf keiner Auseinandersetzung. Normen sind Regeln für menschliches Verhalten, und zwar allgemeine oder abstrakte Regeln, denn sie beanspruchen Gültigkeit nicht für einen einzelnen gegebenen Fall (konkrete Imperative), sondern für einen Komplex gleichartiger Fälle (abstrakte Imperative). Allerdings hat das Wort im Sprachgebrauch einen Doppelsinn, „eine Seins- und eine Sollensbedeutung. Norm im ersten Sinn ist das gewöhnlich Geschehende, im zweiten das Geschehensollende. Jenes ist das Normale im Gegensatz zum Abnormalen, auch Enormen oder Ausnahmsweisen, dieses ist das Normgemäße im Gegensatz zum Normwidrigen“[1]). In der Rechtslehre und Rechtsphilosophie gilt die zweite Bedeutung, die Norm ist hier überall der Ausdruck des Sollens und Dürfens.

Jede organisierte und jede unorganisierte Gesellschaft bedient sich der Norm, um ihre Interessen zu schützen. Deswegen muß man die diesem Zweck dienenden Normen, wenn ihre Bedeutung betont werden soll, Kulturnormen, wenn an ihren Inhalt erinnert werden soll, soziale Regeln nennen. Der zweite Ausdruck ist um vieles weniger brauchbar, vor allem weil ihm die Synthesis von Wirklichkeit und Wert fehlt, aber auch weil er abseits steht von der Grundeinteilung der Wissenschaften, weil er aus dem großen ethischen Zusammenhang herausfällt und weil sein Gefühlswert politisch verdorben ist. Kulturnorm ist die treffende Bezeichnung, zutreffend für Verbote und Gebote, durch die eine Gesellschaft das ihrem Interesse entsprechende Verhalten fordert[2]), — von den zur Gemeinschaft gehörenden Menschen, so wäre fortzufahren, wenn in dieser Richtung ein Zweifel möglich bliebe. Unter diesen Begriff fallen die Normen der Religion, Moral und Sitte, die den Verkehr regelnden Normen, gleichviel ob man an den Verkehr auf Straßen oder an wirtschaftlichen oder geselligen Verkehr denkt, die Normen einer jeden auf Berufskreise beschränkten Kultur, mag sie den Arzt oder Soldaten, den Kaufmann oder den akademischen Bürger oder sonstwen angehen, — und natürlich auch die Rechtsnormen. Es wird sich aber zeigen (vgl. c), daß man gerade die Eigentümlichkeit der Rechtsnormen unterdrückt, wenn man sie bloß als Kulturnormen charakterisiert.

Es ist von den Kulturnormen gesagt worden, sie seien „nichts als ein besonderer Paragraph“ (Stammler, Theorie der Rw. S. 674), und es sollte damit auf die Bedingtheit ihres Inhalts verwiesen werden; das gibt ganz genau meine Meinung wieder, wenn man sich auch nicht gerade bis zur Phantasie eines Kodex der Kulturnormen versteigen muß. Die Polemik ist somit gegenstandslos, insbesondere weil ich die Behauptung, durch Bezugnahme auf Kulturnormen werde die Frage nach der „grundsätzlichen Richtigkeit“ (im Sinne Stammlers) beantwortet, niemals aufgestellt habe. Und in einer andern Polemik ist gesagt worden, die Kulturnormen seien nur ein Ausdrucksmittel von Wertungen (Sauer, Grundlagen des Strfr. S. 270); dem wäre durchaus beizupflichten, wenn den Kulturnormen hierdurch

---

[1]) Somlo S. 56; daselbst Näheres über die Arten der Normen.

[2]) Die gleiche Definition in meinem Allg. Teil des Strafrechts S. 64.

nicht die Existenz bestritten werden sollte (a. a. O. S. 269); sie sind gerade als der Ausdruck von Wertungen so wirklich und lebensvoll wie nur irgend etwas im Reich des Geistes, schöpfen aber ihre Lebenskraft gewiß nicht aus der Form des stilisierten Paragraphen, obwohl sie oft genug in dieser Ausprägung im allgemeinen Bewußtsein haften. Auf vielfachen Wunsch will ich nun einige Kulturnormen mitteilen, damit der leidige Zweifel an ihrer Existenz und die Verdächtigung ihrer Beschaffenheit noch unberechtigter werde als bisher. Ich gönne diesen Beispielen aber nur den kleinen Druck der Fußnote, damit der unvermeidliche peinliche Eindruck der willkürlichen Auswahl mir wenigstens den Text nicht verderbe; ein Körnchen Salz kann ich nur dadurch beisteuern, daß ich von der gesicherten Basis unbestrittener Anerkennung bis zur anfechtbaren Spitze bezweifelter Auffassungen fortschreite[1]).

c) Die dritte Form der Kulturkritik kommt dadurch zustande, daß der Staat in seinen Gesetzen zur Kultur Stellung nimmt, indem er gewisse Kulturnormen anerkennt und andere verwirft, wodurch das rechtmäßige vom rechtswidrigen Verhalten geschieden, auch die Kultur auf weiten Gebieten sich selbst überlassen wird. Hier lernen wir die Kultur als Objekt der vom Staat geübten Kritik kennen, es tritt also zum Kulturprozeß und zur Kulturnorm als drittes kritisches Prinzip die staatliche Rechtsnorm.

Nur die Form dieser Kulturkritik oder genauer nur ihr problematischer Teil steht hier zur Erörterung. F · liegt in der Frage: Wodurch unterscheidet sich, wenn man von jeder inhaltlichen Bestimmtheit absieht, die vom Staat an der Kultur geübte Kritik von der Kulturkritik einer andern Gesellschaft? Warum ist diese staatliche Kritik nicht lediglich eine Art jener selbstkritischen Zersetzung und Erneuerung, die sich innerhalb des Kulturprozesses still und stetig vollzieht?[2]) Ist es nicht der Form nach dasselbe, wenn eine religiöse Geeminschaft das Zinsennehmen und wenn eine staatliche Gesellschaft die wucherische Ausbeutung einer Notlage verbietet?

Nein! **Denn der Staat als Inhaber der Herrschermacht ist die einzige Gesellschaft, die keine Kultur schöpferisch hervorbringt.** Freilich, der Staat pflegt heutzutage mannigfache Interessen: Er entscheidet Rechtsstreitigkeiten und baut Straßen, er führt Krieg und unterrichtet Kinder im Lesen, er gibt Gesetze und schafft für die Staatsbibliothek Bücher an, er erhebt Zölle und bringt jedem die Briefe ins Haus. Es ist aber ohne weiteres klar, daß das Gericht, das kriegführende Heer, die gesetzgebende Körperschaft und der Zöllner in einem ganz andern Sinne Staatsgeschäfte besorgen als der Baumeister, Schullehrer, Bibliothekar und Briefträger; jene betätigen die Staatsgewalt, diese nicht, jene erfüllen die wesentlichen Funktionen des Staats, diese nützliche, aber unwesentliche; denn Straßen werden auch von Gemeinden und Terraingesellschaften gebaut und Briefe könnte auch der Fürst von Thurn und Taxis austragen lassen. An die

---

[1]) Du sollst nicht lügen. Wenn sich Besuch melden läßt, darfst du nicht wahrheitsgemäß sagen lassen, du wünschest, in der Arbeit nicht gestört zu werden, wohl aber wahrheitswidrig, du seist nicht zu Hause. — Du sollst Tiere nicht quälen. Du darfst Füchse mit der Meute hetzen und Treibjagden auf Hasen veranstalten, darfst Reihern die Federn ausreißen (für Damenhüte) und Gänse mästen. — Was dich nicht brennt, das blase nicht; wenn du aber einen fremden Mann, der ein Kind roh quält, prügelst, verdienst du Lob (andrer Ansicht das geltende Recht). — Du sollst, wenn du Arzt bist, dem qualvoll Leidenden das Leben mit allen Mitteln deiner Kunst erhalten, dem Sterbenden darfst du den Todeskampf erleichtern und (?) verkürzen. — Du darfst deines Vaters Tochter nicht heiraten, auch wenn sie eine andere Mutter hat als du selbst; aber die Tochter des Bruders deines Vaters darfst du heiraten, selbst wenn ihre Mutter und deine Mutter Geschwister sind. — Du sollst jeden nach seiner Façon selig werden lassen; wenn du aber der alleinseligmachenden Kirche eine Seele zuführst, rechnet diese Kirche es dir als ein großes Verdienst an. — Rechts ausweichen, links vorfahren.

[2]) Es wird die Verständlichkeit nicht fördern, mag aber doch beiläufig bemerkt werden, daß die kritische Funktion des Kulturprozesses sich als „transzendente Kritik" von der „immanenten Kritik", die durch die Rechtsnorm geübt wird, unterscheidet.

wesentlichen Funktionen des Staates, an die Ausübung der Herrschermacht, also (oben S. 29) an die durch Zwang gesicherte Erteilung und Durchführung von Befehlen muß man denken, um die Behauptung, daß der Staat keine Kultur hervorbringt, richtig zu verstehen. Dann aber ist sie unmittelbar einleuchtend. Noch nie hat es eine Kultur gegeben, die auf Befehl angetreten wäre.

Der Staat aber hat, wenn wir den Gedanken an seine wesentlichen Funktionen festhalten, auch eine besondere positive Beziehung zur Kultur: Er ist diejenige Gesellschaft, die eine Kultur am wirksamsten schützen und am wirksamsten bekämpfen kann. So untauglich Zwang und Befehl sind, gemeinsame Interessen zu pflegen, so tauglich sind sie, die Pflege vor Angriffen zu bewahren oder ihrerseits anzugreifen. Legislative und Exekutive sind, wenn man sie in den Kulturprozeß einreiht, Verteidigungs- und Angriffsmittel und als solche die gewaltigsten kritischen Mächte; sie schützen das Privateigentum, verteidigen den wirtschaftlich Schwachen, haben vor dem Kriege in Preußen die polnische Kultur, im Kriege die wirtschaftliche Freiheit zurückgedrängt usw. — jede gesetzlich geordnete Materie bietet ein Beispiel.

Als Schützer der Kultur begegnet uns der Staat auch in dem politisch gefärbten Ausdruck „Kulturstaat". Eine sorgfältige Darstellung müßte den Kulturstaat als Reaktion auf den Rechtsstaat und diesen als Reaktion auf den Polizeistaat schildern. Auch ohne so weit auszuholen, dürfen wir aber feststellen, daß der Kultur- dem Rechtsstaat nur insofern gegenübersteht, als dieser, wie treffend gesagt worden ist, „Nichts-als-Rechtsstaat" gewesen ist, d. h. die staatlichen Aufgaben sind über die bloße Rechtspflege (im engen Sinne von Justiz) hinaus erstreckt worden auf die mannigfachen Kulturaufgaben, die der staatlichen Verwaltung in der Gegenwart unterstehen. Der Kulturstaat ist jedoch Rechtsstaat im potenzierten Sinne, weil er den Kulturaufgaben nicht wie der Polizeistaat nach dem Gutdünken der Regierung, sondern nach Maßgabe von Gesetzen seine Sorge zuwenden soll. Somit liegt im Begriff des Kulturstaats ein politisches Programm, durch das dem Staat die Kulturaufgaben als Gegenstand seiner Recht setzenden und Recht durchsetzenden Tätigkeit zugewiesen werden. Mit diesen Mitteln kann Kultur nicht geschaffen, wohl aber wirksam gefördert werden.

Schon aus der Bezugnahme auf Kulturnormen, die unsern Ausgangspunkt gebildet hat, geht hervor, daß es die Kultur der Nation ist, und zwar sowohl der Nation als einer einheitlichen, wie als einer in viele Kulturkreise gegliederten Gesellschaft, die durch das Recht kritisch gesichtet, anerkannt oder verworfen oder sich selbst überlassen wird. Und es ist ohne weiteres ersichtlich, daß die Bedeutung dieser Kulturkritik immer dann gesteigert wird, wenn in einem Staate mehrere Nationen vereinigt sind; dann zeigt sich am drastischsten, wie wirksam die Parteinahme des Rechtes sein kann. Allein durch das Verbot, die Sprache einer nationalen Minderheit in den Schulen und in der Öffentlichkeit zu gebrauchen, kann die Entwicklung einer Kultur unterbunden, — freilich, solange die Nation lebt, kaum je vernichtet werden. Erst mit dem Schöpfer stirbt die schöpferische Kraft.

B. Das System der sozialen Garantien.

I. Die sozialen Triebe und Ordnungen.

1. Allgemeine Betrachtung.

a) Wir zweifeln nicht, unter den sozialen Garantien, d. h. unter den Sicherungsmitteln des sozialen Verhaltens (oben S. 27 u. 37), die Kultur- und Rechtsnormen zu finden, ebensowenig aber, daß diese Normen ihrerseits wieder unter Garantien stehen; nicht nur das rechtliche Verbot, auch die Strafe, nicht nur die moralische

Vorschrift, auch das Gewissen ist ein Sicherungsmittel für gemeinsame Interessen. Und da alle diese Normen und alle diese Sanktionen in engen Beziehungen stehen, also in ihrer Vielheit eine Einheit bilden, sind wir hingeführt auf das Bild eines Systems der sozialen Garantien. Wir stehen vor der Aufgabe, aus ihm heraus die Eigenart der Rechtsordnung zu entwickeln.

Unsere Untersuchung wäre jedoch vom ersten Schritt an gefährdet, wenn sie als ihren Tatbestand nur das antisoziale Verhalten des Individuums ansehen wollte. So darf, so muß die Jurisprudenz verfahren, die Rechtsphilosophie hat für das soziale Verhalten dasselbe, vielleicht sogar ein größeres Interesse, denn ihr Standpunkt liegt vor der Rechtsentstehung. Wir wollen aber auch beachten, daß trotz aller Klagen über die Zunahme der Verbrechen, moralischen Tiefstand, Verwilderung der Sitten usw. das soziale Verhalten immer noch die Regel, das antisoziale die Ausnahme ist. Wie sollte es auch anders sein können, da der Mensch doch ein soziales Lebewesen ist! Dem entspricht es, daß die Sicherungen des sozialen Verhaltens ebensowohl aus Beiträgen des Einzelnen wie der Gesellschaft bestehen; aus sozialen Trieben und aus sozialen Ordnungen setzen sich die sozialen Garantien zusammen — und ohne Einsicht in die Bedeutung jener Macht könnte diese nicht gewürdigt werden. Soziale Triebe sind der Egoismus und Altruismus (Ziff. 2), soziale Ordnungen sind die Religion, die Moral, die Sitte (Konventionalregeln) und das Recht (Ziff. 3).

b) Diese Ordnungen sind ursprünglich ein ununterschiedenes Ganzes, wovon viele Tatsachen der Rechtsgeschichte, aber auch die für Recht und Sitte und Sittlichkeit gleichmäßig geltenden Bezeichnungen[1]), sowie der schon erwähnte Doppelsinn des Wortes Recht (oben S. 7) erzählen, und sind heute noch für das Bewußtsein des naiven Menschen nicht differenziert. Erst wenn infolge der Kulturentwicklung die Möglichkeit, sich antisozial zu verhalten, mannigfache Formen, Arten und Grade annimmt, steigt die Nachfrage nach sozialen Garantien und mit ihr das Angebot; das Ungeschiedene scheidet, entwickelt, entfaltet sich. Dieser Differenzierungsprozeß, aus dem sich nachher (3d) die Entstehung des Rechts erklären wird, ist uns hier wichtig für die Frage nach dem Prinzip, das für die Unterscheidung der einzelnen sozialen Ordnungen maßgebend ist. Warum ist das Gebot, vor einem grauen Haupte sollst du aufstehen, den moralischen Vorschriften zuzuweisen, während der militärische Untergebene rechtlich verpflichtet ist, vor dem das Wachtlokal betretenden Vorgesetzten aufzustehen, und es wiederum doch nur eine Höflichkeitsregel ist, in einem besetzten Straßenbahnwagen aufzustehen, um der einsteigenden Dame den Platz anzubieten? Wenn schon das Sitzenbleiben so verschiedene Deutungen zuläßt, wie vieldeutig muß dann erst das Lügen oder Töten oder sonst eine stärker ethisch qualifizierte Handlung sein! Man glaube nicht, daß sie ohne weiteres einer glatteren Entscheidung zugänglich ist; falsches Zeugnis wider den Nächsten zu reden, ist gegen das achte Gebot und ist unmoralisch und ist widerrechtlich.

Es wäre aussichtslos, die sozialen Ordnungen unterscheiden zu wollen nach dem Subjekt, von dem sie ausgehen. Denn entweder muß jedes Gebot auf den Willen Gottes zurückgeführt werden oder es darf mit keinem geschehen; dann aber wird es unmöglich, die religiösen Vorschriften zu charakterisieren; außerdem scheitert dieses Einteilungsprinzip, sobald die die moralischen und konventionellen Normen erlassenden Subjekte getrennt angegeben werden sollen. Wir müssen also daran festhalten, daß jede soziale Norm ihren Urheber in einer Gesellschaft findet, und werden sehen, daß nur die Unterscheidung von organisierten und unorgani-

---

[1]) So das griechische δίκη, das hebräische Mischpat, das indische dhárma, das tabu der Naturvölker, die alle gleichmäßig Recht, Sitte und Sittlichkeit bezeichnen und auf den göttlichen Willen mehr oder weniger Bezug nehmen. Vgl. Jhering, Zw. i. R. II, in der 3. Aufl. S. 51, Somlo S. 122/23.

sierten Gesellschaften, sie aber wiederum nur für die Charakterisierung des Rechts von Bedeutung ist. — Ebensowenig kann die grundsätzliche Einteilung auf dem Inhalt der Normen gestützt werden, denn eine Norm kann gleichzeitig verschiedenen Ordnungen angehören oder im Lauf der Zeiten ihre Zugehörigkeit wechseln, wovon uns die Ausführungen über die Kritik der Kultur, zum mindesten aber die letzten Beispiele überzeugt haben. — Durchführbar ist allein das noch übrig bleibende Einteilungsprinzip[1]), nämlich die Unterscheidung nach den Sanktionen, unter denen eine Norm stehen kann. Die religiösen Vorschriften werden durch übersinnliche Vorstellungen garantiert, die moralischen durch das Gewissen, die konventionellen durch die öffentliche Meinung und die rechtlichen durch Macht und Gewalt, nämlich durch Androhung und Verwirklichung von gewaltsamen Maßnahmen, d. h. durch den Zwang. Die an mehreren Sanktionen teilnehmende Norm gehört folglich mehreren Ordnungen an. Diese weitreichende inhaltliche Übereinstimmung der sozialen Ordnungen ist die solide Grundlage des Systems der sozialen Garantien.

Mit dem angegebenen Kriterium, das in Einzelheiten und subsidiären Beziehungen später noch ergänzt werden muß, haben wir die prinzipielle Übersicht, auf die es in erster Linie ankommt, gewonnen und sind zunächst in der Lage, den Begriff der sozialen Ordnung systematisch festlegen zu können: Eine soziale Ordnung ist ein durch die Eigenart der Sanktion charakterisierter Normenkomplex[2]). Die sachlichen Ausführungen finden sich unter Ziff. 3, vorher ist unsere Absicht durchzuführen, von den sozialen Trieben Rechenschaft zu geben.

2. Die sozialen Triebe.

a) Durchforschen wir die Seele des Individuums, um zu erfahren, warum es sich regelmäßig sozial verhält, so finden wir den nächstliegenden und ursprünglichen Grund in seinem eigenen Interesse, also im Egoismus. Denn das gesellschaftliche Interesse ist das Produkt übereinstimmender Einzelinteressen (oben S. 26). Nur der Ausdruck Egoismus könnte anstößig sein, weil wir gewohnt sind, mit ihm einen tadelnden Nebensinn zu verbinden. Man hat sogar besondere Worte erfunden (Ipsismus, Egozentrismus), um diesen tadelnswerten Egoismus vom ungetadelten zu unterscheiden, geht aber so unschönen Wortbildungen besser aus dem Weg und gibt dem Gedanken Ausdruck, indem man dem unsozialen Egoismus den sozialen gegenüberstellt. Sie stimmen für die psychologische Betrachtung überein, sie unterscheiden sich in der Wirkung und im Wert; durch unsozialen Egoismus werden gemeinsame Interessen geschädigt, durch sozialen gefördert. Ein Kaufmann glaubt seinem Interesse zu dienen, wenn er Kunden übervorteilt, ein anderer fordert im eigenen besser verstandenen Interesse, was die Ware wert ist; unsozial ist der Egoismus des ersten, sozial der des zweiten.

---

[1]) Die oft, besonders von Kelsen (Hauptprobleme S. 33) herangezogene Unterscheidung von autonomen und heteronomen Normen ist nur geeignet, Verwirrung anzurichten, wie das z. B. bei Radbruch S. 54—58 deutlich hervortritt. Alle sozialen Regeln sind für das Individuum heteronom, denn sie werden von einer Gesellschaft gesetzt. Daß daran gezweifelt wird, liegt hauptsächlich an der Verwechslung der moralischen Ordnung mit dem moralischen Ideal (vgl. unten 3b u. II 3), wofür Somlo S. 67 ein Beispiel bietet. Zutreffend Stammler, Th. der Rw. S. 457. Auch Weigelin, Sitte, Recht u. Moral S. 13 verwirft den Unterschied.

[2]) Das Verhältnis der hiermit entwickelten Begriffe stellt sich schematisch so dar:

Soziale Garantien

Soziale Triebe | Soziale Ordnungen

Egoismus | Altruismus | Normen | Sanktionen

Religion, Moral, Sitte, Recht.

Um das „soziale Leistungsvermögen“ (Jhering) des Egoismus abzuschätzen, worauf unsere Aufgabe konzentriert ist, muß man vor allem überlegen, wie stark das Glück und der Erfolg eines Lebens von der sozialen Richtung und Ausbildung dieses Triebes abhängig sind (oben S. 27). Je weiter der soziale Egoismus reicht, desto vollkommener decken sich Wollen und Sollen, — und das ist der denkbar glücklichste Zustand — und desto mehr leistet das Individuum für die Gesamtheit. Der große Mann ist, wie es von Jhering formuliert worden ist, derjenige, der ganz und gar für andere lebt, indem er für sich selbst lebt. Der große Entdecker und Erfinder und der Künstler von Gottes Gnaden läßt sich von seiner persönlichen Interessiertheit leiten und schafft dadurch Kulturwerte, die Generationen zugute kommen; sein Nachruhm bezeugt die Größe seiner sozialen Leistung. Es war ein Lieblingsgedanke Hegels, solchermaßen „die geschichtlichen Menschen“ zu erklären; der Weltgeist erfüllt sie mit den Ideen, deren Zeit gekommen ist, „die List der Vernunft“ entfacht in ihnen eine ganz persönliche Leidenschaft, die auf das Ziel gerichtet ist, an dem die weltgestaltende Vernunft arbeitet, — mit einer Leidenschaft, denn nichts Großes geschieht ohne Leidenschaft, weswegen denn auch die kleinlichen und behaglichen Menschen für den großen Mann nie und nimmer Verständnis haben . . .

Am Beispiel des großen Mannes zeigt sich am deutlichsten, daß der Egoismus eine soziale Garantie ist, die an Zuverlässigkeit unübertrefflich ist, aber für den alltäglichen und kleinlichen Egoismus gilt dasselbe. Dagegen hat der soziale Egoismus eine zweite Eigenschaft, die nun sein Leistungsvermögen bedeutend herabsetzt. Er ist nicht ein Regulator des gesellschaftlichen Lebens, wie es Sitte, Moral und Recht sind, sondern das Regulierte, das Ergebnis des kulturellen Zustands und besonders der wirtschaftlichen Lage. Mit andern Worten, der soziale Egoismus ist nicht fähig, verrottete Zustände zu heilen, im Gegenteil, er wird um so dürftiger, je übler sich die Lage einer Gesellschaft gestaltet. Leider bietet unser Vaterland in der Gegenwart ein Beispiel; es geht dem Deutschen Reich wirtschaftlich nicht gut und politisch schlecht, deswegen macht sich der unsoziale Egoismus überall breit, deswegen treiben Schieber, Schmuggler, Valutaspekulanten, Separatisten, Diebe an allen Ecken und Enden ihr unsauberes Handwerk. In der Klage über den moralischen Tiefstand wird der hohe Stand des unsozialen Egoismus konstatiert. Und je mehr das Privateigentum infolge der Not des Staats oder infolge falscher Politik maßlos belastet oder beschränkt wird, um so sicherer wird der soziale Egoismus, und zwar gerade der robuste, gesunde, unter Kapitalisten und Proletariern gleichmäßig eingewurzelte, entnervt. Deswegen sind die Kommunisten, obwohl sie glauben, mit dem reinsten sozialen Öl gesalbt zu sein, durch und durch unsozial denkende Politiker; denn ihr Ziel ist es, der zuverlässigsten sozialen Garantie den Nährboden abzugraben. Wenn sie aber sich und andere mit der Versicherung beschwichtigen, der Altruismus werde die Funktionen des Egoismus übernehmen, so wäre diese Rechnung, selbst wenn ihr die Wahrscheinlichkeit nicht völlig abgesprochen werden müßte (vgl. b), schon deswegen falsch und unsozial, weil das soziale Verhalten des Einzelnen mit allen Mitteln gefördert und gesichert werden muß, und weil auf die zuverlässigste Garantie am wenigsten verzichtet werden darf. So ausgemacht es ist, daß dem Egoismus Schranken gesetzt werden müssen, so sicher sollte es sein, daß ihm ein fruchtbares Betätigungsfeld offen stehen muß, — beides im Interesse der Gesamtheit.

b) „Wer kein weiteres Motiv des menschlichen Handelns kennt als den Egoismus, dem bietet das menschliche Leben unlösbare Rätsel“ (Jhering, Zw. im R. I, S. 47). Das andere Motiv aber, der Altruismus, also die motivierende Kraft des fremden Interesses, der Trieb, fremdes Wohl zu fördern, fremdes Weh zu lindern, ist an und für sich rätselhaft, weil es psychologisch unerklärlich scheint, daß jemand ganz ohne eigenes Interesse in Tätigkeit tritt. Das Bedenken vermindert sich, sobald man sich von der verkehrten Meinung lossagt, jede Handlung habe bloß ein Motiv; regelmäßig stehen mehrere nebeneinander und oft genug mischen sich egoistische und altruistische. Das Bedenken schwindet, wenn man mit JHERING die Selbstverleugnung auf die Selbstbehauptung, nämlich auf die Behauptung des ideellen Selbst zurückführt. Wer sein junges Leben für das Vaterland hergibt, stellt seinen Patriotismus und seine Ehre, diese ideellen Interessen seiner Person, über die materiellen Güter, wie umgekehrt der Soldat, der aus der Feuerlinie fortläuft, sein Leben behauptet und seine Vaterlandsliebe und Soldatenehre preisgibt. Der Altruismus ist also eine Veredlung des Egoismus, eine Umkehrung der Wertungen, die der animalischen Natur des Menschen entsprechen. Deswegen ist er für die ethische Betrachtung so eindeutig wie für die psychologische problematisch. Es gibt keinen unmoralischen Altruismus. Allerdings kann auch aus Selbstverleugnung Unheil entstehen, aber altruistisch und moralisch sind gleichermaßen Attribute der Gesinnung (vgl. 3b u. II 3); und allerdings ist auch der Altruist nicht gegen moralische Konflikte gefeit, aber wenn jemand sich selbstlos für die weniger richtige Alternative entschieden hat, ist seine Einsicht, jedoch keineswegs sein guter Wille in Zweifel zu ziehen.

Vorschnell wäre aber die Annahme, es könne unsozialer Altruismus so wenig vorkommen wie unmoralischer; das hieße das soziale Leistungsvermögen dieses Triebes überschätzen und unserer Untersuchung die Spitze abbrechen. Wer selbstlos und nur aus Treue dem verbrecherischen Freund die Flucht ins Ausland ermöglicht, begeht eine Handlung, die die lobenden Prädikate moralisch und altruistisch ebensosehr verdient wie die tadelnden unsozial und widerrechtlich. Dieses Bild entsteht jedesmal, wenn der Altruist einem fremden Interesse dient, das den gemeinsamen Interessen widerspricht (nur daß die unsoziale Handlung nicht stets zugleich widerrechtlich ist). Erst nach Ausscheidung dieser Fälle ergibt sich der Tatbestand des sozialen Altruismus. Er bedeutet in der Reihe der sozialen Garantien qualitativ viel, quantitativ wenig. Während vom Egoismus soziale Korrektheit, diese allerdings breit und ergiebig ausströmt, ist der Altruismus die Quelle der nicht alltäglichen großen Leistung, der edelmütigen Handlung und der heroischen Tat. Deswegen ist er auch als Ersatz für den sozialen Egoismus undenkbar. Die von Schwärmern gehegte Erwartung, eine solche Vertauschung lasse sich durch Erziehung erreichen, verkennt die Natur des Altruismus, denn die Erhaltung des ideellen Selbst kann niemals die Funktionen übernehmen, die durch die Behauptung des materiellen Selbst erfüllt werden. Vollends phantastisch wird diese Utopie, wenn man den Altruismus ins Wirtschaftsleben hineinstellt und wähnt, er könne dort Wunder wirken. Die ideelle Auffassung banaler materieller Bedürfnisse gleicht der Quadratur des Zirkels. So erhaben der Altruismus ist, im Gemeinschaftsleben richtet der soziale Egoismus unabsehbar mehr aus. Wie ein fleißiger Tagelöhner schafft der Egoismus am sozialen Werk, der Altruismus aber ist einem genialen Künstler vergleichbar; wenn er schafft, leistet er Hervorragendes, doch ist er nur gelegentlich in Stimmung.

Im ganzen ist es beruhigend, daß niemand bloß auf die sozialen Triebe seiner Mitmenschen angewiesen ist; den unsozialen Altruismus, vor allem aber den unsozialen Egoismus bekämpfen die sozialen Ordnungen.

3. Die sozialen Ordnungen.

a) Die Religion ist ihrem innersten Wesen nach keine soziale Erscheinung. Mit der Fiktion eines isoliert lebenden Menschen stände der Gedanke einer moralischen, konventionellen oder rechtlichen Ordnung in Widerspruch — daß aber dieser Robinson religiös ist oder es infolge seiner Abgeschiedenheit erst recht wird, ist denkbar und darüber hinaus wahrscheinlich. Denn die Beziehung des Individuums zu einem übersinnlichen Wesen ist der Kern einer jeden Religion; die Mitmenschen können in Gedanken ausgeschaltet werden. Diese Beziehung entsteht aus dem Erlösungsbedürfnis; in primitiven Kulturperioden sucht der Mensch Erlösung von den Schrecknissen der äußern Natur, von der Furcht, die ihm der Blitz, der Orkan, die Nacht und vor allem die ewige Nacht einflößen, später, wenn der Verstand kausale Verknüpfungen erkannt hat, wo die Phantasie böse Geister zu sehen glaubte, Erlösung von seiner Natur, von den Leidenschaften, die in der Seele wühlen, von der Sünde und vor allem von der Endlichkeit. Die Religion ist individuell und transzendent, wird also, wenn man sie in die sozialen Ordnungen einreiht, einem Gesichtspunkt unterstellt, der ihr Wesen nicht erschöpft. In der Reinheit ihres Wesens ist sie aber in der Geschichte nicht zu finden, vielmehr hat sie sich überall in Bekenntnisgemeinschaften entwickelt und hat in ihnen die Funktionen einer sozialen Garantie erfüllt, sie ist immer eine sittliche Macht und in vergangenen Zeiten die dominierende soziale Ordnung gewesen.

Diese Wirksamkeit der Religion erklärt sich zum einen Teil aus der ursprünglichen Ungeschiedenheit der später differenzierten Normenkomplexe, wofür gerade die religiöse Entstehung und Färbung vieler Sitten und Rechtsformen eine bunte Fülle von Beispielen und die Zurückführung der Gesamtheit der sozialen Regeln auf den Willen der Gottheit einen prinzipiellen Beleg bietet, zum andern Teil aus der gewaltigen Macht, die die übersinnliche Vorstellung, diese spezifisch religiöse Sanktion der Normen (oben S. 42), über das menschliche Gemüt hat. Jener Ungeschiedenheit entspricht nämlich die Übereinstimmung von religiösen, moralischen und rechtlichen Forderungen, die durch die Differenzierung der Sanktionen nicht in Frage gestellt wird und auch in unserer Kulturperiode weit reicht; und aus dieser Übereinstimmung folgt, daß ein bedeutender Teil der Kulturnormen unter der Wucht religiöser Garantien steht. Allah und sein Prophet gebieten dem Muhamedaner, sich fleißig zu waschen und den Wein zu meiden; welcher Gläubige aber mag es riskieren, für einen guten Tropfen die ewige Seligkeit zu verscherzen? So hat die Religion im Laufe der Zeiten für die Bändigung der individuellen Triebe und die Festigung sozial wertvoller Einrichtungen einen unendlich großen Beitrag geleistet. Daher ist der staatsmännische Grundsatz, dem Volke muß die Religion erhalten werden, unbedingt politisch klug. Ob er im übrigen zu rechtfertigen ist, bleibt eine offene Frage; jedenfalls haben Diplomaten, die zwischen dem Volk und sich selbst einen feinen Unterschied machen, keinen Anspruch auf den Tugendpreis.

Man muß an Allah glauben, um sich durch ihn bestimmen zu lassen, dem Wein zu entsagen. Das soziale Leistungsvermögen der Religion ist auf den Kreis der Gläubigen beschränkt und verliert daher viel von der Bedeutung, die wir ihm bisher zusprachen, zumal in der Gegenwart. Auch wenn die Zahl der religionslosen Menschen nicht größer sein sollte als die der unmoralischen, besteht doch ein unverkennbarer Unterschied; denn unmoralisch sind die Leute wider besseres Wissen, religionslos auf Grund des bessern Wissens, das sie zu haben glauben; keiner rühmt sich seiner Unsittlichkeit, viele ihrer Religionsfeindlichkeit. Die Ernsten unter ihnen sind bestrebt, die Religion durch „ethische Kultur" zu ersetzen. Soweit hierdurch der Zweck verfolgt wird, die Religion als soziale Garantie entbehrlich zu machen, da doch die Moral dasselbe wirken kann, erscheint das Ziel einwandsfrei; ob jemand das Richtige tut und das Unrichtige meidet, weil sein Gewissen es ihn heißt oder weil Gott es so will, ist dem sozialen Erträgnis nach dasselbe. Nur die pädagogische Seite der Aufgabe erscheint bedenklich, da doch die große Menge für die teils mystischen, teils kindlich-anschaulichen religiösen Lehren ungleich empfänglicher ist als für die zwischen den Klippen rationalistischer und sentimentaler Begründungen schwer durchzusteuernden moralischen Unterweisungen. Soweit aber die Religion als eine individuelle und transzendente Beziehung durch ethische Kultur ersetzt werden soll, wird etwas Unmögliches erstrebt. Für das, was die

Religion in der Reinheit ihres Wesens ist, gibt es keinen Ersatz. Die Phantasie, die einen Himmel stürmt, den Glauben, der Berge versetzt, die Sehnsucht nach einem ewigen Leben soll man keinem Menschen nehmen wollen, er würde ärmer, die Gesellschaft aber nicht reicher, es wäre häßliche Aufklärung, wäre Zivilisation.

b) Zur Moral gehören diejenigen Normen, deren Befolgung das Gewissen fordert. Hiermit scheint etwas Unbekanntes auf etwas ebenso Unbekanntes zurückgeführt zu sein, in Wahrheit aber ist das Gewissen der Erklärung zugänglicher als die Moral, was schon dadurch bestätigt wird, daß sich aus der Literatur über das Gewissen[1]) trotz allerlei Differenzen eine einheitliche Auffassung herauslesen läßt, während die Meinungen über das Wesen der Moral in allen Farben schillern. Ähnlich wie die ältere Psychologie das Wollen auf ein Willensvermögen zurückführt, lassen wir das subjektivierte Sollen, also das Gefühl, sich selbst und den Mitmenschen verpflichtet und verantwortlich zu sein, vom Gewissen ausgehen. Diese Verdinglichung eines Gefühls ist zunächst nicht mehr als eine Hilfskonstruktion, aber eine schier unvermeidliche, da jedes seelische Erlebnis begreiflicher wird, wenn man es nach Analogie körperlicher Vorgänge an ein Organ anknüpft. Auf solche Weise ermöglichen wir es uns, für deutlich erlebte seelische Vorgänge deutliche Ausdrücke zu finden. Nun können wir von Gewissensbissen und Gewissensqualen sprechen, können erzählen, daß das Gewissen uns treibt oder zurückhält, daß es beruhigt ist oder unruhig schlägt wie ein pochendes Herz. Mit all dem wird nur das Gefühl des Sollens beschrieben. Daß dieses Gefühl aber im Menschen mächtig ist, erscheint nur demjenigen wunderbar, der an der körperlichen Erscheinung haften bleibt; nur dann sieht das Individuum aus wie ein Wesen „für sich", während es doch ein für andere und durch andere lebendes, also ein soziales Wesen ist. Wunderbar wäre es, wenn der soziale Instinkt ihm fehlen würde. Dieser Instinkt, diese Stimme des sozialen Verbandes in unserem Innern, die als Anlage angeboren sein mag, aber erst unter dem Einfluß der Kultur, in der der Mensch aufwächst, Klang und Ton annimmt, dieses Echo der sozialen Forderungen ist das Gewissen; es verteidigt die Interessen der Gesamtheit gegen die Selbstsucht des Individuums[2]). Daher kommt das Erträgnis des Gewissens (und folglich das der Moral), so groß oder klein es ist, uneingeschränkt dem Gemeinschaftsleben zugute. Während wir bei der Besprechung des Egoismus und Altruismus, um das soziale Leistungsvermögen überblicken zu können, Einschränkungen haben einführen müssen, ist dergleichen hier nicht nötig; das Gewissen ist ex definitione eine soziale Garantie und ist es restlos. Es kann nur noch beigefügt werden, daß es gewöhnlich negativ determinierend wirkt; daß jemand sich ein Gewissen daraus macht, zu töten, zu lügen, zu fluchen, und deswegen diese Handlungen unterläßt, ist etwas Alltägliches, daß aber jemand von seinem Gewissen zu sozialen Anstrengungen angehalten wird, etwas Seltenes. In dieser positiven Funktion kommt das Gewissen mit dem Altruismus überein: es leistet Hervorragendes, jedoch nur in der erhabenen Stimmung des Feiertags.

Wenn nunmehr der Grundsatz, von dem wir ausgingen, „zur Moral gehören diejenigen Normen, deren Befolgung das Gewissen fordert", Eignung gewonnen hat, vom Wesen der Moral eine Vorstellung zu geben, so reicht er doch keineswegs dazu aus. Vielmehr müssen. auch wenn wir unser Ziel festhalten, von der moralischen Ordnung nur soviel zu erfahren, daß wir sie von der rechtlichen unterscheiden können (II 3), noch zwei Gegensätze besprochen werden, und zwar zunächst der viel behandelte von Gesinnungs- und Erfolgsethik.

Wer vor einem grauen Haupte aufsteht, weil er Wert darauf legt, als manierlich zu gelten, ist gesittet; aus Ehrfurcht müßte er es getan haben, wenn seine Hand-

---

[1]) G. Rümelin, Über die Lehre vom Gewissen 1884; Träger, Wille, Determinismus, Strafe 1895, S. 160; Gerland, Das Gewissen, Gerichtssaal Bd. 65, 1905; Stammler, Lehrb. S. 187.

[2]) Ebenso unter Bezugnahme auf Darwin Paul Hensel, Hauptprobleme der Ethik 1903, S. 19.

lung zu den moralischen gezählt werden soll. So in allen Fällen. Die Moral fordert, daß die Handlung der adäquate Ausdruck der guten Gesinnung ist. Die psychische Quelle der Handlung darf nicht in einem geringeren oder andern Sinne gut sein wie ihre äußere Wirkung, ebensowenig aber darf dieser Erfolg, soweit er zurechenbar ist, hinter der guten Gesinnung zurückbleiben oder sonst von ihr abweichen. Somit ist der Wert des Willens entscheidend. Warum —? Weil nur die gewissenhafte Handlung moralisch ist, d. h. weil nur eine vom Gewissen diktierte Handlung einer moralischen Norm entsprechen kann; denn sie lautet keineswegs: „du sollst nicht ehebrechen", sondern: „du sollst aus Achtung vor der Ehe nicht ehebrechen". Das Gewissen läßt keine ausgeklügelten Rechnungen und ebensowenig Kompromisse zu; man kann nicht bedingt oder begrenzt gewissenhaft sein, denn so weit die Bedingung oder Begrenzung reicht, ist das Gewissen ausgeschaltet. Mit gelehrten Worten: das Gewissen fordert kategorisch, nicht bloß hypothetisch. — Wir haben mit dieser Zurückführung der Gesinnungsethik auf die spezifisch moralische Sanktion eine Folgerung, jedoch nicht nur eine Folgerung gezogen, sondern auf unsere Weise eine alte Lehre übernommen. KANT, der Philosoph des kategorischen Imperativs, hat den Gegensatz von Gesinnungs- und Erfolgsethik am schärfsten herausgearbeitet und vielleicht insofern zu stark zugespitzt, als der Erfolg gänzlich belanglos sein soll. Das konnten wir nicht völlig so übernehmen, weil sonst die Meinung entstände, das Gewissen fordere bloß die richtige Gesinnung, während es doch eine Triebkraft ist, die zur vollen Verwirklichung dieser Gesinnung drängt. Lange vor KANT ist aber der Gegensatz erkannt und besonders auf religiösem Gebiet lebhaft umstritten gewesen; denn die Gesinnungsethik ist protestantisch, während der Katholizismus mit der Lehre, die Heiligung sei ebensosehr von der Gnade wie von den guten Werken zu erwarten, sich zur Erfolgsethik bekennt.

Der zweite Gegensatz, ohne dessen Heranziehung die bisherigen Ausführungen nicht ganz verständlich sein könnten, ist der von genetischer (ontologischer) und normativer Betrachtung, also derselbe, der der Unterscheidung von Prinzipien- und Wertlehre zugrunde liegt. Genetisch, historisch, empirisch betrachtet ist die Moral dem Werden und Vergehen nicht weniger unterworfen wie das positive Recht, denn jeder ausgeprägten Kultur entspricht eine moralische Ordnung mit eigenen inhaltlichen Forderungen; sie entwickelt sich innerhalb der Kulturkreise, namentlich in den Völkerschaften, Nationen und Konfessionen. Man muß Kulturgeschichte lesen, um von der Buntheit der moralischen Anschauungen eine Vorstellung zu gewinnen, und sich nicht wundern, dabei von vielen Gebräuchen zu erfahren, die vom Standpunkt der Gegenwart und erst recht für die normative Betrachtung widerlich, unmoralisch und barbarisch aussehen. Frägt man aber nach den wesentlichen Merkmalen dieses Stoffs, so stellen sich die schon angegebenen ein: soziale, durch das Gewissen garantierte Ordnung. Allerdings aber ist die Ausdehnung der vom Gewissen gestellten Forderungen auf die Handlungsquelle (Gesinnungsethik) nicht für die Moral schlechthin, sondern nur für ihr vorgeschrittenes Stadium charakteristisch. Eine weitere Erläuterung der genetisch definierten Moral scheint mir unnötig, nur mag hervorgehoben werden, daß die schon erwähnte mehrfache Sanktionierung von Normen für die moralischen mindestens regelmäßig, vielleicht gesetzmäßig zutrifft; solange nämlich die Religion die dominierende soziale Ordnung ist, wird es schwer sein, eine moralische Vorschrift zu finden, die nicht auch durch übersinnliche Vorstellungen, in der Gegenwart nicht leicht, eine zu nennen, die nicht auch konventionell oder rechtlich garantiert ist.

Die normative Betrachtung, also die Frage nach der Idee der Moral findet ihren Gegenstand im Wesen des Sittlichen. Es ist allerdings nicht üblich, zwischen Moral und Sittlichkeit einen Unterschied zu machen, aber es scheint mir wider das Sprachgefühl, es zu unterlassen; viele Dichter und Künstler haben unmoralisch gelebt und sind doch nicht unsittliche Menschen gewesen, degradierend würde es klingen, einen großen Philosophen oder Reformator eine moralische Persönlichkeit, allzu pathetisch, einen biedern kleinen Krämer eine sittliche Persönlichkeit zu nennen. Wie dem auch sei, jedenfalls ist es zweckmäßig, für so verschiedene und keineswegs immer gehörig geschiedene Begriffe wie Moral und Idee der Moral zwei Ausdrücke zu gebrauchen. Weit aber müßten wir ausholen, wenn wir hier erst anfingen, das Wesen der Sittlichkeit zu ergründen; da jedoch unser ganzes System darauf angelegt ist, den höchsten Kulturwert als soziales Ideal zu begreifen, sind die Fundamente schon gelegt (unter A) und hier nur noch wenige abschließende Ausführungen vorzubringen, zumal da es erst die Aufgabe des 2. Kapitels sein kann, die Idee des Rechts und die der Moral zu vergleichen (Kap. 2, besonders B III 2a).

Die Kultur der Menschheit ist der höchste Wert, also die Humanität das Ziel des sittlichen Wollens[1]). Sittlich darf sich nennen, wer von der Idee der Humanität erfüllt ist und sie erfüllt. Die vollkommenste Verwirklichung dieses Ideals finden wir in der Person des Heilands. Jesus Christus ist der Mensch, in dem die Idee der Humanität die erhabenste Ausprägung angenommen und die größte Wirkung entfaltet hat; Jesus ist die Inkarnation der Sittlichkeit. Gerade seine Person läßt aber auch die soziale Bedeutung der moralischen Idee erkennen. Zweifellos war Jesus nach den Rechtsnormen ein Hochverräter, nach den religiösen Normen ein Irrlehrer, nach der politischen, von der Messiasidee beherrschten Kultur des Judentums ein Frevler, also durch und durch ein Feind der Kultur, in die er hineingeboren war, — und doch der Heros der humanen Kultur. So aber können wir nur urteilen, weil wir die Vielheit der Kulturen einem ordnenden Prinzip unterstellt haben. Wenn wir eine nationale Kultur, in der etwa die Ausbeutung der wirtschaftlich schwachen Klassen herrschendes System ist, verwerfen, wenn wir es unmoralisch nennen, daß sich die Witwe in Indien beim Tode ihres Ehemannes dem Scheiterhaufen überantworten mußte, so urteilen wir vom Standpunkte der humanen Kultur. Somit ist die Sittlichkeit nicht eine soziale Garantie wie das Recht, die Sitte oder die Moral, nicht ein Regulator des Alltagslebens, sie ist viel mehr: Sie war und ist das höchste Prinzip der Kulturkritik, die Kynosur des sozialen Führers, der Kompaß, auf dem abzulesen ist, wohin das mit sozialem Elend und sozialen Gütern beladene Schiff zu steuern ist, wenn das letzte Ziel erreicht werden soll.

c) Wir alle befolgen unbewußt unaufhörlich Sitten[2]). Denn das gesamte äußere Verhalten des Menschen in alltäglichen Angelegenheiten, die Anrede, die Art sich zu kleiden, das Benehmen bei einem Besuch, einer Feierlichkeit usw. untersteht Regeln und ist nur zum kleinsten und feinsten Teil dem Gutdünken des Einzelnen überlassen. Diese äußerlichen Sitten, diese Anstands- und Höflichkeitsregeln, die samt und sonders über die Kultur des Kreises, in dem sie gegolten haben oder gelten, Aufschluß geben, — man vergleiche die Anreden in den verschiedenen Sprachen, die Kleidersitten in den verschiedenen Jahrhunderten, den Frack trägt der Minister und der Kellner, früher hat das Kleid den Stand betont usw. — bilden die eine Hauptgruppe. Die andere umfaßt die Gepflogenheiten engerer, besonders beruflich bestimmter Kulturkreise, so die Usancen im Börsen- oder Schiffahrtsverkehr, den Brauch der Winzer oder Bauhandwerker, die akademischen Sitten und den Komment, und greift zuweilen tiefer in das Leben des Einzelnen ein, wie aus dem Beispiel der Sitte, die Ehre im Duell zu verteidigen, ersichtlich ist.

So kurz dieser Blick auf den Stoff ist, er reicht aus, die Begriffsbestimmung

---

[1]) Dasselbe Ergebnis, z. B. bei Külpe, Einleitung in die Philosophie, in dem Abschnitt über die ethischen Richtungen (in der 10. Aufl. S. 321). Dieses Buch ist wegen seiner neutralen Haltung besonders geeignet, über die verschiedenen Lehrmeinungen Auskunft zu geben.

[2]) Grundlegend noch immer Jhering, Zweck im Recht Bd. 2. Ferner erwa Tönnies, Die Sitte 1909, und Weigelin, Sitte, Recht und Moral 1919, woselbst weiterführende Literaturangaben zu finden sind.

einzuleiten. Wir sehen vor allem, daß die Sitte keine bestimmte Gesellschaft voraussetzt, jede beliebige kann sich dieser Normierung des sozialen Verhaltens bedienen, jedoch nicht, indem sie ein Statut erläßt oder einen Beschluß faßt oder sonstwie zielbewußt vorgeht, denn dann wäre die Normierung Recht. Vielmehr gehen Sitten auf Gewohnheiten zurück, und zwar auf die Gewohnheiten unorganisierter Gesellschaften. Daß aber hiermit die Definition noch nicht abgeschlossen werden darf, zeigt schon die Sprache: Sitten können verletzt werden, sie gebieten und verbieten; von Gewohnheiten einer Gruppe, z. B. um 12 Uhr zu Mittag zu essen, kann man abweichen, ohne etwas Anstößiges zu tun; jeder soll gesittet, keiner gewöhnlich sein (JHERING). Somit sind Sitten diejenigen Gewohnheiten einer unorganisierten Gesellschaft, die den Einzelnen verpflichten, — sonst wären sie keine Normen.

Die Garantie, dem dieser Normenkomplex untersteht, haben wir (der zumeist vertretenen Lehre folgend) als Macht der öffentlichen Meinung bezeichnet, womit aber keineswegs nur auf die große Publizität, wie sie namentlich durch die Presse hergestellt wird, verwiesen sein soll, sondern mehr auf die kleine, die dadurch zustande kommt, daß das Verhalten eines jeden in dem Kreise, in dem er lebt, beobachtet und gerichtet wird. Darin daß man sich einen schlechten Namen macht, liegt der Nachteil, der für Sittenverletzungen angedroht ist; Tadel der Nachbarn, Zurückhaltung von seiten der Berufsgenossen, Boykott, Ausstoßung aus der Gesellschaft, so heißen diese von der öffentlichen Meinung vollstreckten „Strafen". Man weiß, wie geräuschlos sie vollzogen werden, wie in einer Ameisenarbeit, zu der jeder Genosse oder Kollege oder Kamerad etwas beiträgt, oft genug nur scheinbar empört und heimlich erfreut. Gelegentlich aber steigert sich der gesellschaftliche Zorn so sehr, daß er in einem organisierten Akt zur Entladung kommt, wie z. B. im Haberfeldtreiben[1]), das in Bayern auf dem Lande mitunter noch vorkommt. — Aus der der Sitte eigentümlichen Sanktion geht ohne weiteres hervor, daß ihr soziales Leistungsvermögen nur gering sein kann. Sie vermag keinen starken Widerstand zu brechen, denn die in Frage stehenden Nachteile lassen den unberührt, der für seinen Ruf ein bloß bedingtes Interesse hat. Somit ist die Wirkung der Tiefe nach unbedeutend, der Breite nach dagegen erheblich, schon deswegen, weil der Trieb, eine Sitte zu verletzen, nicht heftig zu werden pflegt. Es ist um vieles bequemer, mit dem Strom zu schwimmen, und es ist um so angängiger, sich so zu verhalten, weil man eine Sitte mitmachen kann, während man sie im stillen verlacht; wer eine sittliche Angelegenheit ebenso behandeln wollte, würde sich nur sittlich zeigen, ohne es zu sein.

Der hiermit angegebene Unterschied zwischen Sitte und Sittlichkeit ist nicht der einzige und nicht der grundsätzliche. Sitten haben ein lokal oder persönlich beschränktes Geltungsgebiet, das Reich der Sittlichkeit ist die Menschheit; Sitten sind Gegenstand der Kritik, die Sittlichkeit ist das kritische Prinzip. Darin liegen die wesentlichen Unterschiede. Allerdings aber wickelt sich der die Sitte kritisierende kulturelle Prozeß so wenig wie der rechtliche so ab, daß der Fall gleich dem höchsten Richter vorgelegt wird. Erste Instanz ist die Moral, von ihr wird das erste Urteil über die Berechtigung einer angeklagten Sitte gesprochen, zweite Instanz ist die Idee der Moral, d. h. die Sittlichkeit. Nehmen wir hinzu, daß das Recht in vielen Fällen der Moral sekundiert, so ergibt sich, daß die Sitte einem fortwährenden Zersetzungs- und Läuterungsprozeß unterworfen ist, an dem drei für unsere Untersuchung bedeutsame Vorgänge zu beobachten sind:

Das Individuum nimmt kritisch Stellung zu den Sitten. Es kann sittlich sein, eine Sitte nicht zu befolgen, und gerade der sittlich freie Mensch neigt dazu, sich von den Sitten zu emanzipieren; er folgt lieber seinem persönlichen als dem sozialen Instinkt für das Richtige, lieber seinem Gewissen als der öffentlichen Meinung.

[1]) Vgl. WEIGELIN a. a. O. S. 109.

Wenn es aber hiernach scheint, die vorher entwickelte Definition müsse berichtigt werden, da doch nur die guten Sitten verbindlich sind, ist zu beachten, daß die Sitten ganz wie die Gesetze des Staates Geltung haben, gleichviel ob sie gut oder schlecht sind; wer die thörichten Gesetze als für sich unverbindlich behandelt, hat die Folgen zu tragen, und wer üblen Sitten Fehde ansagt, die Nachteile zu leiden, die für Sittenverletzung angedroht sind[1]).

Mehrt sich die Zahl derer, die eine Sitte verwerfen, wird die Überzeugung von ihrer Wertlosigkeit allmählich allgemein, so schwindet ihre verpflichtende Kraft. Da aber das Beharrungsvermögen einer Sitte groß zu sein pflegt, verliert sie ihre Kraft gewöhnlich erst, wenn eine organisierte Machtäußerung, also das Recht, eingreift. Das Recht bekämpft die Sitte, degradiert sie zum Unrecht, oft genug zu strafbarem Unrecht. Ein großes Beispiel aus der Vergangenheit ist die Blutrache: in ihrem ersten Stadium war sie ein Recht und eine heilige Pflicht, in ihrem mittleren erst Sitte, dann Unsitte, im letzten Stadium ist sie ein Verbrechen. Ein kleines Beispiel aus der Gegenwart ist das Trinkgeld: Die Sitte, es zu geben und zu nehmen, wäre ohne das Eingreifen der organisierten Gesellschaft der Gasthausangestellten nirgends kraftlos geworden.

Wie eine Sitte vom Recht bekämpft, so kann sie von ihm übernommen werden. Die Sitte ist wie eine Vorschule des Rechts; Normen, die hier die Prüfung bestanden haben, werden rechtlich rezipiert, also aus ihrer mangelhaft garantierten Lage in eine besser garantierte Klasse versetzt. Dieser Prozeß vollzieht sich nicht bloß gelegentlich, sondern fortwährend. Unser Verkehrsrecht ist großenteils kodifizierte Verkehrssitte, unser Handels-, Börsen- und Gewerberecht auf weiten Strecken nichts anderes als die rechtliche Anerkennung von Sitten, die in Kaufmanns- und Handwerkerkreisen lange Zeit hindurch geübt und als gute Sitte empfunden worden sind. So zeigt sich im ganzen, daß das Recht eine ausgiebige Kritik an den Sitten übt, indem es aus ihren wertlosen Bestandteilen rechtlich verbotene, aus ihren wertvollen rechtlich gebotene Handlungen macht und ihrer Herrschaft schließlich nur das sozial wenig bedeutende Verhalten überläßt.

d) Endlich das Recht. Um die in der bisherigen Darstellung teils ausdrücklich, teils stillschweigend vorgebrachten Beiträge zur Erläuterung seines Wesens zusammenzufassen und dadurch die Grundlage festzustellen, auf der der nächste, die Eigenart der Rechtsordnung behandelnde Abschnitt aufgebaut werden soll, fragen wir hier nach der Entstehung des Rechts, stellen uns also die Aufgabe, diejenigen Vorgänge anzugeben, die für das Herauswachsen des Rechts aus der Gesamtheit der sozialen Ordnungen prinzipiell charakteristisch sind. Unsere Frage gehört aber nicht in die Kultur- oder Rechtsgeschichte hinein, sondern setzt beide voraus und ist als Stilisierung oder, wenn das Wort erlaubt ist, als Typisierung der wirklichen Entwicklung ein Ausschnitt aus der Kultur- und Geschichtsphilosophie und darum Rechtsphilosophie.

Überfliegen wir in Gedanken den Kreis von sozialen Verpflichtungen, in denen der Mensch der Gegenwart steht, und vergleichen wir damit etwa jenen, in den die Germanen, von denen Tacitus berichtet, hineingestellt waren, — wie auf einer Bevölkerungskarte sich die dicht von den dünn besiedelten Provinzen unterscheiden, so verschieden sind die beiden Kreise, angefüllt der eine, leer der andere. Jeder Fortschritt der Kultur zeitigt neue soziale Bedürfnisse und somit Pflichten, also auch neue Möglichkeiten, sich antisozial zu verhalten. Solange es kein Privateigentum gibt, kein Diebstahl, solange die Elektrizität nicht nutzbar gemacht ist, keine Entwendung von elektrischer Kraft, solange die Lebensmittel nicht ratio-

[1]) Daher ganz unhaltbar STAMMLERS Unterscheidung (neuerdings wieder Lehrb. S. 82) von „selbstherrlich verbindendem Wollen" — charakteristisch für das Recht — und dem „nur eine Einladung an die zu Verbindenden" bedeutendem Wollen — charakteristisch für die Konventionalregeln.

niert sind, kein Schleichhandel. Der Einfachheit der sozialen Verhältnisse entspricht die Ungeschiedenheit, ihrer Kompliziertheit die Differenzierung der sozialen Garantien. Es vollzieht sich also ein Kultur- und Differenzierungsprozeß, aus dem das Recht als eine selbständige soziale Garantie hervorgeht. In zwei Entwicklungen scheinen mir die alles beherrschenden Triebkräfte enthalten zu sein.

Wie im Leben des Individuums der Tag kommt, an dem das Kind zum erstenmal Ich sagt, — auf diesen Tag soll der Philosoph FICHTE den Geburtstag seines Sohnes verlegt haben — so im Leben der Gesellschaft. Sie sagt „ich" und „ich will". An die Stelle des sozialen Instinkts tritt der soziale Wille. Es beginnt die bewußte Regulierung des Gemeinschaftslebens, und hiermit ist der entscheidende Schritt für die Verselbständigung des Rechts getan. Bewußte Regulierung erfordert Organe, nur in einer organisierten Gesellschaft ist Recht denkbar. Natürlich kommt nichts darauf an, ob in einem gegebenen Fall die Organisierung dem Willen, soziales und antisoziales Verhalten zielbewußt abzugrenzen, vorangeht oder nachfolgt, genug daß sie die Voraussetzung für die Verwirklichung dieses Willens ist[1]); und es ist erst recht unerheblich, ob das Organ das gemeinsame Interesse richtig wahrt oder einsichtslos verletzt, denn auch schlechtes Recht ist Recht. Der nunmehr gegebene Tatbestand, ein den Einzelnen verpflichtender Wille einer organisierten Gesellschaft, ist mit dem Recht noch nicht identisch, jedoch schon ausreichend, um die Meinung auszuschließen, er gehöre zur konventionellen oder moralischen Ordnung, denn sie sind Produkte von unorganisierten Gesellschaften. Und dieser Unterschied ist um so bemerkenswerter, weil er der wesentliche und primäre bleibt, auch wenn innerhalb der ersten Entwicklung noch der letzte Schritt vollzogen wird: Bewußte Regulierung drängt zur Normierung. Nicht nur von Fall zu Fall, sondern ein für allemal wird festgestellt, welches Verhalten die Gesellschaft von ihren Mitgliedern fordert. Allerdings ist dieses Merkmal auch für die andern sozialen Ordnungen charakteristisch; dadurch aber, daß die Norm das Werk bewußter Regulierung des Gemeinschaftslebens wird, gewinnt sie erhöhte und veränderte Bedeutungen, denen sekundäre Verschiedenheiten zwischen jenen Ordnungen und der Rechtsordnung entsprechen. Daß eine organisierte Gesellschaft, weil sie zielbewußt vorgeht, befähigt und gewillt ist, ihren Willen präziser zu erklären und dadurch eine technische Vervollkommnung der Normen herbeiführt, ist die eine, in dem hier gegebenen Zusammenhang aber noch am wenigsten wichtige Veränderung des allen sozialen Ordnungen gemeinsamen Merkmals. Mehr bedeutet es, daß eine organisierte Gesellschaft jede einzelne Norm mit Sanktionen einheitlich verbindet, diese spezialisiert und abstuft und hierdurch wiederum die Normverletzungen nach ihrer Art und Schwere gliedert; erst dieses Vereinheitlichen, Abstufen, Gliedern macht aus dem Normenkomplex ein System. Und noch mehr bedeutet es, daß eine organisierte Gesellschaft der Aufgabe nicht ausweichen kann, auch die Befugnisse ihrer Organe zu ordnen, umso weniger, je vielfältiger sich ihre Organisierung entwickelt; erst dadurch, daß die Normen nicht bloß an die Gesellschaftsmitglieder, sondern auch und oft nur an die Gesellschaftsorgane adressiert sind, vollendet sich die Organisierung der Gesellschaft und die Systematisierung ihrer Ordnung. In den Stichworten Organisierung, Normierung, Systematisierung halten wir die mit der bewußten Regulierung des Gemeinschaftslebens gegebenen oder aus ihr sich ergeben-

[1]) An die Tatsache, daß „ein Recht ohne Staat ebensowenig denkbar ist wie ein Staat ohne Recht" (KELSEN, Hauptprobleme der Staatsrechtslehre S. 406), knüpft die unnötig breitgetretene Kontroverse an, ob dem Staat oder dem Recht die logische Priorität zukomme. Da zweifellos das Recht der Wille des Staates ist, ist der Staat genau in dem Sinne Schöpfer des Rechts wie mein Wille der Schöpfer meiner Handlungen ist. Nur in diesem (modifizierten) Sinne ist es richtig, daß Staat und Recht nur die zwei Seiten einer Gegebenheit sind. So KELSEN a. a. O., RADBRUCH S. 83. Vgl. JELLINEK, Allg. Staatslehre, 3. Aufl. S. 364.

den Merkmale fest. Wo sie zutreffen, ist Recht geworden, denn keine andere soziale Ordnung zeigt die gleichen Merkmale; wir sagen aber lieber Recht im weitern Sinn (und denken besonders an Völkerrecht und Vereinsstatuten), weil es noch nicht das hochentwickelte Recht, noch nicht das Recht ist, das vom Staat geschaffen und gepflegt wird.

Wir nennen es Recht im engern Sinn und entwerfen den Typus seiner Entstehung, ohne auf die Entstehung seiner Voraussetzung, d. i. des Staates, einzugehen. Dann ist nur noch auf die eine Entwicklung zu achten, in der Staat und Zwangsgewalt und Recht die enge Verbindung vollzogen haben, die heute demjenigen am selbstverständlichsten erscheint, der am wenigsten von der Rechtsgeschichte weiß. Drei allgemeine Tendenzen beherrschen diese Entwicklung. Die erste ist die Monopolisierung der Zwangsgewalt durch den Staat. Alle Konkurrenten hat er aus dem Felde geschlagen, die Kirche, die Gemeinden, die Gutsherren, und es sich ganz allein vorbehalten, Befehle durch Androhung und durch Vollstreckung von Zwang durchzusetzen. Deswegen ist Herrschermacht das spezifische Merkmal der staatlichen Gesellschaft (oben S. 29). Die Normierung der Zwangsgewalt ist die zweite Tendenz. Der Staat setzt der Verwendung von Gewalt Schranken, indem er sich und seine Organe an Normen bindet, in denen jedes Zwangsmittel, heiße es Strafe, Zwangsvollstreckung, Verhaftung oder sonstwie, an Voraussetzungen aller Art (quis, quid, ubi, quibus auxiliis, cur, quomodo, quando) geknüpft ist. Erst hierdurch wird aus der Gewalt eines Staates „Staatsgewalt". Und wenn uns vorher die dem Recht eigentümliche Ausbildung der Normen als eine technische Besonderheit entgegentrat, begegnet uns hier der viel stärker zu betonende politische Grund. Denn durch Normierung der Zwangsgewalt werden die Untertanen vor Übergriffen des Staats geschützt; sie dürfen nicht nach Gutdünken des Landes verwiesen oder in Haft genommen oder enteignet werden, sie dürfen nur so behandelt werden, wie es die Gesetze vorsehen. Erst hierdurch wird aus dem Untertanen ein „Bürger". Mit dieser Sicherung der bürgerlichen Freiheit gewinnt nun aber die ebenfalls schon hervorgehobene Eigentümlichkeit des Rechts, die Adressierung von Normen an die Gesellschaftsorgane, stark gesteigerte Bedeutung, denn die bürgerliche Freiheit kann auf keine andere Art vor der Willkür und Allgewalt des Staates geschützt werden. Nur wenn die Behörden und Gerichte nicht alles tun dürfen, was sie können, kann der Bürger alles tun, was er darf. — Mit der dritten Tendenz, der Garantierung der Rechtsnormen durch Zwang, erreicht die Entwicklung ihre Vollendung. Diese Garantierung, diese Verbindung einer Norm mit der spezifisch rechtlichen Sanktion, dieses den Bürger angehende Passivum des Zwangs, das Bedrohtsein und Gezwungenwerden, ist zunächst nur die Kehrseite der Normierung des Zwingens, hat aber noch eine andere Seite. Wie es für den Zwang immer wesentlicher geworden ist, daß ihn der Staat sich zur ausschließlichen Verwendung vorbehalten hat, so ist es für das Recht immer wesentlicher geworden, daß seine Vorschriften unter die Garantie des Zwangs gestellt werden; das aber bedeutet die Ausscheidung aller generellen Forderungen, die nicht erzwungen werden können, z. B. daß der Beamte auch in seiner Gesinnung dem Staate treu dienen soll (vgl. RV. Art. 130), oder nicht erzwungen werden sollen, z. B. daß jeder arbeitet (vgl. RV. Art. 163). Gerade aus der Reichsverfassung, die in ihrem zweiten Hauptteil („Grundrechte und Grundpflichten") mancherlei dem Zwang entzogene Proklamationen aufgenommen hat, ist am leichtesten ersichtlich, welche Folge der in andern Gesetzen so gut wie restlos durchgeführten Ausscheidung solcher Forderungen eigen ist. Was seiner Natur nach nicht erzwungen werden kann und was dem Stande der Kultur nach nicht erzwungen werden soll, bleibt in der Obhut der sozialen Triebe und der andern sozialen Ordnungen, wodurch die Eigenart und die Selbständigkeit des voll entwickelten Rechts scharfe Konturen annimmt.

II. Die Eigenart der Rechtsordnung.

1. Die Definition des Rechts.

Es ist noch keinem Juristen und noch keinem Rechtsphilosophen geglückt, eine Definition des Rechts aufzustellen, die auch nur annähernd allgemein anerkannt worden wäre. Das ist auffällig, aber nicht unerklärlich. Den Hauptgrund sehe ich darin, daß es unmöglich ist, den verschiedenen Erscheinungsformen des Rechts in einer einzigen Formel gerecht zu werden. Wer es versucht, kommt über eine zu wenig sagende Definition nicht hinaus — so RADBRUCH (S. 42), „Recht ist Gemeinschaftsregelung" — oder bleibt in einer zu viel sagenden verstrickt[1]) — so JHERING (Zw. i. R. I, S. 443), Recht ist „die Form der durch die Zwangsgewalt des Staates beschafften Sicherung der Lebensbedingungen der Gesellschaft" — oder muß seine Zuflucht nehmen zu einer in Chiffern abgefaßten Definition, — so STAMMLER (Lehrb. S. 89), Recht ist „das unverletzbar selbstherrlich verbindende Wollen" — die rätselhaft bleibt, solange der in STAMMLERS Werken zu findende Schlüssel unbekannt ist[2]), oder muß die Definitionsform zum Verzicht auf die Begriffsbestimmung gebrauchen; das tut SOMLO (S. 105), — „Recht bedeutet die Normen einer gewöhnlich befolgten, umfassenden und beständigen höchsten Macht" — indem er leidlich Bekanntes auf unleidlich Unbekanntes zurückführt und die Erläuterung der einzelnen Merkmale nur soweit treibt, daß sein eigenes Urteil (S. 106), „alle diese Bestimmungen sind ungenau", bei keinem Leser Widerspruch finden kann. Um das Recht zutreffend und verständlich zu definieren, müssen seine Erscheinungen zweimal in zwei Formen geschieden werden.

a) Die erste Unterscheidung ist uns, weil sie sich auf die zwei Entwicklungsstufen des Rechts bezieht, schon bekannt geworden und hat in den etwas schulmäßigen, aber handlichen Zusätzen „im weitern, im engern Sinn" eine Benennung gefunden. Recht im weitern Sinn setzt eine organisierte Gesellschaft voraus und wird garantiert durch die Autorität, das Dasein und die Vernünftigkeit der Normen (vgl. 2b), Recht im engern Sinn setzt einen Staat voraus und wird letzten Endes durch Gewalt garantiert. Hiermit möchten wir die Grundlage gewonnen haben, auf der die viel erörterte Kontroverse, ob der Zwang ein wesentliches Merkmal des Rechts ist[3]), geschlichtet werden kann. Allerdings darf das Problem nicht verschoben werden. Es ist nicht davon die Rede, daß der Zwang die einzige Garantie der Rechtsordnung ist; „einzig" und „wesentlich" sind grundverschiedene Urteile. Es steht auch keineswegs in Frage, ob die vom Bürger geforderten Handlungen und Unterlassungen im gegebenen Fall erzwingbar sind, sondern ob die generellen Forderungen des Rechts, also seine Normen, im Schutz des Zwangs stehen. Wie stark diese Gesichtspunkte voneinander abweichen, zeigt sich am deutlichsten im Strafrecht; jeder Diebstahl beweist, daß der psychische Zwang versagt hat, aber das Stehlen ist bei Strafe verboten. Endlich darf nicht außer acht gelassen werden, daß Macht und Gewalt in ihrer gegenseitigen Bedingtheit die kurz „Zwang" genannte Sanktion ausmachen; das ist festzuhalten, nicht nur weil die Androhung des Zwangs (vis compulsiva, psychischer Zwang) das primäre, die Verwirklichung der Drohung (vis absoluta, physischer Zwang) das sekundäre

1) Das Recht im weitern Sinn steht außerhalb der Definition; vgl. die Ausführungen unter a.

2) Nach der Entzifferung weiß man nicht mehr, als daß das Recht diejenige Gemeinschaftsregelung ist, die nicht Sitte und nicht Willkür ist, und das ist zu wenig. Außerdem sind die Abgrenzungen kaum haltbar; über Selbstherrlichkeit oben S. 50, Anm. 1; das Merkmal der Unverletzbarkeit, durch das Recht und Willkür geschieden werden sollen, ist schon deswegen abzulehnen, weil Willkür „kein begrifflicher Gegensatz zum Recht, sondern entweder unrichtiges Recht oder rechtswidriges Verhalten ist". So zutreffend RADBRUCH S. 43.

3) Zur Einführung in die verzweigte Literatur sei verwiesen auf BIERLING, Jurist. Prinzipienlehre I, S. 50, KELSEN, Hauptprobleme der Staatsrechtslehre S. 212, SOMLO S. 140, neuerdings ausführlich WEIGELIN, Sitte, Recht und Moral S. 118.

Schutzmittel ist, sondern mehr noch, weil der Zwang in der zweiten Form nicht eine beliebige Einwirkung, sondern immer ein Gewaltakt, zumeist eine Einsperrung oder Wegnahme von Sachen, oder ein Surrogat dafür, zumeist eine Entziehung von Rechten, ist. (Vgl. Kap. 2, B I über Macht und Gewalt.)

Die Lehre, der Zwang sei dem Recht unwesentlich, ist dermaßen herrschend geworden, daß die Kontroverse mehr und mehr so behandelt wird, als ob eine Parteinahme für die Zwangsnatur ernstlich nicht mehr in Frage kommen könne. Eideshelfer ist vor allem das Völkerrecht, da seine Normen nicht durch Zwang garantiert sind. Somit sieht es so aus, als ob man die Zwangsnatur des Rechts nur verteidigen könne, wenn man die von namhaften Gelehrten (LASSON, ZORN, SOMLO) nicht gescheute Konsequenz, das Völkerrecht sei überhaupt kein Recht, mit in den Kauf nimmt. Das aber ist unmöglich; allerdings haftet dem heimlichsten Grund, der Befürchtung, das Völkerrecht werde degradiert, nicht viel Wissenschaftlichkeit an, aber starke Gründe sind schon deswegen nicht nötig, weil die Frage, welcher Ordnung das Völkerrecht nach Ausscheidung aus der Rechtsordnung zuzuweisen ist, ohne Antwort bleiben müßte. Das sich in diesem Zusammenhang einstellende Wort „Völkermoral“ kann nicht ernst genommen werden. Also müßte die Prämisse, die Zwangsnatur des Rechts, aufgegeben werden. Da es aber andrerseits mit Händen zu greifen ist, daß die Strafgewalt, die Zwangsvollstreckung und der Verwaltungszwang scharf hervortretende Eigentümlichkeiten der staatlichen Rechtsordnungen sind, wird die Wesentlichkeit des Zwangs durch aufdringliche Tatsachen bestätigt. Natürlich hat die Wissenschaft zwangsläufig wie in jeder solchen Problemlage die entgegengesetzten Ergebnisse durch einen Kompromiß zu versöhnen versucht; berühmte Rechtslehrer (SOHM, GIERKE, KAHL) haben in Abschwächungen, besonders in der Lehre, für das Recht sei die Tendenz zur Erzwingbarkeit charakteristisch, die richtige Mitte zu finden geglaubt. Solche Vermittlungen und Halbheiten sind verderblich und müssen grundsätzlich zurückgewiesen werden, sonst nimmt die Wissenschaft Schaden an ihrer Seele. Nicht von einem Kompromiß, sondern von dessen Gegenstück, nämlich von einer Anerkennung der verschiedenen Erscheinungsformen des Rechts ist Klarheit und förderliche Einsicht zu erwarten. Deswegen muß nach der alten guten Regel, rerum varietates temere non esse minuendas, das weniger entwickelte, nicht durch Zwang garantierte Recht von dem hochentwickelten, staatlichen, durch Zwang geschützten[1]) unterschieden werden.

Diese Zweiteilung ist um so nötiger, weil das Völkerrecht keineswegs das einzige ist, das zum Recht im weitern Sinn gehört. Jeder Verein, der ein Statut aufstellt und dadurch sein Gemeinschaftsleben regelt und schützt, stellt eine Rechtsordnung auf; er produziert Recht im weitern Sinn, das gewiß nicht nach seiner Be-

---

[1]) Unter den Einwänden, die gegen die Zwangsnatur des Rechts vorgebracht werden, spielt ein kleinlicher eine große Rolle (über einen zweiten vgl. nachher unter b). Man verweist auf leges imperfectae, besonders auf klaglose Forderungsrechte (naturalis obligatio), etwa auf BGB. § 762, „durch Spiel oder durch Wette wird eine Verbindlichkeit nicht begründet“. Als ob ein Gesetzbuch nicht gelegentlich ein Geschäft erwähnen dürfte, das nicht Rechtsgeschäft ist! Es wird sehr oft durch den Zusammenhang dadurch genötigt; es muß das Verlöbnis erwähnen, obwohl es nicht klagbar ist, muß von Spiel und Wette sprechen, schon um der Erwartung entgegenzutreten, daß sie andern Verträgen gleichstehen. Nimmt man gar die Fortsetzung des § 762 hinzu, die bezahlte Spiel- oder Wettschuld kann nicht mit der Begründung, es habe keine Verbindlichkeit bestanden, zurückgefordert werden, so rücken Spiel und Wette unter den Rechtsschutz; der befriedigte Gläubiger nimmt an den staatlichen Zwangsmitteln teil, um das Empfangene behalten zu dürfen. Und wenn die Beziehung zum Zwang nicht in jedem Fall so nahe ist, fehlt sie doch kaum je völlig. Daher hat das Argument im ganzen nicht mehr Gewicht, wie wenn jemand der Lehre, daß die Gesetze Rechtspflichten aufstellen, durch Verweisung auf RV. Art. 163 entgegentreten wollte, wo „die sittliche Pflicht“, die Kräfte so zu betätigen, wie es das Wohl der Gesamtheit erfordert, proklamiert ist. Vorzüglich entkräftet BRODMANN, Recht und Gewalt, S. 51 ff. die Bedenken gegen die Zwangstheorie.

deutung, wohl aber nach seinen begrifflichen Merkmalen auf der gleichen Stufe wie das Völkerrecht steht. Im einen wie im andern Fall stellt eine organisierte Gesellschaft Normen auf, die für ihre Mitglieder verbindlich sind. Daß aber das Völkerrecht als das Recht des Vereins, dessen Mitglieder Staaten sind, im übrigen Besonderheiten hat und schon deswegen haben muß, weil die Einzelwesen, an die es sich wendet, von besonderer Art, eben Staaten sind, ist ohne weiteres ersichtlich und hier nicht weiter zu verfolgen. Jedoch scheint es nicht überflüssig, dem Einwand zu begegnen, der Gesellschaft der Staaten fehle die Organisierung. Es genügt aber, auf „die nationalen Organe für den internationalen Verkehr" (v. LISZT), nämlich die Minister der auswärtigen Angelegenheiten, die Gesandten und Konsuln hinzuweisen und daneben auf die internationalen Organe, die zum Teil ständig, aber auf politisch unwichtige Angelegenheiten beschränkt sind (z. B. bureau international des poids et mesures), zum andern Teil gelegentlich gebildet und als Konferenzen oder Kongresse bezeichnet werden, um sowohl die Tatsache, wie die Besonderheit, wie die Rückständigkeit der Organisierung außer Frage zu stellen. Dieses unentwickelte Stadium kann nicht überwunden werden, solange die Völkergemeinschaft nur ein Rechtsverhältnis und nicht ein Rechtssubjekt ist; und sie kann ein Rechtssubjekt erst werden, wenn an die Stelle des Mißbrauchs, der mit dem Namen Völkerbund heute getrieben wird, die Institution selbst treten wird. Die begriffliche Grundvoraussetzung der Rechtsbildung erfüllt der Verein der Staaten aber auch als Rechtsverhältnis, denn er ist eine organisierte Gesellschaft.

b) Die zweite Unterscheidung, ohne die eine zutreffende und verständliche Definition des Rechts nicht gebildet werden kann, beruht auf Anerkennung der aufdringlichen Tatsache, daß uns das Recht ebensowohl als ein System von Normen wie als ein System von Handlungen gegeben ist[1]). Daß es nicht bloß ein Normenkomplex, sondern ein Normensystem ist, kam schon zur Sprache (oben S. 51); und in Verbindung hiermit erkannten wir als einen Zug seines Wesens, daß die Handlungen der Gesellschafts-, besonders die der Staatsorgane, an Normen gebunden sind. Die Gesetzgebung befolgt Rechtsnormen, die in der Verfassung niedergelegt sind, jede Entscheidung, die von einem Gerichtshof gefällt wird, ergeht in Befolgung von Prozeßgesetzen und ist Konkretisierung von materiellen Rechtssätzen, jede Exekution, die Straf- wie Zwangsvollstreckung, vollzieht sich in Befolgung von Gesetzen und Verordnungen. Dieses System normierter Handlungen vom Polizeidienst bis zum Parlamentsbeschluß ist wahrlich keine Erscheinungsform, an der eine Begriffsbestimmung des Rechts vorübergehen darf. Bestimmt man das Recht, wie es gewöhnlich geschieht, bloß als eine Gesamtheit von Normen, als eine Regelung oder Ordnung, so geht der Gedanke, daß die Aufstellung und Durchführung von Normen, diese das soziale Leben beherrschenden Taten, die auch durch den Begriff des Wollens nicht annähernd zutreffend gekennzeichnet werden, Recht ist, vollständig verloren oder verbirgt sich in einer seiner Bedeutung unangemessenen Weise in dem Doppelsinn von Worten, die die Tätigkeit so gut wie deren Ergebnis bezeichnen (z. B. Regelung = Regeln, aber auch = Regel).

Es ist um so nötiger, die beiden eng aufeinander bezogenen Systeme zu trennen, weil sonst das Zwangsproblem in einer Unklarheit befangen bleibt. Für die Handlungen der Staatsorgane ist es keineswegs charakteristisch, daß die Normierung durch Zwang garantiert ist, — es kann, muß nicht der Fall sein, bedeutet aber für eine prinzipielle Untersuchung gar nichts, wenn es der Fall ist (z. B. Verbrechen und Vergehen im Amte), — charakteristisch ist vielmehr, daß sie normierten Zwang ausüben. Der Zwang ist ein aktives, nicht ein passives Attribut der Amtshandlung. Insoweit ist es also für das Recht nicht wesentlich, daß es durch Zwang garantiert

---

[1]) Diese Unterscheidung deckt sich nicht mit der von ADOLF MERKEL in der Jurist. Enzykl. (S. 25 der 5. Aufl.) getroffenen, „das Recht als Lehre und Macht", knüpft aber an sie an.

ist, sondern daß es den Zwang normiert. Daher hat der oft gegen die Zwangsnatur des Rechts vorgebrachte Einwand, die obersten Pflichten der obersten Staatsorgane, also gerade die Grundlagen der Rechtsordnung, seien zwangsfrei, nicht das geringste Gewicht. Für die Unterzeichnung eines Reichsgesetzes durch den Präsidenten und die Verhaftung eines Delinquenten durch einen Unterwachtmeister ist in einer prinzipiellen Betrachtung genau dasselbe wesentlich, nämlich die durch Normen geforderte und begrenzte aktive Seite des Zwangs; beide leisten an den Extremen des Sytsems von Handlungen, aus denen das Recht besteht, einen Beitrag zu der Erzwingung, die die spezifische Garantie der Rechtsordnung ist, und üben deswegen Staatsgewalt aus. Daß aber diese aktive Seite des Zwangs, obwohl sie doch nur die Kehrseite der an die rechtswidrige Handlung geknüpften Folge ist, nur allzu leicht den Blicken entschwindet, ist darauf zurückzuführen, daß das Recht einseitig als Satzung geschildert zu werden pflegt. Es ist nicht nur Ordnung, es ist ein gewaltiges Ordnen.

c) Unsere Schritt für Schritt entwickelten Ergebnisse halten wir in folgenden vier Definitionen fest:

Recht im weitern Sinn ist die Gesamtheit von Handlungen, die eine organisierte Gesellschaft vornimmt, um die Pflege ihrer gemeinsamen Interessen durch Aufstellung und Durchführung eines Normensystems zu sichern.

Recht im engern Sinn ist die Gesamtheit von Handlungen, die ein Staat vornimmt, um durch Aufstellung und Durchführung eines Systems von Normen, die durch Zwang garantiert, und von Zwangsmaßnahmen, die an Normen gebunden sind, die Pflege von gemeinsamen Interessen zu sichern.

Rechtsnormen im weitern Sinn sind die von einer organisierten Gesellschaft aufgestellten allgemeinen Bestimmungen über Dürfen und Sollen der Gesellschaftsorgane und Gesellschaftsmitglieder.

Rechtsnormen im engern Sinn sind die von einem Staat aufgestellten, letzten Endes durch Zwang (im aktiven und passiven Sinn) garantierten allgemeinen Bestimmungen über das Dürfen und Sollen der Staatsorgane und Staatsbürger.

2. Die Geltung des Rechts.

Wie ein aufgescheuchter Vogel flattert der Begriff des Geltens durch die Rechtsphilosophie, in jedem Teil hat er sich schon niedergelassen und nirgends hat er Ruhe gefunden. Wir behandeln das Wesen der Geltung an dieser Stelle, um zum Ausdruck zu bringen, daß ihr logischer Ort hinter dem Begriff und vor der Idee des Rechts liegt, daß aber die Geltungslehre keineswegs so selbständig ist, daß sie der Prinzipien- und Wertlehre koordiniert werden dürfte; sie ist ein Bindestrich zwischen dem ersten und zweiten Hauptteil der Rechtsphilosophie. Wenn mit dieser Einreihung auch nicht viel, ist doch wenigstens soviel gesagt, daß das Gelten nicht zu den begrifflichen Merkmalen des Rechts und nicht zu den Kriterien gehört, die für den Wert des Rechts bestimmend sind. Aus der Ergänzung dieser beiden negativen Aussagen soll sich ergeben, was Geltung bedeutet, und im Anschluß hieran sollen neben den Geltungsgründen des Gesetzesrechts die Grundlagen des Gewohnheitsrechts, dem wir ohnehin einen kurzen Abschnitt schuldig zu sein glauben, Würdigung finden.

a) Wir fragen nicht nach der Geltung im juristisch-technischen Sinn. Dieser Begriff enthält nichts Problematisches, er deckt sich mit der Positivität des Rechts und bedeutet die Verbindlichkeit des Rechts, die Verbindlichkeit für die die Normen anwendenden und für die ihnen unterworfenen Personen; sie äußert sich darin, daß die einen nach Rechtsnormen richten, die andern nach ihnen gerichtet werden[1]). Jede Rechtsordnung erkennt diese ihre Geltung nur in zeitlichen

[1]) M. E. Mayer, Allg. Teil des Strafrechts S. 58.

und räumlichen Grenzen an und macht sie von sachlichen Voraussetzungen, z. B. davon, daß ein Gesetz ordnungsgemäß zustande gekommen und publiziert worden ist, abhängig. Offenbar ist aber mit der Zurückführung der Geltung auf Verbindlichkeit nur ein analytisches Urteil ausgesprochen. Unser Problem taucht erst auf, wenn wir den Standpunkt verändern und die Geltung des geltenden Rechts in Frage stellen. Dann werden wir auf einen zweiten, nämlich meta- und unjuristischen Begriff der Geltung hingeführt. Die soziale Geltung der positiven Rechtssätze ist das rechtsphilosophische Problem. Man erkennt es deutlich an den Fällen, in denen positives Recht seine soziale Geltung eingebüßt hat, also, wie man zu sagen pflegt, nur noch auf dem Papier steht. Der Ausdruck ist treffend, denn was nur noch auf dem Papier steht, steht nicht mehr im Leben, hat also seine Wirkung verloren. Geltung ist Wirkung, Wirksamkeit. Ebenso deutlich aber tritt das Problem, und zwar die Frage samt Antwort, in den Fällen zutage, an die der Jurist am wenigsten zu denken pflegt, in den Millionen Fällen, in denen der Rechtssatz befolgt wird[1]), und denen doch nur der eine Fall gegenübersteht, in dem seine Wirkung versagt hat. Darin daß die gekaufte Ware bezahlt, das Einkommen der Steuerbehörde deklariert, das Eigentum nicht durch widerrechtliche Aneignung oder Beschädigung verletzt wird usw., äußert sich die Geltung des Rechts unaufhörlich und tritt uns als eine Grundtatsache des sozialen Lebens entgegen. Beachten wir noch, daß diese Wirkung in mancherlei Graden auftritt, sich in Stufen erhebt etwa von dem eben erwähnten technisch geltenden, sozial einflußlosen Recht — wieviele Kriegsverordnungen sind nicht oder nur sehr mangelhaft befolgt worden! — hinweg über jenes, von dem, weil es tadellos ist, nicht gesprochen wird, bis zu dem aus tiefster Überzeugung verehrten und oft heilig gesprochenen Recht, so haben wir ein gesehen: Geltung ist Wirkung des Rechts, und Wirkung der Grad, in dem es sich durchsetzt[2]).

Die Gründe dieser Wirkung, die nachher (b u. c) einzeln auseinanderzusetzen sind und uns nicht mehr fremd anmuten werden, liegen im Kulturprozeß und sind eine Rückwirkung der vom Recht an der Kultur geübten Kritik (oben S. 39), die wie jede Kritik nur mehr oder weniger richtig sein kann, im Maße der Rechtsgeltung. aber ihr Zeugnis empfängt, wieweit sie richtig gewesen ist. Das ganz sich durchsetzende Recht hat die (widerlegbare!) Präsumtion der Richtigkeit für sich, das ganz wirkungslos bleibende hat sie gegen sich.

Mit all dem ist klargestellt, wie sich die soziale Geltung zu den Erscheinungen verhält, mit denen sie nicht verwechselt werden darf. Sie liegt außerhalb, nicht wie die juristisch-technische innerhalb der Rechtsordnung, sie ist graduierbar, umfaßt also nicht bloß ein scharfes Entweder — Oder, entweder positives Recht oder jenes Nicht-Recht, das als gewesenes oder werdendes, erdachtes oder seinsollendes den Rang des positiven gerne usurpiert. Und während es eine Tautologie ist, daß positives Recht Geltung im juristisch-technischen Sinn hat, ist es eine offene Frage, wieweit irgendeinem bestimmten positiven Recht Geltung im rechtsphilosophischen Sinn zukommt. Deswegen gehört diese Geltung nicht zu den bleibenden Merkmalen des Rechtsbegriffs[3]), sondern zu den sehr veränderlichen, tatsächlichen Vorgängen der Rechtswirklichkeit. — Als kultureller Vorgang kann diese Wirklichkeit nicht wertfrei, als etwas Tatsächliches und Bewirktes nicht ein kritisches Prinzip sein. Geltung ist also kein Merkmal der Rechtsidee. Viel unrichtiges Recht,

---

[1]) Franz Klein, Die psychischen Quellen des Rechtsgehorsams und der Rechtsgeltung, 1912.

[2]) Das darf wohl als herrschende Lehre bezeichnet werden; vgl. Radbruch S. 180, Stammler, Lehrb. S. 144 u. 162.

[3]) Daher ist es z. B. unrichtig, daß Somlo die gewöhnliche Befolgung unter die Merkmale des Rechts aufnimmt (oben S. 53); dazu zutreffend Kelsen, Problem der Souveränität 1920, S. 100.

z. B. die Erzwingung des Geständnisses durch die Folter, hat seine Zeit gehabt, in der seine soziale Geltung auf einem Höhepunkt stand. Und doch ist die Erwartung, daß das Maß der Geltung nicht außer Beziehung zum Maß der Richtigkeit stehen kann, nicht unberechtigt. Diese Verwandtschaft von Rechtsgeltung und Rechtsidee kommt in den vielfachen Formulierungen, in denen die Geltung auf Anerkennung der Normen oder deutlicher auf die „Überzeugung von ihrer Richtigkeit"[1]) zurückgeführt wird, zum Ausdruck. Das Wesentliche daran ist die Subjektivierung der Rechtsidee und ihrer Forderungen. Geltung ist also die sozialpsychologische Form des objektiv Richtigen, dessen Bestimmung den Gegenstand des nächsten Kapitels bildet. Aus ihm wird unmittelbar hervorgehen, daß die Überzeugung einer Gemeinschaft von der Richtigkeit einer Rechtsnorm die Vermutung für sich hat, mit den objektiven Erfordernissen der Richtigkeit übereinzustimmen; Näheres ergibt sich aber bereits aus den folgenden Angaben über die Geltungsgründe des Gesetzes- und Gewohnheitsrechts.

b) Der Kern einer jeden Gesetzgebung ist, wenn man sie rechtsphilosophisch würdigt, Anerkennung von Kulturnormen durch eine organisierte Gesellschaft, insbesondere durch einen Staat. Die Gesamtheit der legislativen Aufgaben und Leistungen wird aber natürlich durch diese Charakterisierung nicht erschöpft, da mit der Organisierung der Gesellschaft und dem Ausbau des Normenkomplexes zu einem Normensystem Aufgaben erfüllt werden, die zwar aus der Anerkennung von Kulturnormen hervorwachsen, mit ihr aber nicht identisch sind; solche Normen finden sich in großer Menge namentlich in den Verfassungs-, Verwaltungs- und Prozeßgesetzen. Man darf vielleicht sagen, die Anerkennung von Kulturnormen liegt dem materiellen Recht zugrunde, wenigstens sollte man nur die Rechtsteile materiell nennen, denen diese Eigenschaft nicht fehlt. Wie dem auch sei, die Anerkennung vollzieht sich in drei Akten: die Auslese, also die Auswahl derjenigen Kulturnormen, die Rechtsnormen werden sollen, ist der erste Akt; er vor allem ist rechtsphilosophisch bedeutsam, weil durch ihn die kulturkritische Funktion des Rechts erfüllt wird und stets nur mehr oder weniger gelingen kann. Die Gestaltung oder Formung, also die technische Ausbildung der Normen, ist der zweite und die Garantierung durch die dem Recht vorbehaltene Sanktion der dritte Akt[2]).

Diesen drei Akten entsprechen die Geltungsgründe des Rechts, insbesondere des Gesetzesrechts, und zwar dem dritten die Erzwingbarkeit und Autorität, dem zweiten das Dasein, dem ersten die Vernünftigkeit der Norm. Wir besprechen sie in dieser (umgekehrten) Reihenfolge, um der (anfechtbaren!) Ansicht Ausdruck zu geben, daß sich ihr „soziales Leistungsvermögen" in dieser Richtung steigert.

Die den Rechtsnormen vorbehaltene Sanktion ist der Zwang, worunter wir überall Macht und Gewalt (psychische und physische Einwirkung) in ihrer gegenseitigen Bedingtheit verstehen. Für die Geltung des Rechts im engern Sinn bedeutet der Zwang aber umso mehr, je wahrscheinlicher es ist, daß die Gebote und Verbote aus Furcht vor gewaltsamen staatlichen Maßnahmen beachtet werden. Und wenn ohne weiteres feststeht, daß die Triebkraft dieses Motivs auf den einzelnen Rechtsgebieten sehr verschieden ist, z. B. in steuerrechtlichen Angelegenheiten viel größer ist als in privatrechtlichen, so läßt sich doch im ganzen über die Größe der Wirkung nichts Sicheres ausmachen. Zweifellos aber genügt der Zwang allein nicht im entferntesten, Normen durchzusetzen; wäre er eine notwendige Bedingung der Geltung, so könnte Recht im weitern Sinn überhaupt keine Geltung erlangen.

---

[1]) Theodor Sternberg, Allgem. Rechtslehre I, S. 23. — Über die vielfach (namentlich von Bierling) vertretenen Anerkennungstheorien vgl. Kelsen, Hauptprobleme S. 351, Somlo S. 138, auch Sternfeld a. a. O.

[2]) Nänere Ausführungen hierzu in meinem Lehrbuch (Allg. Tl. des Strafrechts) S. 45.

Da nun aber Macht auch unabhängig von Gewalt bestehen kann, mit andern Worten da man die Menschen nicht bloß durch Androhung von Gewalt, sondern auch durch, Drohung mit anderen Nachteilen und erst recht durch Auslösung von anderen Motiven als Furcht vor Drohungen beeinflussen kann, verbindet sich mit der spezifisch rechtlichen Sanktion ein ihr verwandter Geltungsgrund: Die hinter der Norm stehende Autorität. An diesem Grund sozialer Geltung, der sich schon durch seine Graduierbarkeit als solcher erweist, nimmt auch das Recht im weitern Sinn teil, und für das Recht im engern Sinn ist die Autorität der Staatsgewalt sowohl Stütze wie Entlastung der Zwangsgewalt. Wie die Regierung einer jeden Gesellschaft kann sich die Herrschermacht eines Staates eines größern oder geringern Ansehens erfreuen und sichert nach Maßgabe dieser Autorität ihren Befehlen und Versprechen Beachtung.

Mehr noch als die Autorität, die hinter den Normen steht, tragen die Normen selbst dazu bei, sich durchzusetzen; in ihrem bloßen Dasein liegt einer ihrer Geltungsgründe. Denn als Willenskundgebung beeinflussen sie die Willensbildung der Rechtsunterworfenen, sie werden befolgt, weil kein Grund besteht, sie nicht zu befolgen, und oft genug, weil die, die es angeht, dankbar sind, daß sie wissen, wie sie sich verhalten sollen, und umso dankbarer werden, wenn sie es möglichst genau wissen. Nur die wenigsten Menschen legen darauf Wert, sich ihren Weg selbst zu suchen und zu bahnen, sie richten sich nach der Rechtsordnung aus demselben Grund, der sie bestimmt, den Konventionalregeln zu folgen, aus Bequemlichkeit. Davon darf man umso mehr überzeugt sein, weil es in vielen Fällen nicht so sehr darauf ankommt, welches Verhalten vom Recht gefordert wird, sondern darauf, daß eine Richtschnur nicht fehlt. Ob z. B. Kauf Miete bricht oder bestehen läßt, ist zwar wirtschaftlich nicht belanglos, aber viel erheblicher ist es, daß eine Regel aufgestellt ist. Vielleicht entfaltet diese auf dem Dasein der Norm beruhende Motivierung der Breite nach die größte soziale Wirkung, zumal da sie auch dem Recht im weitern Sinn im vollen Maße zugute kommt; kein Vereinsstatut könnte sich Geltung erringen, wenn ihm diese willige Befolgung nicht einigermaßen gesichert wäre.

Zum Dasein der Norm tritt aber als Potenzierung ihrer Durchschlagskraft ihre Vernünftigkeit. Nicht bloß als Willenskundgebung, mehr noch als Kundgebung eines vernünftigen Willens verschafft sich die Norm nach Maßgabe dieser Vernünftigkeit Geltung. Diese vielberufene Rechtsvernunft ist wahrlich nichts Mystisches, sondern — wir wollen nicht etwa ins Vernunft- oder Naturrecht zurückfallen — eine kulturelle Tatsache oder soziale Erscheinung, und zwar eine uns längst vertraute. Genau so weit als die Forderungen des Rechts mit andern sozialen Garantien inhaltlich übereinstimmen, reicht ihre Vernünftigkeit. Wenn mir das Gesetz dasselbe gebietet wie mein Egoismus, dann ist es vernünftig, und wenn es meinen Egoismus hart anfaßt, mögen meine altruistischen Regungen ihm rechtgeben; wenn es aber in Richtungen weist, in die ihm die sozialen Triebe nicht willig folgen, kann es sein, — und aus Gründen und in Grenzen, die angegeben sind, ist es so — daß das rechtswidrige Verhalten auch von der Religion oder der Moral oder der Sitte oder gar von mehreren dieser Ordnungen verworfen wird, und dann ergreifen die ihnen spezifischen Sanktionen auch die Rechtsnorm. Wo dem materiellen Recht diese Übereinstimmung mit den Kulturnormen fehlt, muß es auf der niedersten Stufe der Geltung stehen bleiben.

c) Die Kulturnormen, die von der Gesetzgebung rezipiert werden, sind vielleicht nicht samt und sonders, sicherlich aber zum größten Teil aus sozialen Gewohnheiten entstanden. In einer kulturhistorischen Untersuchung müssen diese Gewohnheiten daher als Rechtsquelle bezeichnet werden, im juristischen Sinne sind es nur die Fassungen dieser Quelle, also nur die Normen des Gesetzes- und Gewohnheitsrechts. Sie sind parallel laufende Rechtsquellen, ergiebig die eine, spärlich die andere, obwohl ihr lebendiges Element ganz das gleiche ist, die soziale Gewohnheit. Diese Verschiedenheit wird nur dann ganz verständlich, wenn man echtes und unechtes Gewohnheitsrecht unterscheidet[1]). Der äußere Tatbestand des echten kommt dadurch zustande, daß ein Rechtssatz ohne Vermittlung der Gesetzgebung und allein durch die Macht der Gewohnheit in Kraft oder außer Kraft gesetzt wird (consuetudo und desuetudo), also im juristisch-technischen Sinne Geltung erlangt oder verliert. Und das ist im entwickelten Rechtsleben ein verschwindend seltener Fall; auf dem Gebiet des Strafrechts ist er gesetzlich (RV. Art. 116, StGB. § 2) ausgeschlossen, auf dem des Privat- und Handelsrechts kommt er nicht mehr vor (bestritten), sein günstigster Boden ist noch das Verwaltungsrecht, denn die Verwaltungspraxis huldigt überall lieb gewordenen Gewohnheiten so stark, daß sich manche bis zum Rang starren Rechts fortentwickeln. Dagegen ist das unechte Gewohnheitsrecht eine gewaltige, alle Rechtsgebiete in seinem Bann haltende Macht. Unter unechtem Gewohnheitsrecht verstehen wir nämlich die zu Kulturnormen verdichteten sozialen Gewohnheiten, auf die bei der Anwendung von Gesetzesrecht zurückgegangen wird. Es ist ein in jedem Rechtsbegriff, dessen Inhalt kulturell bestimmt ist, enthaltenes Element und somit ein Bestandteil des Gesetzesrechts; man denke an Begriffe wie Zubehör (BGB. § 97) und andere durch den wirtschaftlichen Zweck definierte oder an Begriffe wie Beleidigung, gute Sitten, unzüchtige Schriften und ähnliche, die ganz im Fluß der Kulturgeschichte stehen.

Hier interessiert uns nur das echte Gewohnheitsrecht[2]), genauer sein Geltungsgrund; und wenn es eine unzeitgemäße Betrachtung ist, dieser viel diskutierten Frage nachzugehen, ist es doch ein nobile officium, an ihr nicht vorüberzugehen. Der Anfangs- und Endpunkt des Entstehungsprozesses tritt deutlich zutage. Es hat sich eine soziale Gewohnheit gebildet, — gleichviel wo, wie und warum — sie ist da; das ist der Anfang. Und das Ende ist, daß sich ein Kläger oder Beklagter vor Gericht auf sie berufen kann, so daß das Gericht seine Entscheidung danach richtet. Dann ist die Norm nicht bloß Kultur-, sondern Rechtsnorm. Ohne Gerichtsgebrauch — analog ohne Verwaltungsbrauch — kommt also Gewohnheitsrecht nicht zustande. Solange das Gericht nicht gesprochen hat, — und auch in diesem Zusammenhang kann „einmal keinmal" sein — ist es völlig ungewiß, ob die Norm rechtliche Anerkennung finden wird, solange befindet sie sich in demselben Stadium wie ein Gesetzentwurf, der dem Parlament vorgelegt ist. Der Gerichtsgebrauch hat also nicht bloß deklaratorische, sondern konstitutive Bedeutung.

Deswegen geht der Einwand fehl, das Gewohnheitsrecht zeuge gegen die Zurückführung des Rechts auf eine organisierte Gesellschaft (z. B. RADBRUCH S. 76). Den Inhalt der Norm mag eine unorganisierte Gesellschaft gefunden haben, die Umbildung der Kultur- in eine Rechtsnorm kann aber ohne Eingreifen eines Staatsorgans nicht stattfinden. Da diese beiden Vorgänge vom Gewohnheitsrecht uneingeschränkt mit dem Gesetzesrecht geteilt werden, besteht unter diesem Gesichtspunkt lediglich der eine Unterschied, daß die Norm von andern Staatsorganen, nämlich von Gerichten oder Verwaltungsbehörden, in Geltung gesetzt wird. Und selbst dieser Unterschied kann für das Recht im weitern Sinn unwesentlich werden und wird es um so sicherer, je mangelhafter die Organisation der Gesellschaft ist; ein und dasselbe Organ, etwa der Vorstand eines Vereins, kann die Statuten festsetzen und eine auf ungeschriebene Regeln gestützte Praxis durchführen.

Erst mit der Frage, was sich zwischen Anfang und Ende zugetragen hat, betreten wir die problematische Sphäre des Gewohnheitsrechts, und erst hier können

---

[1]) Vgl. M. E. MAYER, Allg. Teil des Strafrechts S. 24.

[2]) Auswahl aus der Literatur: ZITELMANN, Arch. f. ziv. Praxis Bd. 66, 1883; BRUNO SCHMIDT, Das Gewohnheitsrecht 1899; EHRLICH, Tatsachen des Gewohnheitsrechts 1907; DANZ, Rechtsprechung nach der Volksanschauung und dem Gesetz 1908; OERTMANN, Rechtsordnung und Verkehrssitte 1914; SOMLO S. 350.

wir den Geltungsgrund finden; denn die Anerkennung durch Gerichte oder Verwaltungsbehörden ist nur der Akt, auf dem die Geltung im juristischen Sinne, also die Positivität eines Gewohnheitsrechtssatzes beruht. Noch heute verbirgt sich die Verlegenheit unter einem durch das Alter geheiligten Ausdruck. Der lautet opinio necessitatis. „Encheiresin naturae nennt's die Chemie, spottet ihrer selbst und weiß nicht wie." Da wir solchem teuflischem Hohn nicht ausgesetzt sein wollen, dürfen wir bei dem Wort nicht stehen bleiben; durch Interpretion des Begriffes opinio necessitatis wird der Geltungsgrund des Gewohnheitsrechts enträtselt.

Gemeint ist die Überzeugung derjenigen, die eine soziale Gewohnheit mitmachen; sie können dabei der Meinung sein, daß sie ihr Verhalten nach Belieben ändern oder aufgeben dürfen, oder der andern Meinung, daß ihr Verhalten unerläßlich ist, also fortgesetzt werden muß. Dann haben sie die opinio necessitatis. Und wenn nun der Schlußakt der Rechtsbildung nicht ausbleibt, wenn also ein Gericht oder eine andere Behörde den Brauch für das eigene Verhalten maßgebend sein läßt, hat sich offenbar nichts anderes zugetragen, als daß die Überzeugung von der Unerläßlichkeit der Gewohnheit von denjenigen, die sich bisher nach ihr gerichtet haben, übergegangen ist auf diejenigen, die nunmehr nach ihr „richten". Dann ist aus der Gewohnheit geltendes Recht geworden. Die Geltung dieses geltenden Rechts gründet sich also wie die Geltung von anderem positiven Recht auf die Rezeption einer Kulturnorm. Und wenn der tatsächliche Vorgang hier besonders gestaltet ist, nämlich stets nur darauf beruht, daß die in einer Gesellschaft bestehende opinio necessitatis auf ihre Organe übergreift, so kann darin allein ein wesentlicher Unterschied gegenüber den Geltungsgründen des Gesetzesrechtes gewiß nicht gefunden werden. Wohl aber in Verbindung mit dieser Spezialisierung in folgendem: Der Geltungsgrund des Gewohnheitsrechtes liegt in seiner Entstehung, geht also dem Gelten im juristischen Sinn voraus, bedingt es und bleibt als Bedingung unaufhörlich in Kraft; schwindet die Überzeugung von der Unerläßlichkeit, so verliert der Gewohnheitsrechtssatz auch seine technische Geltung, er kann nicht auf dem Papier stehen bleiben, weil er nie zu Papier gebracht worden ist. Im Gesetzesrecht ist aber, wie wir wissen, gerade umgekehrt das Gelten im juristischen Sinn die Voraussetzung dafür, daß die Rechtsnorm anfangen kann, sozial zu gelten, d. h. sich durchzusetzen; die Geltungsgründe, Erzwingbarkeit und Autorität, Dasein und Vernünftigkeit der Rechtsnorm, entwickeln ihre Wirksamkeit erst, nachdem das Gesetz gegeben worden ist, und können sie einstellen, ohne daß das Gesetz aufhört, positives Recht zu sein; es kann auf dem Papier stehen bleiben.

3. Das Verhältnis des Rechts zur Moral.

Recht und Sittlichkeit (oben S. 47/48) können nicht verglichen werden, sie liegen in verschiedenen Ebenen, nur mit der Idee des Rechts kann die Sittlichkeit zusammengebracht und auseinandergesetzt werden, und das geschieht im nächsten Kapitel (B III 2a). Recht und Moral aber müssen verglichen werden, gewissermaßen um die Probe auf das Exempel zu machen. Jedenfalls empfiehlt sich der Prüfstein dadurch, daß das Verhältnis von Recht und Moral eine der umstrittensten Fragen der Rechtsphilosophie ist; von den vielen, die darüber geschrieben haben, — und ich will mich nicht ausschließen — wird das Wort Jherings, das Problem sei das Kap Horn der Rechtsphilosophie, zitiert. Die Strittigkeit und Schwierigkeit beruht aber zum großen Teil auf der Unklarheit, ob das Verhältnis des Rechts zur moralischen Ordnung oder das zur moralischen Idee untersucht werden soll, und zum nicht geringen Teil auf Verkennung der Vielfältigkeit der Beziehungen.

a) Vergleicht man Recht und Moral mit Rücksicht auf den Inhalt der Forderungen, so ergibt sich eine weitreichende Gleichheit, in der die ursprüngliche Ungeschiedenheit fortlebt. Achtet man aber auf die Grenzen dieser Gleichheit, so scheint ein wesentlicher Unterschied darin zu liegen, daß die Moral sich an die Gesinnung wendet, während das Recht nur Handlungen fordert. Sofort aber führt die Überlegung, daß die Motive eines Delikts (Vorsatz, Fahrlässigkeit!) grundsätzlich rechtlich relevant und die von andern Handlungen (z. B. eines Vertrags, eines Testaments) nicht ausnahmslos irrelevant sind, sowie die weitere Überlegung, daß die äußern Folgen einer Willensbetätigung, soweit sie zurechenbar sind, moralisch nicht gleichgültig sein können, zu einer Abschwächung und in einigen Darstellungen sogar zur Bestreitung dieses Gegensatzes. Und doch besteht er in voller Schärfe für soziales und rechtmäßiges Verhalten. Ob der Schuldner seine Verbindlichkeit aus Pflichtgefühl oder Furcht vor der Zwangsvollstreckung erfüllt, ist rechtlich gleichgültig, genug daß er zahlt; der moralische Wert seiner Handlung ist aber unbedingt daran gebunden, daß er aus Pflichtgefühl gezahlt hat. Dagegen verliert der Gegensatz für antisoziale und rechtswidrige Handlungen seine ganze grundsätzliche Bedeutung, denn nunmehr kann nur noch gefragt werden, ob das Werturteil über den äußern Hergang durch Berücksichtigung der Motive berichtigt werden muß; diese Frage ist aber sowohl für moralische wie rechtliche Beurteilungen zu bejahen, ohne daß mehr wie ein gradueller Unterschied bestände. Dieser wird am besten im Anschluß an NATORP[1]) festgehalten in der Formulierung: Im Recht wird das Innere von außen her, in der Moral das Äußere von innen her bewertet. Gerade auf diesem Weg begegnet aber ein durchgreifenderer Unterschied. Die Moral fordert nämlich immer die volle das Recht begnügt sich immer mit einer teilweisen Verwirklichung der sittlichen Gesinnung. Kategorisch verlangt die Moral: „edel sei der Mensch, hilfreich und gut", das Recht stellt bloß die hypothetische und limitierte Forderung auf: wenn dir jemand durch Vertrag oder aus Verwandtschaft oder aus einem andern Rechtsgrund verbunden ist, so darfst du ihn nicht ganz hilflos lassen. In einem konkreten Beispiel: Daß ein rüstiger Bursche seiner arm und alt gewordenen Mutter Unterhalt gewährt, soweit er dazu imstande ist, ohne den eigenen Unterhalt zu gefährden, ist dem Recht genug (BGB. § 1601ff.), — daß er sich die letzte Mühe gibt, ohne Opfer zu scheuen, verlangt die Moral, denn sie will die gewissen-hafte Handlung. Dieser und nur dieser Unterschied ist in GEORG JELLINEKS berühmt gewordener Formel ausgeprägt: „Das Recht ist das ethische Minimum"[2]).

b) Vergleichen wir die beiden Ordnungen mit Rücksicht auf die Mittel, durch die sie ihren gemeinsamen Zweck, das soziale Verhalten zu garantieren, erfüllen, so fallen sie weit auseinander, denn durch Normierung und Erzwingung dient das Recht diesem Zweck, während auf dem Gebiete der Moral das Gewissen die Normierung weit zurückdrängt und den Zwang ganz ausschaltet. Obwohl nämlich die Moral wie das Recht aus Normen besteht, sind doch die Funktionen und Tendenzen der Normierung dort wesentlich andere als hier. Zunächst gibt es in der moralischen Ordnung kein Analogon für diejenigen Rechtsnormen, die das Dürfen und Sollen der Gesellschaftsorgane umgrenzen, denn die Moral ist die Ordnung einer unorganisierten Gesellschaft. Soweit die Normen aber auf das Verhalten der Gesellschaftsmitglieder bezogen sind, divergieren ihre Tendenzen. Von der dehnbaren Regel ist das Recht vorgedrungen zur begrifflich scharfen, gerade umgekehrt sucht die Moral sich mehr und mehr aus dem Bann der Kodifikation zu befreien; die Moral der Pharisäer hat mit mathematischer Genauigkeit verlangt, den zehnten Teil der Habe den Armen zu geben, liebe deinen Nächsten ist das Grundgebot der christ-

---

[1]) Recht und Sittlichkeit in den Kantstudien Bd. 18; vgl. dazu SALOMON, Grundlegung zur Rechtsphilosophie S. 194ff., bes. S. 203.

[2]) Die sozialethische Bedeutung von Recht, Unrecht und Strafe, 2. Aufl. 1908, S. 45. Der Ausspruch kommt überein mit JHERINGS Lehre, nach der es die Lebensbedingungen der Gesellschaft sind, die im Schutze des Rechts stehen, denn beidemal wird aus der Gesamtheit der sozialen Normen und Pflichten das „Existenzminimum" herausgelöst.

lichen Moral. Das Recht erreicht seine Vollendung in der Eindeutigkeit seiner Bestimmungen, die freie Sittlichkeit ist das Ideal der Moral. Das Recht sucht die Schablone, die Moral flieht sie. — Diese Verschiedenheit findet ihre letzte Erklärung darin, daß das Recht (im engern Sinn) beschränkt ist auf die Pflege dessen, was erzwungen werden kann und soll, wozu bloß das „ethische Minimum", bloß „die Lebensbedingungen der Gesellschaft" gehören. In dieser Beschränkung aber erweist sich das Recht als ein Meister. Weil es über Zwangsmittel verfügt, vermag es den zähesten Widerstand zu brechen, und zwar gewöhnlich schon dadurch, daß es mit Gewalt droht, denn vor dem Gefängnis fürchten sich die meisten Menschen mehr als vor einem schlechten Gewissen. Beachtet man diese gewaltige Überlegenheit der Mittel, so erweist sich das Recht als „ein ethisches Maximum, nämlich an Kraft, an Wirksamkeit, an Resultaten"[1]).

Zweites Kapitel.

Die Idee des Rechts.

Vorbemerkung über Ideen und Ideale.

Das Wort „Idee" hat in der Philosophie die mannigfachsten Verwendungen gefunden; es bezeichnet bald das Wesen oder den Selbstzweck der Erscheinungen, bald ihre erdachte Vollkommenheit, es dient hier dazu, der Wirklichkeit ihren Wert gegenüberzustellen, dort, den Wechsel der Geschehnisse auf Gesetzmäßigkeit zurückzuführen, es appelliert als Forderung, besonders als die höchste Forderung, an den Willen und wird ihm als unendliche Aufgabe doch wieder entrückt, es wendet sich als letzte Erkenntnis oder Grenzbegriff an den Verstand und wird ihm als ein Apriori doch wieder entzogen. Man möchte aus dieser Buntscheckigkeit die Lehre ziehen, daß es am geratensten ist, das Wort zu meiden, aber gerade die Rechtsphilosophie hat sich so sehr auf die Aufgabe festgelegt, die Idee des Rechts zu finden, daß dieser Formulierung nicht mehr ausgewichen werden kann. Außerdem liegt den vielfältigen Verwendungen doch eine einheitliche Auffassung zugrunde, was schon daraus ersichtlich ist, daß sich mit dem Wort „Idee", wenn auch verschwommene, so doch unmittelbar gewisse Assoziationen verbinden; wir wissen oder fühlen, was gemeint ist, wenn jemand nach der Idee des Christentums, der Kunst oder der Sozialversicherung frägt oder Freiheit und Gleichheit als Idee der Demokratie feiert.

Die überall durchschimmernde Grundauffassung ist der Gegensatz von Idee und Materie (Stoff). Ideen sind Gedanken und als solche vom Stoff gründlich getrennt. Einheitlich ist aber auch noch die Auffassung, daß die Idee eine Beziehung zur Materie hat und gerade darin ihre Bedeutung findet. Und wenn diese Beziehung weiterhin als Vergeistigung oder Ordnung oder Bewertung oder ähnlich bestimmt wird, so treten diese Verschiedenheiten doch zurück hinter dem einheitlichen Streben, in der Idee die letzte Zusammenfassung der eine Materie bildenden Erscheinungen zu finden. Ideen sind „Synthesisprinzipien"[2]). — Wenn nun die in Frage stehende Beziehung in unserer Darstellung als Werturteil aufgefaßt wird, so geschieht es, um dem auf dem Gebiet der Rechtsphilosophie gegebenen Bedürfnis zu entsprechen und ohne andere Ausprägungen des Grundgedankens zu wider-

[1]) So hat Gustav Schmoller, Grundriß der Allg. Volkswirtschaftslehre (in der 1. Aufl. Bd. 1, S. 57) vortrefflich Jellineks auf den Inhalt bezogene Formulierung ergänzt.

[2]) Vgl. Münch in den Beiträgen zur Phil. des dtschn. Idealismus I, S. 139: „Ideen sind die sachlichen Synthesisprinzipien der historisch-kulturellen Gebilde, in voller erkenntnistheoretischer Parallele zu den Naturgesetzen als den sachlichen Konstitutionsprinzipien der Naturphänomene."

sprechen. Wir stellen fest: Ideen sind Gedanken, die eine Materie in Beziehung setzen zu einem Wert, vornehmlich zu einem höchsten, d. i. die letzte Synthesis bietenden Wert. Die Idee des Rechtes ist der Gedanke, in dem der nicht weiter ableitbare Wert des Rechts und durch ihn die ewige Bedeutung aller Rechtsordnungen festgehalten werden soll.

Mit den Ideen dürfen Begriffe, Zwecke und Ideale nicht verwechselt werden. Die mangelhafte Unterscheidung hat in der Rechtsphilosophie und in der Rechtswissenschaft viele Entgleisungen verschuldet, obwohl es klar sein sollte, daß z. B. über die Idee und den Begriff der Hypothek und wiederum über ihren wirtschaftlichen Zweck und wieder über ihre ideale Ausgestaltung sehr Verschiedenes gesagt werden muß; von jeder beliebigen andern Rechtseinrichtung und von dem ganzen Recht gilt dasselbe. Den größten Schaden haben die Verwechslungen wohl in den Eigentums-, Straf- und Staatstheorien angerichtet.

Vom Begriff einer Erscheinung (oben S. 24) unterscheidet sich die Idee derselben Erscheinung schon dadurch, daß sie nicht empirisch gewonnen wird; der Begriff wird aus dem Stoff hervorgeholt, die Idee an ihn herangetragen; dort Formung, hier Wertung, zwei Welten! Beide sind aber aufeinander angewiesen: die Begriffsbildung ist in Gefahr zu mißlingen, wenn ihr nicht eine Idee vorschwebt, und die Erkenntnis der Idee setzt einen gesicherten Begriff voraus. Daher ist unser erstes Kapitel die Basis des zweiten.

Zweck und Idee geraten unter der Kategorie des normativen Prinzips zusammen, beide sind „Maßstäbe", beide sind Beurteilungs- oder Bewertungsprinzipien. Und doch müssen sie unterschieden werden[1]), und zwar keineswegs bloß weil jeder Zweck aus der Erfahrung stammt, während Ideen über sie hinaus- oder ihr vielleicht auch vorausgehen, sondern aus stärkeren Gründen. Zwecke können nämlich berechtigt und unberechtigt sein, sind also an sich ethisch farblos, Ideen sind dagegen ethisch qualifiziert, d. h. ihnen haftet das Merkmal der nicht bloß subjektiven Berechtigung unauflöslich an. Das ist die erste und gründlichste Verschiedenheit. Sie hat zur Folge, daß ein und dieselbe Handlung oder Einrichtung verschieden beurteilt wird, je danach ob man sie an Zwecken oder an Ideen mißt. So ist z. B. die Abschaffung der Titel und Orden durch die neue RV. (Art. 109), wenn man sie nach den Zwecken des Staates beurteilt, recht anfechtbar, denn sie nimmt dem Staat Macht, aber sie entspricht der Idee der demokratischen Republik; nicht von ungefähr beginnt der Artikel, der die Abschaffung verfügt, mit der Proklamation: „Alle Deutschen sind vor dem Gesetze gleich." Umgekehrt ist die Bestimmung, „die Pflege der Beziehungen zu den auswärtigen Staaten ist ausschließlich Sache des Reichs" (RV. Art. 78), mit der Idee des Bundesstaates nicht zu vereinigen, während ihre Zweckmäßigkeit wohl unantastbar ist. Diese Beispiele bestätigen, daß Zweck und Idee in gleicher Weise und doch in verschiedenem Sinne Beurteilungsprinzipien sind und erlauben uns nun die abschließende Formulierung: Der Zweck ist ein rein praktisches, ethisch indifferentes Beurteilungsprinzip; wenn man ihn als Wertprinzip bezeichnet, muß man sich bewußt bleiben, daß diesem Wert auch Wertloses unterfällt. Die Idee aber ist ein Wertprinzip im potenzierten Sinne des Wortes und darum rein ethisch. — Damit steht ein zweiter Unterschied in Verbindung. Der Zweck kann nicht anders denn als ein zu erreichendes (oder zu vermeidendes) Ziel gedacht werden, ihm haftet die Anforderung an den Willen unauflöslich an. Ideen sind nicht so beschaffen, für sie ist es nicht wesentlich, daß sie erreicht, und undenkbar, daß sie vermieden werden sollen, sie sind keine Ziele und enthalten keine Anforderungen an den Willen, vielmehr sind sie in einem viel reineren und genaueren Sinne Maßstäbe, sie messen Wollen

[1]) Auch Sauer, Grundlagen des Strafrechts S. 163, will unterscheiden, gelangt aber nicht zu einem klaren Ergebnis. — Über Zweck und Motiv (Sollen und Sein) vgl. meinen Allg. Teil des Strafrechts S. 106.

und Sollen, verlangen aber nicht, daß irgendetwas gewollt wird. Diese ihr fremde Bedeutung kann die Idee nur erlangen, wenn sie mit einem Zweck zu einer Einheit zusammenwächst; dann aber wird sie zum Ideal.

Ideale sind berechtigte Zwecke und nach dem Sprachgebrauch berechtigte Zwecke hoher Ordnung; sie müssen in weitem Abstand von der Wirklichkeit liegen gerade wie die Ideen und sind kraft des ihnen innewohnenden Postulats der Erfüllung dem Willen nahe gerückt gerade wie die Zwecke. Daher sind Ideale Gebilde, in denen sich eine Idee und ein Zweck zu einer Einheit zusammengefunden haben[1]), sie sind ebensosehr ethische wie praktische Prinzipien, ebensosehr potenzierte reine Werte wie inhaltlich ausgestattete Anforderungen an den Willen. Sie unterscheiden sich vom Zweck durch den immanenten Wert und von der Idee durch das Postulat der Erfüllung; denn ein Ideal kann nicht unberechtigt sein, und wenn es, weil es hoch gesteckt ist, unerreichbar erscheint, so gilt von ihm doch unbedingt, daß die Verwirklichung angestrebt werden soll.

Es fällt uns gewöhnlich viel leichter, diese Einheit von Idee und Zweck, also ein Ideal, zu denken, als eines der beiden Elemente in seiner Reinheit zu erfassen. Denn wo von einem Zweck die Rede ist, pflegt ihm die nicht bloß subjektive Berechtigung stillschweigend beigelegt zu werden. Wer die Strafe in den Dienst der Besserung stellt, hat den Zweifel, ob dieser Zweck der Idee der Strafe entspricht, schon überwunden oder überhaupt nicht empfunden, und wer dem Recht den Zweck setzt, das Gemeinschaftsleben zu sichern, bleibt allzu leicht in der Überzeugung befangen, daß dieser Zweck unbedingt berechtigt ist. So kommt es, daß in den Köpfen erschreckend viel angebliche Ideale wohnen, die sich für die kritische Betrachtung als Zwecke erweisen und erst, wenn und soweit sie das Plazet der Idee erhalten haben, wirklich zu Idealen werden. Und weil es uns schwer fällt, an Werte zu denken oder zu glauben, ohne ihnen die triviale und praktische Nützlichkeit des Zwecks unterzuschieben, pflegen Köpfe an Ideen so arm wie an Idealen reich zu sein. Gründe genug, Ideen und Ideale in der Philosophie auseinanderzuhalten. Diesem Bedürfnis dient unsere Auseinandersetzung und hat nicht im geringsten den Ehrgeiz, für jeden Gebrauch oder gar jeden Mißbrauch der Worte Ideal und Idee zu passen. Daß sie sich aber in dem, was sie leisten soll, bewährt, kündet sich schon darin an, daß wir nunmehr die brennendste Frage unseres Kapitels in die Worte fassen können: Rechtsideal oder Rechtsidee?

A. Die Wertsysteme.

Die Rechtsphilosophie macht dem Recht den Prozeß: In der Lehre vom Begriff untersucht sie die Tatfrage, in der Lehre von der Idee entscheidet sie die Rechtsfrage; und wie in der Jurisprudenz Tat- und Rechtsfrage aufeinander bezogen sind, so sind in der Rechtsphilosophie Prinzipien- und Wertlehre aufeinander angewiesen. Wir stehen vor der Rechtsfrage, also vor einer Entscheidung, — also zunächst vor der Aufgabe, über die zur Wahl stehenden Möglichkeiten eine geordnete Übersicht zu gewinnen; in dieser Absicht und diesem Sinne versuchen wir, ein Bild der Wertsysteme zu entwerfen.

I. Absolute und relative Werte.

Die überhaupt möglichen Wertbestimmungen scheiden sich in absolute und relative[2]). Dieser grundlegende Gegensatz enthält aber mehr als bloß eine Anti-

[1]) Auch nach MÜNCH a. a. O. S. 139/140 sind Idee und Ideal scharf zu unterscheiden; ich glaube die Stelle ganz im Sinne des Textes auffassen zu dürfen, obwohl die Gleichung Ideal = Idee + Zweck nicht zum Ausdruck gebracht ist.

[2]) Vgl. die in der Einleitung, besonders zu STAMMLERS und RADBRUCHS Lehre angegebene Literatur.

these, nämlich weil sich jede der beiden Lehren wiederum in zwei Richtungen gabelt, der Absolutismus in inhaltlichen und formalen, der Relativismus in skeptischen und kritischen.

1. Inhaltlicher und formaler Absolutismus.

a) Das Kennzeichen des absoluten Wertes ist die Allgemeingültigkeit. Sie wurzelt in Unbedingtheit, sie gipfelt in unbeschränkter Verbindlichkeit. Der absolute Wert ist unabhängig von Raum und Zeit und erst recht von allen in der Person des Erkennenden liegenden (über das reine Erkennen hinausgehenden) Bedingungen. Deswegen beansprucht er Geltung im allumfassenden Sinne: er will immer und überall und will restlos verwirklicht werden. Ein solcher Wert ist in der Geschichte nicht zu finden, nur wer die Ewigkeit zu denken vermag, kann einen absoluten Wert anerkennen. Daher sollte er nur in einer Ausgestaltung denkbar sein, als Wille Gottes. Forscher — und nicht nur diejenigen der Vergangenheit — haben aber auch im Menschen etwas Ewiges entdeckt, die Vernunft, oder doch etwas Konstantes, die menschliche Natur. Wird das Ewige im Menschen als etwas von Gott Unabhängiges aufgefaßt, so gibt es einen zweiten absoluten Wert, die Forderungen der Vernunft. Ebenso kann die menschliche Natur als die Gesamtheit der konstanten und darum unbedingten Eigenschaften wenigstens eine Quelle für die Ableitung absoluter Werte sein.

Ist der göttliche Wille oder das Postulat der menschlichen Vernunft der Wert aller Werte, so ist — da diejenigen, die diesen Standpunkt einnehmen, stets bis ins Einzelne wissen, welche Forderungen in jenem Willen oder in dieser Vernunft enthalten sind — auch das Maß und Ziel für das Recht gefunden. Da aber die Tatsache, daß es viele voneinander abweichende Rechtsordnungen gibt, unverkennbar ist, wird diesem bunten, bloß positiven Recht das eine dem höchsten Wert entsprechende gegenübergestellt und als Vernunft- oder Naturrecht gepriesen. Die absolute Wertlehre muß, wenn anders sie nicht an einem bloß formalen Prinzip Genüge findet, in der Anwendung aufs Recht auf diese uns bekannte Richtung hinführen. In ihr aber verdichtet sich der absolute Wert zum Rechtsideal. Allerdings widerstrebt es uns, den göttlichen Willen oder die menschliche Vernunft so zu nennen, sie sind aber auch nirgends als die unmittelbar maßgebenden Faktoren behandelt worden; dazu ist ihr Abstand von den Zeit- und Streitfragen, auf deren Entscheidung es doch letzten Endes immer ankommt, zu groß. Unmittelbar maßgebend sind die aus der höchsten Idee abgeleiteten, mit konkreteren Forderungen angefüllten, der Wirklichkeit nahe gerückten Werte, und sie sind in der Tat als Rechtsideale proklamiert worden. Jede Staatsform, die absolute Monarchie so gut wie die demokratische Republik, hat einen Apostel gefunden, der sie aus der höchsten Idee abgeleitet und zugleich als das zu erreichende Ziel hingestellt und somit als das Staatsideal gefeiert hat; und manche bewährte Rechtseinrichtung und manches revolutionäre Verlangen ist auf die gleiche Weise zum Range des Rechtsideals erhoben worden.

Von näheren Ausführungen und von einer kritischen Würdigung des Naturrechts dürfen wir hier absehen, da sie schon in der Einleitung vorgebracht worden sind. Mit dem Naturrecht scheidet aber auch das inhaltlich bestimmte allgemeingültige Rechtsideal aus dem Kreis der möglichen Wertbestimmungen aus, und es wird begreiflich, daß die Rechtsphilosophie, wenn sie sich nicht selbst preisgeben will, entweder die inhaltliche Bestimmtheit oder die Allgemeingültigkeit der Wertbestimmung preisgeben muß. Vielleicht aber dämmert auch schon die dritte Möglichkeit auf, nämlich auf das Rechtsideal zu verzichten und dadurch die nicht bloß formale und nicht bloß relative Rechtsidee zu retten.

b) Durch Verzicht auf inhaltliche Bestimmtheit die Allgemeingültigkeit des letzten Wertes zu ermöglichen, ist das Bestreben des formalen Absolutismus. Seine durchdachteste Ausprägung hat dieses Wertsystem in der Rechtsphilosophie STAMMLERS gefunden (oben S. 20), es dürfte aber, da hier nur die methodische Bedeutung des Standpunktes interessiert, nützlich sein, von einer einfacheren Lehre auszugehen. Wenn man die Vervollkommnung des Menschen als Ziel des Wollens aufstellt, wie es CHRISTIAN WOLF (1679—1754) und in unserer Zeit FRITZ VAN CALKER[1]) getan hat, so darf für diese Idee Allgemeingültigkeit in Anspruch genommen werden, gerade weil sie jeden Inhaltes bar ist. Man kann ebensowohl die politische Gleichheit wie die Ungleichheit der Bürger, ebensowohl die kriegerische Selbstbehauptung wie die friedliche Nachgiebigkeit der Staaten als den vollkommenen Zustand auffassen. Und da offenbar, wenn man seine Entscheidung nach der einen oder andern Seite getroffen hat, dafür eine Erwägung maßgebend gewesen ist, die im Begriff der Vollkommenheit nicht enthalten ist, erweist sich die totale Leerheit der Idee auch als absolute Unfruchtbarkeit. Es gibt keine Möglichkeit, ein inhaltloses Prinzip in eine konkrete Entscheidung umzuformen. Wie sich aus dem Begriff des Wertes keine Bewertung, wie sich aus der Idee der Richtigkeit nichts Richtiges deduzieren läßt, so kann aus den „soziales Ideal" oder anders benannten Umschreibungen dieser Denkformen in keiner Frage ein pro oder contra gewonnen werden.

So einleuchtend dieses schon gegen KANTS kategorischen Imperativ vorgebrachte[2]) und in der gegen STAMMLER gerichteten Kritik oft und eindringlich wiederholte Argument ist (vgl. die oben S. 20 angegebene Literatur), so groß ist die Versuchung, die sozialen Ordnungen und darüber hinaus das ganze bunte soziale Leben auf reine Formen zurückzuführen. Dieses Streben ist berechtigt, sofern es auf erkenntniskritische Einsichten hinführen soll. Insonderheit stellt sich STAMMLERS Theorie „als eine Kritik der Rechtsvernunft, eine Logik der Rechtsbewertung, eine Erkenntnistheorie der Rechtsphilosophie dar, — aber eben deshalb selber nicht als Rechtsphilosophie" (RADBRUCH S. 22). Dieses auf methodischem Gebiet liegende Verdienst STAMMLERS muß, weil es der Leistungsfähigkeit formaler Theorien entspricht, ebensosehr betont werden wie die große Selbsttäuschung, ein erkenntniskritisches Prinzip könne zugleich ein wertkritisches sein. Ich wiederhole das Ergebnis meiner Besprechung der „Lehre von dem richtigen Rechte" (Krit. Vierteljschr. 1905, S. 193): „Die transzendentale Erkenntnis des Richtigen ist als Maxime des Handelns untauglich; ... STAMMLERS Werk müßte auf den Grundton ‚so ist es, so macht ihr's', nicht auf den ‚so sollt ihr es machen', gestimmt sein." Der Versuch STAMMLERS, diesen Einwand durch die Erklärung zu entkräften, er habe nur „die Möglichkeit eines richtigen Rechts" zeigen, aber keine Forderung aufstellen wollen (Th. d. Rw. S. 475), kann aber überhaupt nicht ernst genommen werden; nicht nur daß sich sein ganzes Werk gegen die Auffassung auflehnt, er habe eine Rechtsidee bloß „zur gefälligen Verfügung" stellen wollen[3]), gerade dieses Verfügen, dieses Verwirklichen des angeblich Möglichen ist unmöglich.

2. Der skeptische und kritische Relativismus.

a) Das Kennzeichen des relativen Wertes ist die bedingte Geltung. Der Komplex der Bedingungen aber ist nicht streng geschlossen, vielmehr kann die Bedingtheit größer oder kleiner sein und danach wird auch die Relativität stärker oder schwächer. Unter den wesentlichen Bedingungen müssen die sachlichen und die persönlichen unterschieden werden, denn beide bemächtigen sich der

[1]) Politik als Wissenschaft (Rede) 1898. Dazu NETTER, Das Prinzip der Vervollkommnung als Grundlage der Strafrechtsreform 1900.

[2]) Vgl. etwa WINDELBAND, Gesch. der neuern Philosophie II, S. 117 (zit. nach der 2. Aufl.).

[3]) So treffend MEZGER, Sein und Sollen im Recht S. 29.

Geltung des Wertes auf verschiedene Weise; jene, indem sie den Inhalt, diese, indem sie die Anerkennung des Wertes in eine Abhängigkeit bringen. Die sachlichen Bedingungen werden gebildet — wenn wir an Staat und Recht denken — durch den Volkscharakter und das weltgeschichtliche Schicksal, das Zeitalter und seine Aufgaben, die wirtschaftliche Lage und den Stand der Technik, also alles in allem durch den Kulturzustand. Darum ist jeder relative Wert — sehr im Gegensatz zu Instanzen wie der göttliche Wille oder die menschliche Vernunft — ein Kulturwert und als solcher weit davon entfernt, ausschließlich Geltung zu beanspruchen. Die relative Wertlehre stellt uns daher vor eine Vielheit von zeitlich sich ablösenden, aber auch von gleichzeitig geltenden, teils sich vertragenden, teils sich bekämpfenden Werten und verlangt somit unter starker Betonung eine Entscheidung. Während die Geltung des absoluten Wertes auf reiner Erkenntnis beruht, „als ob" ein Naturgesetz gefunden sei, setzt die des relativen Wertes ein Anerkenntnis, also einen Entschluß voraus, an dem Wunsch und Wille ebenso stark beteiligt sind wie das rein verstandesmäßige Erkennen. So tritt zu den sachlichen Bedingungen unabweisbar die Person, die wiederum als uninteressierter Gelehrter oder als interessierter Politiker in die Bedingungen eingereiht sein kann. Im letzteren Fall ist die Relativität des Wertes am stärksten, also der Gegensatz zum absoluten Wert am schroffsten.

In der Rechtsphilosophie hat RADBRUCH den Relativismus systematisch ausgebaut, hat aber sonderbarerweise seine Lehre nur auf die Gruppe der persönlichen Bedingungen gestützt. Seine Rechtsphilosophie ist nur deswegen relativistisch, weil „Werturteile nicht der Erkenntnis, sondern nur des Bekenntnisses fähig sind" (S. 2, abgeschwächt S. 25), nicht auch und in erster Linie deswegen, weil jeder Kulturwert sein Wesen in der sachlich bedingten Geltung findet. In dieser Einseitigkeit liegt der letzte Grund für die Verfehltheit der in vielen Einzelheiten feinsinnigen und in andern Vorzügen schon gewürdigten (oben S. 22) Lehre. In ihr bekundet sich nämlich eine Geistesrichtung, die sich in jedem Zeitalter mal vorwagt und zurückgewiesen wird, der Skeptizismus, der Zweifel an der Erkenntnisbefähigung, der zum Verzweifeln führt und nun doch wieder aus dem Zweifeln und Verzweifeln eine Wissenschaft macht. RADBRUCHs Theorie ist nichts als skeptischer Relativismus und deswegen nicht haltbar.

Vor allem psychologisch unhaltbar. Man verkennt den Drang und die Macht des wissenschaftlichen Impulses, wenn man glaubt, eine Philosophie, die in einer Resignation befangen bleibt, könne jemals als der Weisheit letzter Schluß anerkannt werden. Wie in der Naturwissenschaft das Streben, den letzten Grund zu erforschen, unausrottbar ist, so in der Kulturwissenschaft der Eifer, bis zur letzten Richtigkeit vorzudringen. Der skeptische Relativismus verzichtet aber darauf, ihr auch nur näherzukommen, denn er hebt nicht bloß die Allgemeingültigkeit, sondern sogar jede objektive Gültigkeit für Wertbestimmungen auf und läßt nur eine subjektive übrig: jeder kann nur angeben, was ihm persönlich richtig erscheint. — Vielleicht war es nötig und jedenfalls heilsam, daß die Rechtsphilosophie solchermaßen einmal grundsätzlich auf Ergebnisse verzichtet hat, denn sie hat durch Preisgabe gültiger Wertbestimmungen den Weg zu inhaltlich bestimmten wiedergefunden und sich dadurch aus der Gefangenschaft der weltfernen Abstraktionen befreit, in die sie unter der Herrschaft der neukantischen Richtung geraten war.

Der skeptische Relativismus ist aber auch erkenntniskritisch nicht stichhaltig[1]). Freilich sind Bewertungen Willensrichtungen, freilich ist das Seinsollende — und diese Erwägung war für RADBRUCH bestimmend — nicht „beweisbar". Aber Beweise stehen für den Rechtsphilosophen gar nicht in Frage, denn er sucht nicht

[1]) Das in der Literatur im Vordergrund stehende Argument, durch die Grundthese, nichts ist absolut wahr, hebe sich der Relativismus selbst auf, ist mehr gegen den Skeptizismus gerichtet und in dieser Form eben von uns vorgebracht worden.

Wahrheit, sondern Richtigkeit, und das ist etwas ganz anderes. Die Wahrheit eines Gedankens (oder einer Theorie) liegt in seiner Übereinstimmung mit den Denkgesetzen und dem Stoff, auf den er sich bezieht. Die Richtigkeit eines Gedankens (oder einer Theorie) liegt darin, daß er sich bei der Ordnung eines Stoffs bewährt, also in der Ausführung befriedigende Ergebnisse zeitigt. Eine Wahrheit kann und muß bewiesen, eine Richtigkeit erprobt werden. Es ist z. B. eine Wahrheit, daß die Todesstrafe irreparabel ist, d. h. dieser Gedanke ist widerspruchslos und entspricht der Wirklichkeit, aber es ist eine Richtigkeit, daß ein gutes Strafmittel reparabel sein muß, d. h. dieser Gedanke bewährt sich bei der Ordnung des Stoffs, er führt bei der Aufstellung eines Strafensystems zu befriedigenden Ergebnissen. So wenig wahr und unwahr die Attribute sind, durch die wir zu der Bestimmung eines Gesetzes oder dem Urteil eines Gerichtes Stellung nehmen, so wenig passen sie auf das Recht des Rechtes. Die Rechtsphilosophie macht dem Recht den Prozeß, der skeptische Relativismus beendet den Prozeß mit einer Rechtsverweigerung, weil er statt Richtigkeit Wahrheit sucht.

b) Um vom skeptischen zum kritischen Relativismus vorzudringen, muß vor allem die Einseitigkeit der bloß persönlich bedingten Wertungen überwunden und festgehalten werden, daß alle für uns in Frage stehenden Werte relativ sind, weil sie vom Kulturzustand abhängig sind. Dann kann auch gleich der zweite Schritt gemacht, d. i. die Einsicht gewonnen werden, daß jeder Kulturwert, gerade weil er relativ ist, mit einer nicht bloß subjektiven Richtigkeit verbunden ist. Die sachlichen Bedingungen der Relativität sind auch die der Richtigkeit, womit nichts anderes gesagt ist, als daß die aus einem Kulturzustand hervorwachsenden Zwecke, Ideale und Ideen eben in ihm eine gewisse Rechtfertigung finden. Historisch besonnene Kritik erkennt das überall an, sie weist es z. B. ab, der Peinlichen Gerichtsordnung Karls V. aus der Zulassung der Tortur einen Vorwurf zu machen, und bringt Gründe, nämlich Kulturtatsachen vor, die es uns Späteren ermöglichen, uns in den Geist des 16. Jahrhunderts zurückzuversetzen, um aus ihm heraus als einigermaßen richtig zu begreifen, was nach unsern Kulturanschauungen rettungslos unrichtig ist. — Der dritte Schritt, der abschließende Gedanke, liegt in der Einsicht, daß Graduierbarkeit zum Wesen der Richtigkeit gehört. Wie jeder Relativität, so ist jeder Richtigkeit — und auch darin unterscheidet sie sich stark von jeder Wahrheit — ein Grad immanent, d. h. der Gedanke findet in der Ordnung des Stoffs, auf den er sich bezieht, mehr oder weniger Bewährung. Die Theorie, die dem Staat den Zweck setzt, Macht zu sammeln und zu entfalten, war zur Zeit Machiavellis richtiger als zur Zeit Bismarcks und ist für das damalige Deutschland richtiger als für das heutige und ist doch noch keineswegs ganz unrichtig geworden. — Relativität ist somit das Bindeglied zwischen Kulturwert und Richtigkeit; „relativ wahr" ist eine widerspruchsvolle, „relativ richtig" eine pleonastische Redensart. Und weil dem so ist, kann kein Kulturwert losgelöst von Richtigkeit irgendeines Grades gedacht werden.

Diese Werte zu ordnen und den höchsten Wert zu erkennen, das ist die Aufgabe des kritischen Relativismus. Sie kann umso weniger Bedenken begegnen, weil es evident ist, daß die Vergänglichkeit eines Wertes mit seiner Relativität wächst; aus tausend Bedingtheiten entsteht die Aufgabe des Tages und aus hundert die des Zeitalters. Am andern Ende der Skala aber stehen die am wenigsten vergänglichen und am wenigsten relativen Werte, die Aufgaben aller Zeiten, und schließlich als der letzte erreichbare der unvergängliche, über alle Bedingtheiten hinausgewachsene höchste Wert. In ihm, der nur in der Kultur der menschlichen Gesellschaft, also, wie wir schon wissen (oben S. 31), in der Idee der Humanität gefunden werden kann, sind die letzten Synthesen vollzogen und die letzten Beurteilungen enthalten. Die Idee der Humanität wächst über relative Geltungen hinaus, also in überrelative Geltung hinein.

Das ist das Bild des kritischen Relativismus in methodischer Betrachtung[1]), die sachliche Entwicklung der Lehre findet sich im zweiten Abschnitt dieses Kapitels (besonders unter B III).

II. Personalismus und Transpersonalismus.

1. Die drei Zwecksubjekte und die ihnen entsprechenden Ideen.

a) Es ist eine empirische Tatsache, daß das Recht auf das Gemeinschaftsleben bezogen ist, aber es ist ein ethisches Problem, ob das Recht in einem Wert des persönlichen oder in einem des gemeinschaftlichen Lebens sein Ziel zu suchen habe. Mit andern Worten: Ist die Idee des Rechts personalistisch (individualistisch) zu bestimmen? Mit Recht ist dieser Gegensatz von RADBRUCH als grundlegend behandelt[2]), mit Recht auch von der „wirtschaftspolitischen Alternative", Individualismus und Sozialismus, unterschieden und deswegen mit den weniger gebräuchlichen Begriffen Personalismus und Transpersonalismus bezeichnet worden. Während wir aber im vorigen Abschnitt eine Antithese kennengelernt haben, — die absoluten und relativen Werte stehen in einem kontradiktorischen Gegensatz — begegnet uns hier eine Antinomie, d. h. es sind zu vereinigende Gegensätze in einen Widerstreit gesetzt[3]), es liegt nur das vor, was KANT eine „dialektische Opposition" nennt. In einem System des skept schen Relativismus darf sie hingenommen, in einem System des kritischen Relativismus muß sie überwunden werden, und schon deswegen kann ich nur noch ein Stück Wegs mit RADBRUCH zusammengehen.

Die personalistische Auffassung stellt die Rechtsordnung in den Dienst der Person, läßt also das Individuum als Zwecksubjekt gelten. Die transpersonalistische Wertlehre nimmt aber verschiedene Gestalt an, je danach ob der Staat oder die Menschheit als Zwecksubjekt angesehen wird. In einer historisch gerichteten Untersuchung müßte neben ihnen die Kirche genannt werden, hier darf sie fehlen, und andere Gesellschaften kommen nicht in Frage. Unrichtig ist es aber, wenn man den Gedanken des Zwecksubjekts fallen läßt, was RADBRUCH (S. 95) tut, indem er an zweiter Stelle dem Staat das Recht koordiniert und an dritter Stelle die durch Wissenschaft und Kunst repräsentierten „Werkwerte" nennt, ohne ihr Subjekt

---

[1]) Dieser Standpunkt fällt nicht mit dem von MEZGER (Sein und Sollen im Recht) als „kultureller Objektivismus" bezeichneten (S. 33) und als „Philosophie der innern Haltlosigkeit" kritisierten (S. 46) zusammen, denn der bloß kulturelle Objektivismus wird durch die Humanitätslehre überwunden. Deswegen schien mir auch die sonst gut passende Bezeichnung nicht brauchbar. — Aber auch der Ausdruck „kritischer Relativismus" ist nicht voll befriedigend, hauptsächlich deswegen nicht, weil er das System in die gefährliche Nähe des skeptischen Relativismus bringt. Deswegen sei angemerkt, daß die vernichtenden Einwände, die, wie von andern, so von RICKERT (Der Gegenstand der Erkenntnis, 4. u. 5. Aufl. 1921, S. 264) gegen den Relativismus und in Verbindung hiermit gegen den Pragmatismus gerichtet werden, mich so wenig berühren, daß ich, wenn ich den kritischen Relativismus erkenntnistheoretisch ausbauen wollte, nichts Besseres tun könnte, als an RICKERTS Erkenntnistheorie anzuknüpfen. Nach ihr steht nämlich das Erkennen als „Anerkennen von Werten und Verwerfen von Unwerten" nicht bloß in einem Gegensatz zum Vorstellen, sondern auch zu dem über die Wirklichkeitserkenntnis hinausgehenden Beurteilen. Dieses Mehr-als-Erkennen, dieses Anerkennen von ethischen Werten unterstellen wir dem Begriff der Richtigkeit, gerade um es vom Anerkennen logischer Werte (im Sinne RICKERTS) zu unterscheiden, und können die Brücke von dieser Erkenntnistheorie zu unserer Rechtsphilosophie mit dem Satze schlagen: Ohne „transzendentes Sollen" keine Richtigkeit. Mit anderen Worten: daß von Richtigkeiten überhaupt nicht die Rede sein könnte, wenn es nicht unumstößlich wäre, daß es transzendente, d. h. (nach RICKERT) vom Subjekt unabhängige Wahrheiten gibt, ist hier vorausgesetzt, — muß hier stillschweigend vorausgesetzt werden, weil ein Grundriß nicht ab ovo beginnen kann, am allerwenigsten wenn er von vielen Juristen gelesen werden möchte.

[2]) RADBRUCH S. 97 im Anschluß an LASK in Phil. im Beginn des 20. Jahrh., 2. Aufl. 1907, S. 269.

[3]) Insoweit sind ERICH KAUFMANNS Einwände gegen RADBRUCH zutreffend; vgl. Wesen des Völkerrechts und die clausula rebus sic stantibus S. 141.

kenntlich zu machen. Wenn man schon schematisieren will, — und hier ist es nötig, um die Kritik der Werte vorzubereiten — muß sich das Schema durch logische Geschlossenheit rechtfertigen. Das bedenken wir auch weiterhin.

b) Noch frägt es sich, welche Werte den drei Zwecksubjekten entsprechen, da das Subjekt selbst nur als Substrat der Idee gedacht werden kann. In der transpersonalistischen Wertlehre ist die Antwort ohne weiteres zu geben: Ist der Staat das letzte Zwecksubjekt, so muß seine Macht, ist es die Menschheit, so muß ihre Kultur, d. i. die Humanität, der letzte erreichbare Wert sein. Dagegen gabelt sich in der Frage nach dem Wert das personalistische System, wie es vorher bei der Aufsuchung des Subjekts das transpersonalistische getan hat. Im Dienste des Individuums kann nämlich dem Recht entweder ein bloßer Nützlichkeits- oder ein Sittlichkeitswert zugesprochen werden. Eine Ergründung dieser Theorien müßte auf die Verschiedenheiten möglicher Auffassungen des Individuums zurückgehen, wobei Erich Kaufmanns Erörterung (a. a. O. S. 94) über die dreifache Wurzel des Begriffs des individuellen Wesens einen vorzüglichen Ausgangspunkt böte (christlich-mittelalterlicher, rationalistisch-aufklärerischer, empirisch-moderner Typus). Uns darf es jedoch genügen, die utilitaristische Richtung zu erwähnen und schon hier aus der Wertkritik auszuschließen. Denn nur in einem pragmatischen System kann die Meinung Platz finden, das Recht sei bloß dazu da, den Einzelnen vor Angriffen und Übergriffen zu schützen. Nicht als ob ihm diese Schutzfunktion abgesprochen werden könnte, aber seinen Wert, seine Idee kann es in einer so trivialen Bestimmung, die die Vergleichung mit einer Wach- und Schließgesellschaft geradezu provoziert, nicht finden. Nur ein Sittlichkeitswert ist innerhalb des personalistischen Systems diskutierbar. Ihm aber scheint mir Eindeutigkeit zuzukommen, sobald man sich von dem Wahn losgesagt hat, das Recht könne unmittelbar eine Heiligung der Menschen, wenn es auch nur eine irdische ist, herbeiführen. Eine Ordnung, die das Sollen und Dürfen umgrenzt, also Schranken zieht und Freiheiten gewährt, kann persönlicher Untüchtigkeit den Weg sperren und persönlicher Tüchtigkeit die Bahn frei geben, also die Bedingungen schaffen, unter denen sich die individuelle Vervollkommnung zu vollziehen vermag. Mehr ist nicht denkbar. Daher kann von dem hier zu teilenden Standpunkt des Individuums aus dem Recht nur die Aufgabe gestellt werden, jedem Menschen dadurch zu dienen, daß es ihm zuteilt, was ihm gebührt; das aber ist die Funktion der Gerechtigkeit. Das Recht erfüllt seine Mission, wenn es vom Einzelnen unberechtigte Störungen fernhält und ihm berechtigte Förderungen nicht vorenthält, weil es ihm hierdurch die Entwicklung seiner Anlagen ermöglicht. Somit ist die Gerechtigkeit die Spitze des personalistischen Systems. Wie sollte die Idee auch sonst bestimmt werden können? Nur die der Freiheit könnte ihr den Rang streitig machen; es wird sich aber zeigen, daß die Freiheit in dem Sinne, der hier maßgebend sein müßte, nichts anderes ist als Gerechtigkeit im Verhältnis zwischen Bürger und Staat (vgl. 2c, ferner B II 3). — So sind Gerechtigkeit, Macht und Humanität die drei Ideen, mit denen sich die Wertkritik prinzipiell zu befassen hat.

2. Die parteipolitische Ausprägung der drei Systeme.

„Man kann geradezu als Gegenstand der relativistischen Rechtsphilosophie die politische Parteienlehre bezeichnen" (Radbruch S. 96). So weit zu gehen, scheint mir übertrieben; jedoch muß die Anregung, die drei Wertsysteme mit den Prinzipien der politischen Parteien in Parallele zu stellen, aufgenommen werden, weil das entworfene Schema auf diese Art die Anschaulichkeit gewinnt, die es als Gegenstand der Wertkritik haben muß. Da aber den Parteien die Tagesfragen nahe, die letzten Fragen fern liegen, und da die Parteiprogramme stets mehr oder weniger eklektisch ausfallen, kommen für unsere Darstellung nur die prinzipiellen politischen

Tendenzen in Frage[1]). Danach entspricht dem Personalismus die Demokratie, ohne daß es nötig wäre, zwischen bürgerlichen und sozialistischen Demokraten zu unterscheiden; sie sind durch wirtschaftspolitische Gegensätze getrennt, stimmen jedoch darin überein, das Recht in den Dienst des Individuums zu stellen. Die parteipolitische Ausprägung des Transpersonalismus ist der Konservatismus, sofern der Staat, und der Liberalismus, sofern die Menschheit als letztes Zwecksubjekt gedacht wird. (Das Zentrum könnte nur in einer Darstellung, in der die Kirche als Zwecksubjekt einbezogen ist, seinen Platz finden.)

Ferner kann das Schema auf den (unter I besprochenen) Gegensatz von absoluten und relativen Werten ausgedehnt werden, da es ohne weiteres einleuchtet, daß der politische Absolutismus mit dem Wert-Absolutismus in Parallele steht, und es nicht weniger offensichtlich ist, daß der Liberalismus dem kritischen Relativismus entspricht, denn sie finden sich im Humanitätsideal (vgl. den Schluß dieses Abschnitts). Daß aber skeptischer Relativismus und Demokratie ein Paar bilden, beruht darauf, daß sich diese Partei nicht vor dem Majoritätswillen beugen könnte, wenn sie nicht für jede politische Meinung eines jeden Einzelnen die gleiche Achtung übrig hätte[2]); sie muß sogar die feindliche Mehrheit, durch deren Votum sie selbst entthront wird, gelten lassen und teilt hiermit das Schicksal des skeptischen Relativismus, dessen Prinzip, nichts ist absolut wahr, sobald es auf ihn selbst angewendet wird, für ihn tötlich ist.

So gewinnen wir das folgende schematische Bild[3]), — ein Schema, keine Photographie der Wirklichkeit:

Wertsystem	Zwecksubjekt	Polit. Partei	Rechtsidee
Absolutismus	Staat	Konservatismus	Macht
Skept. Relativismus	Individuum	Demokratie	Gerechtigkeit
Krit. Relativismus	Menschheit	Liberalismus	Humanität.

a) Die an erster Stelle genannte Zusammengehörigkeit leuchtet am unmittelbarsten ein, das konservative Weltbild ist das einfachste. Die philosophische Parole hat HEGEL ausgegeben. Bis auf die hellenische Philosophie muß man zurückgehen, um den Staat so verherrlicht zu finden, wie HEGEL es tut; er schildert ihn als die Verwirklichung der sittlichen Idee und als die alles umfassende Kulturgemeinschaft, er weist ihm die beherrschende und nicht einen dienende Stellung an (oben S. 13). Und die politische Parole hat FRIEDRICH JULIUS STAHL ausgeprägt: „Autorität, nicht Majorität!" Nimmt man hinzu, daß die Rechtfertigung der Autorität aus der Verweisung auf Gottes unerforschlichen Ratschluß gewonnen wird, so sind die Grundelemente der konservativen Weltanschauung, unter die der Wert-Absolutismus unverkennbar eingereiht ist, zusammengestellt. Sie ergeben ein System, das an Geschlossenheit und Eindeutigkeit unerreicht ist; man braucht

[1]) STAHLS Vorlesungen, Die gegenwärtigen Parteien in Staat u. Kirche 1863, sind auch heute noch wertvoll. Außerdem sei verwiesen auf die neuesten, auch in die Lit. einführenden Darstellungen im Handbuch für Politik, 3. Aufl.; im Bd. I (1920) die Beiträge von W. v. BLUME, Bedeutung der Parteien, und BERGSTRÄSSER, Die pol. Part. in Deutschland vor dem Kriege, im Bd. III (1921) die Darstellung der einzelnen neuen Parteien von PFEIFFER, W. GOETZ, OTTO HUGO, G. v. BELOW, PAUL HIRSCH und DITTMANN.

[2]) So namentlich KELSEN, Wesen und Wert der Demokratie 1920, bes. S. 36, und Sozialismus und Staat 1920, S. 128.

[3]) Es weicht von der Darstellung RADBRUCHS beträchtlich ab; in ihr fehlt die erste Kolonne ganz, in der zweiten fehlt das dritte Zwecksubjekt (Menschheit), in der dritten die dritte Partei, da keine zu finden war, die die „Werkwerte" über alles stellt; statt dessen steht der Liberalismus als personalistisch neben der Demokratie, der die Idee der Freiheit, nicht die der Gerechtigkeit zugeordnet wird.

nicht erst zu fragen, wie sich die Konservativen in einer Verfassungs- oder Rechtsfrage verhalten werden, sie treten immer für die Entscheidung ein, durch die die Machtfülle des Staates erhalten oder gesteigert wird. Sie bekämpfen die Ausbreitung von politischen oder auch nur von prozessualen Rechten, weil dadurch die Autorität geschmälert wird, sie sind aus einem und demselben Grunde Anhänger der Todesstrafe, der Rüstungspolitik und des kriegerischen Landerwerbs: Stärkung der Machtmittel des Staates. Die letzte Konsequenz dieser Gedankengänge ist die von HEGEL und RANKE inspirierte weltgeschichtliche Perspektive ERICH KAUFMANNS: „Der siegreiche Krieg ist das soziale Ideal"[1]).

b) Majorität, nicht Autorität ist die Parole der Demokratie und muß es sein, weil die Volkssouveränität das demokratische Ideal ist, ein Volk aber nicht anders als durch Abstimmungen seinen Willen kundtun kann. Gerade dieses elementare Verhältnis von Mittel (Abstimmung) und Zweck (Volkssouveränität) erweist die demokratischen Parteien als Repräsentanten des personalistischen Systems. Denn nur wenn die Herrschaft des Majoritätswillens ein Ideal wäre, könnte sie als transpersonalistisch gelten, der Majorisierung als bloßem Mittel fehlt die eigene Herrlichkeit. Sie ist nur eine personalistische Zusammenzählung der Einzelwillen der Bürger und als solche nötig, um den Volkswillen zu ergründen. Forscht man aber weiter, warum dieser Wille herrschend sein soll, so wird sich neben der negativen Auskunft, daß der Wille eines Einzelnen oder einer privilegierten Klasse nicht herrschen soll, keine andere finden lassen, als daß die Gerechtigkeit es so fordert. So ergibt sich aus der Zusammenfassung von Mittel und Zweck, daß es das demokratische Ideal wäre, jedem Einzelnen gerecht zu werden, daß aber die in der Natur der Sache liegenden Beschränkungen nur zulassen, möglichst vielen Bürgern gerecht zu werden.

Es hat nicht an Versuchen gefehlt, diese Spannung zwischen Wunsch und Wirklichkeit zu überwinden. Der glänzende Schriftsteller, der der Demokratie den Weg bereitet hat, JEAN JACQUES ROUSSEAU[2]), stellt dem Willen aller (volonté de tous) den Gemeinwillen (volonté générale) gegenüber; er schildert jene vielen Willen als subjektiv interessiert, diesen einen jedoch als objektiv berechtigt und bemüht sich nun vergeblich, jene personalistische Wirklichkeit in dieses transpersonalistische Ideal umzudeuten. Eine hoffnungslose Aufgabe, um so mehr, da ROUSSEAU in der staatstheoretischen Grundlegung der Demokratie das individualistische Gerechtigkeitsideal deutlich und grundsätzlich anerkennt. Diese Theorie, die Vertragstheorie, beruht auf einem an Kühnheit nicht zu überbietenden „Als ob". Der Staat muß, wenn anders er gerechtfertigt sein soll, so gedacht werden, als ob er durch einen Vertrag aller Bürger errichtet worden wäre. Dann nämlich wird alles, was der Staat dir zufügt, die Todesstrafe nicht ausgenommen, nur die Ausführung deines Willens und somit dem Vorwurf der Ungerechtigkeit entzogen sein. Stärker kann der Respekt vor dem individuellen Willen nicht zum Ausdruck gebracht werden; in ihm liegt das Maß aller staatlichen und rechtlichen Dinge. Durch die Anerkennung dieses von PROTAGORAS geprägten Grundsatzes — *πάντων χρημάτων μέτρον ἄνθρωπος* — gibt die demokratische Partei aber auch deutlich kund, daß sie der Erbe der sophistischen Skepsis und der Repräsentant des skeptischen Relativismus ist. — Infolgedessen verliert der Staat seinen absoluten und gottähnlichen Wert; er vertauscht die herrschende Stellung, die er im konservativen Weltbild einnimmt, im demokratischen mit einer dienenden und zieht die gesamte Rechtsordnung in dieses Verhältnis hinein. Daher ergibt sich beim Abstieg zu den Einzelfragen, daß der Demokrat überall entgegengesetzt votiert wie der Konservative. Er kämpft für die Ausbreitung bürgerlicher Rechte aller Art, für politische Grundrechte, aber auch für bloße Beschwerderechte, er ist Gegner der Todesstrafe und jeder kriege-

[1]) a. a. O. S. 146. Gegen KAUFMANN u. a. NELSON, Rechtswissenschaft ohne Recht S. 144; KELSEN, Problem der Souveränität S. 265.

[2]) FRANZ HAYMANNS, J. J. ROUSSEAUS Sozialphilosophie 1898.

rischen Politik usw. — immer aus demselben Grunde: der Staat ist um des Bürgers willen da.

In diesem Ideenkreis muß der Gedanke der Gleichheit der Bürger schon deswegen eine hervorragende Rolle spielen, weil ohne ihn die Volks- in Klassenherrschaft überginge. Die Bedeutung der Gleichheit reicht aber darüber hinaus, weil sie mit der Freiheit verschwistert ist. Freiheit im demokratischen Sinne ist nämlich im wesentlichen Negierung von Ungleichheiten, also gleiche Zuteilung von Rechten. Es scheint mir ohne weiteres ersichtlich, daß die so verstandene Freiheit eine Ausstrahlung der Gerechtigkeit ist; der Demokrat fordert die Freiheit, die der Gerechtigkeit entspricht, und zwar fordert er sie vom Staat. Dieser Freiheitsbegriff gewinnt aber volle Deutlichkeit erst in der Gegenüberstellung mit dem des Liberalismus. (Vgl. außerdem Kap. 2 B II 3.)

c) Erst seit der Revolution dämmert in Deutschland weiteren Kreisen der Gedanke auf, daß die liberale und demokratische Parteirichtung stark voneinander abweichen und aus grundsätzlich verschiedenen, ja entgegengesetzten Lebensauffassungen entspringen; vorher hat man sich den Unterschied nur graduell vorgestellt und den Liberalismus als eine gemäßigte Form der Demokratie angesehen. Wenn man allerdings bis auf die Anfänge der modernen parteipolitischen Ideen zurückgeht, so decken sich „Liberalismus und Demokratismus"[1]. Die drei großen Dokumente der anbrechenden neuen Zeit, das System Rousseaus (1762), die Nordamerikanische Unabhängigkeitserklärung (1776), die französiche Erklärung der Menschenrechte (1789), sind liberal, denn sie bekämpfen die schwer auf dem Volke lastende Staatsgewalt, und sind ebensosehr demokratisch, denn sie verteidigen „eine dienende Majorität gegen eine herrschende Minderheit", treten also für Volkssouveränität ein. Weil der damalige Staat Feudalstaat war, mußte sein demokratischer Gegner zugleich liberal sein. Dies um so mehr, weil die wirtschaftlichen Probleme, die später am stärksten auf die Trennung der beiden Richtungen hingewirkt haben, dem endenden 18. Jahrhundert völlig fremd gewesen sind. Und weil sie auch 1848 noch im Hintergrund standen, konnten sich die Demokraten der Paulskirche noch für liberal halten; noch war die Ausdehnung der Volksrechte nicht mit einer Ausdehnung der staatlichen Aufgaben und somit nicht mit einer Einengung der persönlichen Freiheit verbunden.

Darin tritt in der Folgezeit ein Wandel ein, weil der Gegensatz nicht mehr zwischen dem Bürger und den privilegierten Ständen des Adels und der Geistlichkeit liegt, sondern zwischen ihm und dem Proletarier. Der Bürger nämlich hat immer nur für den Staat sorgen wollen, der Proletarier aber erhebt einen neuen Anspruch, er will, daß der Staat für ihn sorgt. Hiermit drängt sich die Frage in den Vordergrund: soll sich der Staat in Gesetzgebung und Verwaltung um das wirtschaftliche Leben, besonders um die wirtschaftliche Not kümmern? Der Demokrat sagt Ja, der Liberale Nein, jeder soll seines Glückes Schmied sein, dem Tüchtigen gehört die Welt. Dieser Gegensatz hat, nachdem er mal entstanden war, sich bis zur äußersten Spannung auswachsen müssen: Was politisch Demokratie ist, ist wirtschaftlich Sozialismus; Sozialismus aber ist Gebundenheit durch den Staat und daher das gerade Gegenteil von Liberalismus; denn der Liberale strebt nach Freiheit vom Staat.

Am Freiheitsbegriff und in Verbindung hiermit in der Stellungnahme zum Staat und zum Recht scheiden sich somit die beiden Richtungen aufs schärfste. Für den liberal Denkenden ist der Staat der Widersacher der Freiheit, denn seine Gesetze mischen sich unvermeidlich in Privatangelegenheiten und verkleinern dadurch die „staatsfreie Sphäre"; sie schaffen Rechtspflichten. Für den demokratisch

[1]) Ich folge hier den so betitelten Ausführungen von Leopold v. Wiese in der Zeitschr. f. Politik IX, S. 407, 1916.

Denkenden ist der Staat der Schöpfer der Freiheit, denn seine Gesetze statten die Privatsphäre mit der Anteilnahme an der staatlichen Macht aus und vergrößern dadurch die Freiheit des Individuums; sie schaffen subjektive Rechte. Dort wird das Recht unter dem Gesichtspunkt einer Schmälerung der natürlichen, hier unter dem einer Stärkung der politischen Freiheit gewürdigt[1]). Zwei Lebensauffassungen, keineswegs bloß zwei politisch verschiedene Richtungen!

Es kann nicht eine so gut sein wie die andere, wohl aber kann ihre Berechtigung auf verschiedenen Gebieten verschieden sein[2]), und dieses Urteil ist von der Geschichte gesprochen worden. Auf geistigem Gebiet hat der Liberalismus einen vollen Sieg errungen. Die Freiheit des religiösen Bekenntnisses, der wissenschaftlichen Forschung und der politischen Gesinnung, all das, was SCHILLER durch Marquis Posa als Gedankenfreiheit fordert, ist ein gefestigter Bestandteil unserer Kultur geworden. Ich sage nicht ein unverlierbarer. „Nur der verdient sich Freiheit wie das Leben, der täglich sie erobern muß." — Auf wirtschaftlichem Gebiet hat der Liberalismus seine Zeit gehabt. Seit ADAM SMITH seine Untersuchung über die Natur und die Gründe des Wohlstands der Nationen schrieb (1776), sind Freihandel, Gewerbefreiheit und freier Wettbewerb zu Ehren gekommen. Heute aber untersteht die gesamte Volkswirtschaft staatlicher Kontrolle. Sie ist nicht, wie ADAM SMITH und seine Schule es gewollt hat, ein Strom, der frei seinen Lauf nimmt, sie fließt im staatlich regulierten Strombett, ihre Kraft wird in staatlichen Stauweihern aufgespart, ihr Niveau in staatlichen Schleusen gesenkt und gehoben. — Die geringsten Erfolge aber hat der Liberalismus auf dem politischen Gebiete im engeren Sinne errungen. Man muß sich vergegenwärtigen, daß die Verfassungen aller nennenswerten Staaten schneller oder langsamer, mit größerer oder kleinerer Entschiedenheit demokratisch geworden sind, man muß sich auch daran erinnern, daß Deutschland niemals eine zugleich rein liberale und politisch mächtige Partei zustande gebracht hat. Der Grund liegt nicht im Wesen des Deutschen, er liegt im Wesen des Liberalismus. Einer Lebensauffassung, die über den Staat hinausstrebt, die der Rechtsordnung Notwendigkeit zuerkennt, aber keine Verehrung entgegenbringt, der die Tüchtigkeit eines Einzelnen mehr bedeutet als die der Masse, muß politische Schwungkraft und Volkstümlichkeit versagt bleiben. Nur durch Kompromisse mit Elementen des demokratischen Programms, wie sie von mehreren kleinen Parteien unter wechselnden Namen (Fortschrittspartei, Freisinnige Partei, Freisinnige Vereinigung) vollzogen worden sind, oder durch Verbindung von nationalen mit liberalen Forderungen hat sich der Liberalismus zu parteipolitischer Bedeutung aufschwingen können.

Diese politische Unfruchtbarkeit des Liberalismus ist der Schatten seines Glanzes. Wenn liberale Ideen in Volksversammlungen und Parlamenten zünden könnten, käme ihnen der philosophische Rang, den sie einnehmen, nicht zu. Die über den Staat hinausstrebende Tendenz kann ihr Ziel erst in einer Idee, in der Idee der menschlichen Gesellschaft und der Humanität als der dieser erdachten Gesellschaft entsprechenden Kultur finden. An einem so hoch gesteckten Ziel kann nicht ein Parteiprogramm, sondern nur eine Lebensauffassung orientiert werden. Es ist geschehen, ohne daß der Boden unter den Füßen geschwunden wäre, denn zu allen Zeiten hat der Liberalismus der Humanität praktisch gedient, indem er religiöse und politische Unduldsamkeiten zurückgedrängt, Ungleichheiten ausgeglichen und Gleichmacherei bekämpft hat. Unendlich viel hat er für die Entfaltung aller rein menschlichen Werte geleistet — oder richtiger, was im Lauf der Jahrhunderte für die Befreiung des Menschengeschlechts aus Bann und Acht jeder Art getan worden ist, war Liberalismus. Deswegen ist er eine Gesinnung, die in jeder Partei zur Geltung gebracht werden kann. Auch ausgeprägt konservative

[1]) Vgl. RADBRUCH S. 138.
[2]) Vgl. VIERKANDT, Staat u. Gesellschaft in der Gegenwart 1916, S. 129ff.

oder sozialistische Maßnahmen kann man liberal durchführen und tut es, wenn man für Toleranz eintritt und die Würde des Menschen in Schutz nimmt gegen taube Autorität und blinde Majorität.

Die recht eigentlich philosophische Bedeutung dieses Wertsystems liegt aber in der Versöhnung von Personalismus und Transpersonalismus, also in der Auflösung der Antinomie, von der wir ausgegangen sind. Denn die Idee der Menschheit überwindet die Spannung zwischen Individuum und Gesellschaft, von der die ganze Wirklichkeit beherrscht ist, überwindet sie, weil der menschlichen Gesellschaft keiner auf Grund einer besondern und jeder auf Grund der allgemeinsten Eigenschaft angehört. Der äußerste Transpersonalismus ist veredelter Personalismus — darüber wird mehr zu sagen sein, wenn das Ergebnis der Wertkritik festgestellt wird.

B. Die Wertkritik.

I. Recht, Macht und Gewalt.

1. Grundlagen.

a) Daß die Macht stützend hinter dem Recht stehen muß, um es durchzusetzen, ist schier eine Trivialität. Ihr widerspricht der gern zitierte Satz: „Macht geht vor Recht". Soll durch ihn eine Rechtsbeugung beschönigt oder gar verherrlicht werden, so liegt in ihm ein gewissenloser Zynismus; soll aber gesagt werden, im gesellschaftlichen und besonders im staatlichen Leben komme es mehr darauf an, das Recht in den Dienst der Macht als die Macht in den Dienst des Rechtes zu stellen, so wird einem ebenso unlogischen wie unethischen Ideal das Wort geredet. Es muß aber erörtert werden (Ziff. 2), weil in der Politik (oben S. 72) und in der Philosophie daran geglaubt wird. So hat FRIEDRICH NIETZSCHE, als er es unternahm, aus den Tiefen der menschlichen Seele eine „Auslegung alles Geschehens", aber auch eine „Umwertung aller Werte" zu gewinnen, im „Willen zur Macht" die letzte Erklärung, aber auch das höchste Ziel gefunden. Die Allzuvielen aber, die sich des Zitats „Macht geht vor Recht" zustimmend oder auch bedauernd bedienen, wollen lediglich das Recht des Stärkeren umschreiben. Sie verfallen hiermit der beliebten Verwechslung von Macht und Gewalt, deren Zurückweisung an den Anfang gestellt werden muß, auf daß es am Ende klar werde, daß das Recht von der Macht, aber nicht für die Macht lebt[1]).

Obwohl dem Juristen die Unterscheidung von vis compulsiva und vis absoluta geläufig ist, neigt er dazu, in sozialen, besonders in politischen Fragen Macht und Gewalt zu verwechseln. Die Macht liegt auf geistigem Gebiete, die Gewalt in der physischen Welt; jene ist Herrschaft über einen Willen, diese Herrschaft über einen Körper. Macht hat, wer den Menschen Motive zu bieten weiß, denen sie folgen, Gewalt hat, wer über Muskeln und Waffen verfügt, denen der Widerstand weicht. Macht kann ohne Gewalt bestehen; die katholische Kirche ist mächtig geblieben, obwohl es lange her ist, daß sie Gewaltmittel in der Hand gehabt hat. Gewalt kann machtlos sein, wofür der die Straße beherrschende Pöbel ein Beispiel bietet.

b) Es ist unverkennbar, daß jede Rechtsordnung, nicht bloß das Recht im engern Sinne, auf Macht gegründet ist. In dem Maße, in dem die Gesellschaftsmitglieder das Recht beachten, wird ihr Wille von dem der Gesellschaft beherrscht; die soziale Machtlosigkeit könnte sich gar nicht drastischer zeigen als in dem Unvermögen, gewolltem Recht Geltung zu verschaffen. Unter den vielen Recht setzenden und durchsetzenden Gesellschaften findet sich aber nur eine, die ihrer Macht die letzte

---

[1]) Ich folge hier, und zwar an einigen Stellen wörtlich, meiner Rede zur Feier des 18. Januar 1921, Nr. XII der Frankfurter Universitätsreden 1921.

mögliche Wirksamkeit zu sichern vermag, der Staat; denn er allein verfügt über Gewalt. Der beste Teil ihrer Wirksamkeit liegt darin, daß sie ermöglicht, mit Taten statt bloß mit Worten zu drohen, denn hierdurch wird denen, die es angeht, ein starkes Motiv geboten, sich gefügig zu zeigen. Auf die Verwirklichung der Drohung greift der Staat immer zurück, wenn er einen Widerstand findet, dem seine bloßen Machtmittel nicht gewachsen sind. Das gilt gleichmäßig für die äußere wie innere Politik. Kriegführen heißt von der Macht zur Gewalt übergehen. Frieden hält der Staat, der mit seinen Machtmitteln auskommt, freilich auch derjenige, der keine Gewalt hat und aus dieser Not gerne eine Tugend macht. Ebenso ergehen alle Befehle an die Staatsbürger, mögen sie in Gesetzen, Urteilen oder Verwaltungsmaßnahmen enthalten sein, in der Erwartung, daß die Machtmittel zu ihrer Durchsetzung genügen, werden aber, wenn diese Erwartung fehl geht, gewaltsam durchgeführt. Daher ist es nicht nötig, TREITSCHKEs prägnanten Ausspruch: „Regieren heißt bewaffneten Männern befehlen", als eine Empfehlung von „Gewaltpolitik" aufzufassen, er ist die Konstatierung eines Grundsatzes der Elementarpolitik. Bei all dem darf aber nicht außer acht gelassen werden, daß die Gewalt, die ein Staat androht oder verwirklicht, im Lauf der Zeiten an Rechtsnormen gebundene Gewalt und gerade dadurch Staatsgewalt geworden ist (oben S. 52). Dieser Triumph des Rechts ist im Staate gesichert, in den zwischen den Staaten bestehenden Beziehungen erst noch zu erstreiten.

2. Das Machtideal.

a) Welcher Bürger wünscht seinem Staate nicht Macht? Man muß wahrlich nicht einer nationalistischen Partei angehören, um sich zu diesem Minimum von Patriotismus zu bekennen. Daher kann es in einer politischen Betrachtung am Platze sein, die Macht des Staates als das nationale Ideal zu preisen. Sollen aber Erkenntnisse verarbeitet werden, so kann nicht übersehen werden, daß es Torheit wäre, die Macht um ihrer selbst willen zu erstreben; dieser Standpunkt wäre vergleichbar dem Gebaren des Geizhalses, der Geld zum Gelde häuft, nur um möglichst viel davon zu haben. Wie das Geld, so gewinnt die Macht erst im Dienste eines berechtigten Zwecks Vernunft und Leben. Wäre es nicht unmittelbar einleuchtend, daß dem so ist, so könnte man sich durch eine elementare logische Erwägung davon überzeugen; denn in keinem Fall kann das Wesen einer Erscheinung ihr Zweck sein, da sonst das Gebilde des Selbstzwecks, also die Negierung eines jeden Zwecks entsteht, wie es z. B. in den Theorien, die die Strafe (d. h. die Vergeltung) in den Dienst der Vergeltung stellen, deutlich zutage getreten ist. Da nun die Macht zum Wesen des Staats und des Rechts gehört, kann sie in einer staats- oder rechtsphilosophischen Wertlehre nicht als Zweck und somit erst recht nicht als Ideal, insbesondere nicht als Rechtsideal gedacht werden. Um ein logisch sauberes Bild zu erhalten, müßte man Recht und Macht auf verschiedene Subjekte beziehen, also etwa staatliches Recht in den Dienst der Macht einer Partei stellen; dann aber entstände ein ethisch unsauberes Gebilde. Es ist somit mehr ein Denk- als ein Willensfehler, wenn die Macht des Staates als Rechtsideal ausgegeben wird. Vielmehr steht die Macht im System der Mittel und Zwecke auf einer mittleren Stufe, bedient u. a. durch Gewalt, dienend dem Recht und weiterhin dem Rechtsideal, das wir suchen, der Gerechtigkeit oder Freiheit, der Kultur oder der Humanität. Somit steht fest: die Macht alimentiert das Recht, legitimiert es aber nicht.

b) Um das Verhältnis der drei in Frage stehenden Potenzen ganz würdigen zu können, darf man sie nicht bloß in ihrer begrifflichen Ruhelage kennen lernen, sondern muß sie auch in ihrer politischen Bewegung beobachten. Denn das Gleichgewicht von Recht, Macht und Gewalt ist die Grundbedingung für die Gesundheit eines jeden Staatswesens. Sie wird am empfindlichsten gestört durch die starken Erschütterungen, die sich in den Revolutionen entladen. Eine jede Revolution ist, wenn man sie an dem Recht mißt, das sie vorfindet, ein gewaltiges Verbrechen; mißlingt sie, so wird der Revolutionär als Hochverräter bestraft, gelingt sie, so triumphiert er als Inhaber einer neuen Macht. Dann hat der Hochverrat eine Rechtfertigung gefunden, denn in seinem Erfolg tritt zutage, daß das gestürzte Recht machtlos gewesen ist. So bietet die Revolution in der Umwandlung von machtlosem Recht in rechtlose Macht ein Schauspiel, dessen Anfang und Ende gleich schrecklich sind. Ein noch schrecklicheres in der dazwischen liegenden Störung des Gleichgewichts von Macht und Gewalt. Die Gewalt tritt aus der Reserve, in der sie sich in einem gesunden Staatswesen befindet, heraus und stellt sich in die vorderste Linie, sie macht sich breit auf der Straße und tyrannisiert und terrorisiert. Und oft genug sind diese Gewaltigen nicht zugleich die Mächtigen, wodurch die Wiederherstellung des Gleichgewichts verzögert und erschwert wird. Erst wenn die neue Macht nach zwei Seiten hin Anschluß gefunden hat, nach Seiten des Rechts und der Gewalt, kann der Staat wieder gesunden. Durch Erkämpfung der rechtlichen Geordnetheit tritt die Macht aus dem Stadium der Willkür in den legitimen, durch Eroberung der Gewalt in den sichern Besitz der Herrschaft. Erst nach einer solchen Gesundung kann der Staat sein Werk wieder aufnehmen und seine Mission, das Recht zu pflegen und die Kultur zu schützen, erfüllen. — Noch sind uns Deutschen die schmerzlichsten Erfahrungen zu lebhaft im Gedächtnis, als daß wir unterschätzen könnten, wieviel das Gleichgewicht von Recht, Macht und Gewalt bedeutet; nur wenn sie in steter Zusammenfassung gleichmäßig weiter entwickelt werden, dürfen wir hoffen, vor Rückfällen bewahrt zu bleiben, denn nur diese Evolution schützt vor Revolution.

II. Recht, Gerechtigkeit und Freiheit.

1. Der Begriff der Gerechtigkeit.

Gerechtigkeit! „Überall wird diese geheimnisvolle Göttin angerufen, welche die Tränen der vom Schicksal Heimgesuchten trocknen, den Furchtbewegten die Ruhe wiedergeben, die Zwistigkeiten der Aufrührerischen besänftigen und so das gestörte Gleichgewicht wiederherstellen soll"[1]). Nirgends aber wird die Gerechtigkeit öfters und lauter angerufen als in der Gesetzgebung, Rechtswissenschaft und Rechtspflege. Was immer sie leisten, geschieht im Namen der Gerechtigkeit. Daher liegt nichts näher, als von der umständlichen Untersuchung, was denn wohl als Idee des Rechtes Bestand haben könne, abzusehen und der Gerechtigkeit die ihr gebührende Anerkennung zu zollen. Schon der Gleichklang der Worte bestätigt dem Recht die Aufgabe, der Gerechtigkeit zu dienen. So argumentiert die große Menge und wohl auch die große Menge der Juristen. Aber nur weil sie geheimnisvoll ist, verträgt die Göttin die allgemeine Verehrung.

a) Unter den mannigfachen Auffassungen und Erklärungen, die die Gerechtigkeit gefunden hat[2]), gibt es nur eine, die sich mit dem Anspruch, sie als Idee des Rechtes gelten zu lassen, verträgt, nämlich diejenige, die der Gerechtigkeit die Bedeutung einer absoluten formalen Idee zuerkennt. So aufgefaßt ist die Gerechtigkeit durch keinen Inhalt beschwert, aber bereit, jeden Inhalt aufzunehmen, und wird identisch mit der Richtigkeit als einer reinen Kategorie. Dann aber birgt sich in der Lehre, die Gerechtigkeit sei die Idee oder das Ideal des Rechts, keine Weisheit, sondern nur ein Spiel mit tautologischen Begriffen. Dann bleibt die angebliche Auskunft in der Fragestellung stecken, denn es ist dann einerlei, ob

---

[1]) D'AGUANNO, Die Ideale der Gerechtigkeit, Archiv f. Rechts- u. Wirtschaftsphil. III, S. 70.

[2]) Ein beliebtes, aber gefahrvolles Thema für akademische Festreden; hervorzuheben die beiden Tübinger Kanzlerreden von G. RÜMELIN 1880 und MAX RÜMELIN 1920.

ich die Idee des Rechts in seine Richtigkeit oder in die Gerechtigkeit verlege. Diese unzulängliche Auffassung beherrscht die landläufigen Äußerungen über Gerechtigkeit.

Der äußerst abstrakten steht eine äußerst konkrete Verwendung des Begriffs gegenüber. Oft genug wird ein bloß gesetzmäßiges Verhalten, am liebsten das eines Richters, gerecht genannt. Ein „gerechter Richter" ist derjenige, der so Recht spricht, wie es im Gesetz vorgezeichnet ist, und manchmal noch konkreter derjenige, der die dafür bestehende Grundvoraussetzung, die Unparteilichkeit, erfüllt. Hier wird das Recht des Rechtes nicht geprüft, sondern als gegeben vorausgesetzt, aber gerade hierdurch wird dem tiefsten Sinn des Verhältnisses von Recht und Gerechtigkeit genug getan; der gesetzestreue Richter ist zwar, wie sich zeigen wird, nicht unbedingt „gerecht", ist aber der hohen Wertschätzung, die ihm durch die Bezeichnung als gerechter Richter zuerkannt wird, unbedingt würdig[1]).

b) Um Recht und Gerechtigkeit in Beziehung zu setzen, muß man sich vor allem erinnern, daß Gerechtigkeit ein der Ethik angehörender Begriff ist. Sie ist eine Tugend, nach ARISTOTELES sogar die Tugend der Tugenden und wird ein Ideal erst dadurch, daß der Inhalt der Tugend objektiviert und als Ziel gedacht wird. Dieser Inhalt wird in seinem Kerne überall gleich beschrieben: Gerecht sein heißt, einen Ausgleich herstellen zwischen dem, was einer hat, und dem, was einem zukommt, — heißt, Schuld und Sühne in das richtige Verhältnis setzen, — heißt, das Gleiche gleich, das Ungleiche ungleich behandeln, — heißt, jedem das Seine zuteilen. Aus diesen und ähnlichen Beschreibungen ergibt sich, daß die Ausgleichung von Gegensätzen und die Verteilung von Gütern den Inhalt der Gerechtigkeit bildet, und zwar Ausgleichung und Verteilung nicht im Sinne eines Kompromisses, sondern der Herstellung einer vollkommenen Harmonie. Deswegen besteht eine nahe Verwandtschaft zwischen Gerechtigkeits- und Schönheitssinn, beide trachten nach der Auflösung von Dissonanzen. Wenn schon hiermit eine Verschiedenheit zwischen Recht und Gerechtigkeit angegeben ist, — auch die Hauptaufgabe des Rechts läßt sich auf die Formel „Ausgleichung von Gegensätzen" bringen, aber die rechtliche Ausgleichung trägt immer mehr oder weniger die Züge des Kompromisses[2]) — so ergibt sich der durchgreifende Unterschied doch erst aus der Fortführung der Gegenüberstellung und der damit verbundenen tieferen Ergründung des Wesens der Gerechtigkeit. Und wenn es auch für das Ergebnis gleich ist, ob wir uns die Gerechtigkeit als Tugend oder Ideal denken, ist es doch praktischer, uns von der ersteren, ursprünglicheren Auffassung leiten zu lassen.

Die rechtliche Entscheidung geht, wenn wir an die Anwendung von Gesetzen denken, von der Norm aus, wenn wir die Aufstellung von Gesetzen meinen, auf die Norm aus. Normierung, Typisierung ist die Seele des Rechts (oben S. 62), Individualisierung die der Gerechtigkeit. Denn „das Recht sucht, die Moral flieht die Schablone", so haben wir es schon formuliert. Die von der Gerechtigkeit erstrebte Ausgleichung von Gegensätzen geht also ganz ohne Rücksicht auf eine maßgebende oder erst zu findende Norm vom Einzelfall aus, die Gerechtigkeit schaltet, wie gesagt zu werden pflegt, frei, und das bedeutet normenfrei. Sie findet ihre ganze Aufgabe im Einzelnen und Einmaligen, gleichviel ob es als besonderer Konflikt zwischen zwei Personen oder als Gesetzgebungsproblem oder als soziale Frage vorliegt, sie entscheidet also gegebenenfalls, als ob eine Normierung gar nicht in Frage käme, und ist gerade vermöge dieser Konzentration auf die Individualität des Falls befähigt, seinen Besonderheiten in vollem Maße Rechnung zu tragen. Sie abstrahiert nicht, wie wir es in Rechtsfragen immer tun, von gewissen Tatsachen des gegebenen Bestandes, läßt es z. B. nicht gleichgültig sein, ob ein Verpflichteter

---

1) Vgl. RADBRUCH S. 177 in Verbindung mit S. 183.

2) Die „Kompromißnatur des Rechts", auf die oft Bezug genommen wird, ist namentlich von ADOLF MERKEL betont worden; vgl. seine Enzykl. § 40 u. die dort angegebenen Stellen.

Mann oder Frau, ledig oder verheiratet, arm oder reich ist, sie bewältigt die Fülle des Stoffs und stellt deswegen die vollkommene Harmonie her.

In dieser ihrer Eigenart tritt die Gerechtigkeit am deutlichsten zutage, wenn sie bewußt ein von der rechtlichen Entscheidung abweichendes Urteil fällt, also z. B. in der Begnadigung. An ihr kann auch am leichtesten die noch offene Frage, die zugleich die in der Literatur am wenigsten geklärte ist, erkannt werden: Woher stammt denn das in der gerechten Entscheidung proklamierte Werturteil? Woraus entnimmt es, da es doch „normenfrei" ist, seine Legitimation? Wenn die Begnadigung eines Verbrechers als Tat der Gerechtigkeit gepriesen wird, so muß dafür doch irgendeine allgemeinere Einsicht, sozusagen ein Obersatz, maßgebend sein. Es empfiehlt sich, zuerst die nächste Quelle anzugeben und von ihr aus den Weg zur letzten zu suchen.

c) Die nächste Quelle der in Frage stehenden Wertungen ist das Rechtsgefühl. Aus ihm entspringt die oft unbeirrbare Sicherheit der im Namen der Gerechtigkeit ergehenden Forderungen und Entscheidungen, aus ihm erklärt sich in andern Fällen die ungemeine Strittigkeit des Gerechten, aus ihm die schon erwähnte ästhetische Färbung des Gerechtigkeitssinns — dies alles, weil das Rechtsgefühl eben ein Gefühl ist und bleibt, wenn es auch als „Strebungsgefühl" von voluntaristischen und als „Wertgefühl" von kognitiven Elementen nicht frei sein kann. Das ist von Erwin Riezler in seinen jüngst erschienenen „Rechtspsychologischen Betrachtungen"[1]) stark betont worden (S. 16, 42). Ihm folgend (S. 6) unterscheiden wir drei inhaltlich verschiedene Arten von Rechtsgefühl, um festzustellen, daß hier in unserer Untersuchung nur im dritten Sinne des Wortes vom Rechtsgefühl die Rede ist. Es kann bedeuten „Gefühl für das, was Recht ist, genauer Fähigkeit zu intuitiver Erfassung und richtiger Anwendung dessen, was geltendes Recht ist" (sensus iuridicus), oder „Gefühl dafür, daß nur das dem Recht Entsprechende geschehen soll, also Gefühl der Achtung vor der bestehenden Rechtsordnung", oder „Gefühl für das, was Recht sein soll, also die gefühlsmäßige Neigung ... zu einem Rechtsideal" (vgl. Riezler S. 82/83). Diese gefühlsmäßige Neigung ist es, die in den Proklamationen und Expektorationen über das, was gerecht ist, zum Ausdruck kommt.

Hier Halt zu machen, wäre verfehlt, denn erst aus der Enstehung des Rechtsgefühls kann entnommen werden, woher das Urteil, dies oder jenes entspreche der Gerechtigkeit, stammt. Dieser Regreß ist um so nötiger, weil das Rechtsgefühl nicht wie ein Fremdkörper in unserm System stehen bleiben darf. Es dürfte schwer sein, eine Erfahrung herauszufinden, die, wenn anders sie eine Wertbetrachtung überhaupt zuläßt, nicht geeignet ist, dem Rechtsgefühl Nahrung zu bieten. Ob jemand den Friedensvertrag von Versailles liest oder auf der Straße einen Zwist unter spielenden Kindern beobachtet, einen Prozeß verliert oder gewinnt, eine Verfeindung oder Versöhnung erlebt, jeder Vorfall kann zur Entwicklung seines Rechtsgefühls beitragen und tut es umso sicherer, je sensitiver seine Natur geartet ist. Erlebte Werte sind der Nährboden des Rechtsgefühls. Deswegen ist es ein Produkt aus den Erfahrungen der Person und der Kultur, in der sie lebt[2]). In der erlebten Kultur finden wir die nächste Quelle des Rechtsgefühls und die letzte der Vorstellungen und Strebungen, aus denen die Gerechtigkeit besteht. Freilich ihre Entwicklung bis zur Tugend wird hierdurch noch nicht verbürgt. Es ist aber nicht nötig, auszuführen, daß die Menschen wie in ihrer Kultiviertheit, so in dem, was und wie sie etwas zu erleben fähig sind, tief oder hoch stehen können.

---

[1]) Riezler, Das Rechtsgefühl 1921. Ebenda S. 1 die Literatur über Rechtsgefühl und Verwandtes.

[2]) „Der Mensch als Naturwesen weiß gar nichts von einem richtigen Wollen, also auch nichts von Recht und Gerechtigkeit. Der Gedanke der Richtigkeit im Wollen und Wählen muß erst erworben werden." So mit gutem Grunde Stammler, Th. d. Rw. S. 723.

Zum Abschluß könnte eine Definition erwünscht sein; sie müßte verschieden lauten je danach, ob man sich die Gerechtigkeit, wie wir es taten, als Tugend vorstellt oder objektiviert als Ideal, was wir nicht abweisen; genug, daß sie im einen wie im andern Fall ihr Wesen findet in der zu vollkommener Harmonie vordringenden Ausgleichung von Gegensätzen und Verteilung von Gütern nach Maßgabe von erlebter Kultur.

2. Die Bedeutung der Gerechtigkeit für das Recht.

Das Verhältnis der beiden „festen Größen" — fest nach dem Stande unserer Untersuchung — hat eine negative (a) und eine zwei Hälften umfassende positive Seite (b u. c).

a) Es ist unmöglich, in der Gerechtigkeit das Rechtsideal oder die Rechtsidee zu finden. Diese These findet ihre Erprobung sowohl wenn wir den Inhalt der Gerechtigkeit, wie wenn wir die Tatsachen oder den Begriff des Rechts als Ausgangspunkt wählen.

Wäre die Gerechtigkeit das Rechtsideal oder auch nur eines neben andern, so wäre wenig gewonnen, denn dieses Ideal ist, auch wenn es nicht der Richtigkeit als einer bloß kategorialen Denkform gleichgestellt wird, an und für sich leer und kann ohne Subjektivismus keinen Inhalt finden. Schon bei der Würdigung des Naturrechts wurde hervorgehoben (oben S. 10), daß Prinzipien wie suum cuique, neminem laede leere Abstraktionen sind, die zu praktikabeln Maximen erst dadurch werden, daß festgestellt wird, was zum „Seinigen", was zu den „Verletzungen" gehört. Ebenso zeigt sich, sobald die Formel, Gleiches müsse gleich behandelt werden, an eine konkrete Frage herangetragen wird, daß gerade in der scheinbar so leicht zu treffenden Entscheidung, ob Gleiches vorliegt, das Problem enthalten, ja verborgen ist. Ob es z. B. gerecht ist, die unehelichen Kinder den ehelichen gleichzustellen, wird von den einen bejaht, weil beide Gruppen Kinder, also gleich sind, jedoch von andern verneint, weil uneheliche und eheliche Abkunft nicht dasselbe ist. Dieser Zwiespalt liegt den bekannten Argumenten zugrunde, (wenn sie auch in speziellen Untersuchungen immer viel konkreter gefaßt werden), und ist nichts anderes als Parteinahme nach Maßgabe erlebter Kultur. Zweifellos aber bildet sich in vielen Fällen eine Majorität oder gar eine communis opinio, die dann gewöhnlich mit großer Sicherheit eine bestimmte rechtliche Regelung fordert oder verwirft. In dieser Erscheinung, die nicht im entferntesten geeignet ist, die Gerechtigkeit als Rechtsideal zu erweisen, bekundet sich lediglich der Sieg einer Kulturströmung über eine andere ihr feindliche.

Überzeugender wirkt die Erprobung, die von den Tatsachen des Rechtslebens ausgeht. Am 16. Januar 1920 ist Graf Arco, der Mörder des revolutionären bayerischen Ministerpräsidenten Eisner, zum Tode verurteilt, gleich darauf aber zu lebenslänglicher Festungshaft begnadigt worden. Ergreifend und glaubhaft hat er als Angeklagter geschildert, wie die Not des Vaterlands und die Überzeugung, daß der landfremde Proletarier, der Eisner war, Bayern zugrunde richten werde, ihn zum Morde getrieben habe, mannhaft hat er erklärt, daß er vor dem Gesetze schuldig ist und sich vor seinem Gewissen unschuldig fühlt. Moralisch spricht sich der Mörder frei und Millionen stimmen ihm zu, obwohl die Richtigkeit des Todesurteils keinem Zweifel begegnet. Summum ius, summa iniuria! Eine alte, immer wieder schmerzlich bestätigte Wahrheit, eine mutige Rechtsphilosophie wird nicht versuchen, ihr auszuweichen. — Es wäre aber sehr verkehrt, zu glauben, daß dieser Zwiespalt zwischen Gerechtigkeit und Recht nur in außergewöhnlichen Fällen zutage tritt. Alltäglich werden für einander gleichende Vergehen die gleichen Freiheitsstrafen verhängt; wenn nun aber der eine Schuldige ledig ist, während der andere Frau und Kind hat, ist dann die gleiche Bestrafung gerecht, obwohl im zweiten Fall die Familie, weil ihr der Ernährer genommen ist, mitbestraft wird? Alltäglich sind auch die Urteile in Zivilsachen, durch die ein Schuldner gezwungen wird, seine Verbindlichkeiten zu erfüllen, ganz ohne Rücksicht darauf, daß er schwer ums Dasein kämpft, während der Gläubiger so wohlhabend ist, daß er den Verlust leicht verschmerzen könnte; die frei schaltende Gerechtigkeit fände eine bessere Entscheidung. Solchen Beobachtungen kann man sich nicht entziehen, aber man kann geneigt sein, sie durch die Erwägung zu entkräften, die Gerechtigkeit als eine Idee scheide ja gerade das Recht in gerechtes und ungerechtes; daß sie sich nicht restlos durchsetzen kann, beweise nichts gegen die Forderung, daß sie sich restlos durchsetzen soll. Dem wäre beizupflichten, wenn die Ungerechtigkeit unbedingt ein Mangel des Rechtes wäre, während sie doch in weitem Maße eine Notwendigkeit ist. Es liegt in der Natur des Rechts, daß es nicht immer gerecht sein kann, das entspricht den Vorzügen seiner Eigenart. Wer also die Gerechtigkeit als Rechtsideal proklamiert, tritt für ein Ideal ein, das zu Verkehrtheiten führt. Denn wer wollte ernstlich befürworten, daß der wohlhabende Gläubiger seinen Anspruch gegen den gequälten Schuldner verliert? Somit ist die Forderung, die Gerechtigkeit solle sich restlos durchsetzen, unhaltbar.

Endlich lehnt sich der Rechtsbegriff in seinem innersten Wesen gegen diese Auffassung auf. Recht ist auf Normen gegründete Ordnung. Wer aber Normen sät, kann keine Gerechtigkeit ernten. Die Norm bietet dauerhafte Werte, sie verbürgt die Rechtssicherheit, die Gerechtigkeit steht aber jeden Tag auf der Höhe der Zeit; die Norm mißt mit gleichem Maße, sie verbürgt Rechtsgleichheit, die Gerechtigkeit läßt aber keine Ungleichheit unbeachtet. Das Recht sieht sich jeden Einzelfall unter dem von der allgemeinen Regel gebotenen Gesichtspunkt an, die Gerechtigkeit wendet sich ganz dem Einzelfall zu. Ich weiß nicht, was verkehrter ist, normenfreies Recht oder normierte Gerechtigkeit; das sich der Norm entwindende Recht ist wie ein durchgehendes Pferd und die an Normen gebundene Gerechtigkeit ein Pegasus im Joch.

Es sollte nicht zweifelhaft sein, wo der letzte Grund des geschilderten Zwiespalts zu suchen ist. Die Idee der Gerechtigkeit ist die Spitze des personalistischen Wertsystems, das Recht als eine soziale Erscheinung kann aber nur in ein transpersonalistisches System eingereiht werden. Daher ist die Dissonanz zwischen Recht und Gerechtigkeit nur eine Transponierung der zwischen Gesellschaft und Einzelwesen bestehenden. Gerade diese Gegensätze sind es, die die Sehnsucht nach der letzten Einheit wecken und wach erhalten und in der Idee des Rechtes versöhnt werden wollen. Sie muß die ideelle Entspannung dieser Gegensätze enthalten, hier traten sie uns nur in ihrer tatsächlichen Gespanntheit entgegen.

Dennoch gibt es gerechtes Recht! Es kann als „ein Minimum an ethischer Ungerechtigkeit“[1]) charakterisiert werden. Diese positive Seite des Verhältnisses findet ihre Erklärung erstens in einer natürlichen Wechselwirkung zwischen Gerechtigkeit und Recht (b), zweitens in einer absichtlichen Veranstaltung, nämlich darin, daß sich das Recht mit der Billigkeit paart (c).

b) Von Wechselwirkung dürfte nicht die Rede sein, wenn nicht beide Faktoren gebend und nehmend beteiligt wären. Gebend zeigt sich die Gerechtigkeit am deutlichsten in der Gesetzgebung; deswegen fassen wir nur dieses Gebiet ins Auge und begnügen uns mit der Versicherung, daß bei der Anwendung von Gesetzen die entsprechende Wirkung nicht fehlt. — Gewiß ist der Gerechtigkeitssinn an der rechtlichen Ordnung einer Materie stets beteiligt, aber es ginge zu weit, ihn uneingeschränkt als den Schöpfer des Rechts aufzufassen. Die auf die Rechtssicherheit und Rechtsgleichheit zu nehmende Rücksicht machen ihm den Rang streitig, und dazu kommen die vielerlei Beschränkungen, die im Hinblick auf die Durchführ-

---

[1]) Hammacher, Hauptfragen der modernen Kultur 1914, S. 132.

barkeit des Gesetzes unvermeidlich sind. In diesen Schranken und in einem ganz bestimmten Sinne ist die Gerechtigkeit aber allerdings der Schöpfer des Rechts; sie ist der göttliche Funke, der das Menschenwerk ins Leben ruft. Wie das künstlerische Schaffen mit der Konzeption einsetzt, d. i. mit einem Erlebnis der Phantasie, das nach Ausdruck ringt, und wie bei der Umsetzung des innern Erlebnisses in Töne, Farben oder Formen unendlich viel verloren geht, so in der Gesetzgebung: der Gerechtigkeitssinn konzipiert den Rechtsgedanken, ja man darf geradezu sagen, die Gerechtigkeit ist die Konzeption des Rechts. Sie verhält sich zum Recht wie die künstlerische Konzeption zum fertigen Kunstwerk. Für das Werk des Gesetzgebers gilt vergröbert GOETHES tiefes Wort aus dem Faust: „Dem Herrlichsten, was auch der Geist empfangen, drängt immer fremd und fremder Stoff sich an." Und da Gesetze in Parlamenten gemacht werden, schwillt der fremd sich andrängende Stoff über die Maßen an und verschüttet die Idee der Gerechtigkeit noch mehr als es nach der Natur des Rechts nötig wäre. Denn zu den sachlichen Erwägungen treten die parteipolitischen und tragen in das Gesetz ungerechte Interessiertheit und oft genug faule Kompromisse hinein. Durch allen Schutt aber leuchtet der göttliche Funke.

Gebend tritt das Recht am deutlichsten bei der Anwendung von Gesetzen hervor; deswegen fassen wir nur dieses Gebiet ins Auge und begnügen uns mit der Versicherung, daß die Gesetzgebung die entsprechende Wirkung entfaltet. — Wenn das Gerechtigkeitsurteil nach Maßgabe von erlebter Kultur gefällt wird, muß es u. a. auch von der Rechtspflege beeinflußt werden. Das ist bloß eine Konsequenz; und wir gehen über sie nur hinaus, um uns die Stärke und das Erträgnis dieses Einflusses zu vergegenwärtigen. Dadurch daß die Rechtspflege jahraus, jahrein dieselben Werturteile zur Geltung bringt, und zwar nicht bloß in Sprüchen, sondern in Taten, zwingt sie den Gerechtigkeitssinn unter ihren Einfluß. Kein zweiter Kulturfaktor ist so beharrlich und so nachdrücklich am Werk, keiner leitet das ethische Fühlen und Wollen unwiderstehlicher in seine Bahnen. Die Macht der Gewohnheit übt ihre volle Wirkung aus. Als Ergebnis stellt sich dann aber eine Anerkennung ein, die dem bloß Rechtmäßigen die Würde und den Rang des schlechthin Gerechten beilegt und häufig so weit reicht, daß das Empfinden für die Relativität des Wertes ganz verloren geht. Also ein Surrogat. Wir empfinden es als gerecht, daß schwere Verbrechen mit ein paar Jahren Zuchthaus geahndet werden, weil wir daran gewöhnt sind und die Goldwage der Gerechtigkeit gar nicht mehr vorholen; die Kritik erwacht erst, wenn ein außergewöhnlicher Rechtsfall eine Überraschung bringt. Für den Juristen liegt darin sogar eine Gefahr; nur zu leicht gewöhnt er sich an das bloß Rechtmäßige so sehr, daß bei der Würdigung alltäglicher Fälle die Feinfühligkeit für das Gerechte beeinträchtigt wird, woraus sich ein bekanntes Argument für die Zuziehung von Laien ergibt.

Natürlich vollzieht sich der Prozeß, der zu diesem Ergebnis führt, auf recht verschiedene Weise. Er spielt sich um so schneller und sicherer ab, je besser es der Gesetzgebung gelungen ist, die Gerechtigkeit vom fremden Stoff rein zu halten, ferner je besser das Gesetz „dem Rechtsempfinden des Volkes" entspricht, womit doch wohl jene communis opinio über das in einer gegebenen Lage Gerechte gemeint ist (oben S. 81). Sehr oft aber steht der Prozeß überhaupt nicht unter ethischen Akzenten: Ein Bedürfnis — es muß nicht gerade ein wirtschaftliches sein! — hat ein Gesetz veranlaßt; es erweist sich in der Anwendung als zweckmäßig; deswegen gewinnt es das Ansehen der Gerechtigkeit. Und ebensooft wird mit dem gleichen Erfolg eine außerrechtlich schon erprobte Zweckmäßigkeit vom Recht übernommen. Daher liegt dem pointierten Ausspruch: „gerecht ist das Zweckmäßige von gestern"[1], eine zutreffende Beobachtung zugrunde, nur geht es nicht immer so pragmatisch zu.

[1] FRANZ EXNER, Über Gerechtigkeit im Strafmaß, Festnummer der Österr. Zeitschr. f. Strafrecht für Karl Stooß 1920, S. 300.

Auf eine oder die andere Weise kommt es so weit, daß zwischen dem von der Rechtspflege gebotenen Surrogat der Gerechtigkeit und der Gerechtigkeit selbst kein Unterschied gemacht wird. Man überdenke, wie viel hiermit gewonnen ist! Es ist der Triumph des Rechtes, der auch diejenigen versöhnen muß, die bisher das Bedauern, daß die Gerechtigkeit nicht das Rechtsideal ist, nicht ganz haben überwinden können.

Wie würde sich das Leben gestalten, wenn das Surrogat der Gerechtigkeit fehlte und statt dessen die frei schaltende Gerechtigkeit selbst das Szepter führte? Wo fänden sich die Männer, die es auf sich nehmen möchten, das gerechte Urteil aus dem Busen zu schöpfen? Und welche Sicherheit bestände, daß das gefundene Urteil von den Betroffenen und der Gesamtheit als gerecht anerkannt wird? Und wie sollten sich Handel und Verkehr einrichten, wenn nicht vorausbestimmt wäre, welche Interessen vom Staat geteilt und welche verworfen werden? Ein Zerrbild! Nur für die personalistische Auffassung ist die Gerechtigkeit das Ideal und das Recht ein Notbehelf; für die transpersonalistische ist es umgekehrt: Die Auflösung von Gegensätzen nach Maßgabe erlebter Kultur wäre ein Notbehelf und die Anwendung von Rechtssätzen ist das Ideal.

Deswegen erfüllt „der gerechte Richter", auch wenn er nur der gesetzestreue ist, eine Aufgabe, der an Würde wahrlich nichts fehlt, und dient dem gemeinen Besten um vieles trefflicher als jene, die gefragt und ungefragt ihr Rechtsgefühl dem Leben aufzwängen möchten. Ein wenig oder ein gar nicht gerechtes, dafür aber rechtmäßiges Urteil ist im sozialen Leben viel leichter zu ertragen als ein Kampf um Gerechtigkeit. Deswegen sind aber auch Rechtsverweigerung und Rechts beugung in so hohem Maße verbrecherisch. Das Volk, dem das Recht versagt wird, appelliert an die höhere Instanz der Moral und fordert Gerechtigkeit. Der geordnete Rechtsgang entartet in einen leidenschaftlichen Kampf für das Gerechte, es bilden sich Parteien, es entstehen politische Fehden, die den Staat im Innersten zu erschüttern vermögen. Das große Beispiel dafür ist die affaire Dreyfus, die von der ersten Rechtsbeugung an (Dezember 1894) bis zur zweiten vor dem Kriegsgericht in Rennes (September 1899) Frankreichs politisches Leben vergiftet hat und erst nach Wiederherstellung der Gerechtigkeit durch einen Gnadenakt das Land zur Ruhe kommen ließ. Im Hinblick auf solche Stürme begreift man es als eine der segenvollsten Wirkungen unparteiischer Rechtspflege, daß sie den Ruf nach Gerechtigkeit nicht aufkommen läßt, und versteht, daß Recht unter allen Umständen Recht bleiben muß, versteht auch die übertriebene Formulierung dieses Gedankens, das fiat iustitia, pereat mundus.

c) So viel die geschilderte Wechselwirkung dazu beiträgt, die Ungerechtigkeit zurückzudrängen und in diesem Sinne gerechtes Recht zu schaffen, so wenig ist sie absichtlicher Beeinflussung und Regulierung zugänglich. Es muß aber angenommen werden, daß sich jeder, der an einer Gesetzgebung oder an der Rechtspflege beteiligt ist, bewußt bemüht, sein Werk möglichst gerecht zu gestalten. Der Gesetzgeber geht diesem Zweck auf mannigfachen Wegen nach, die samt und sonders zu einer Lockerung des engen Gefüges der Rechtsnormen führen. Wenn nämlich die Normenfreiheit für die Gerechtigkeit charakteristisch ist, muß die Normenweite das Mittel sein, der Gerechtigkeit nahe zu kommen; je weiter die Norm gefaßt wird, desto gründlicher wird das der Verwirklichung der Gerechtigkeit entgegenstehende Hindernis beseitigt und desto sicherer wird die Würdigung aller Besonderheiten des Einzelfalls vorbereitet. Bloß vorbereitet, denn nur wenn der Richter im gegebenen Fall von der ihm solchermaßen erteilten Ermächtigung den richtigen Gebrauch macht, wird das Ziel erreicht. Somit ist es die rechtsschöpferische Kraft des Richters, auf die es letzten Endes ankommt; die Gesetzgebung kann den Weg zur gerechten Entscheidung offen halten, ihn zurückzulegen, ist die Aufgabe der Rechtspflege. — Es sind die Probleme der freirechtlichen Bewegung (oben S. 19), die wir hier streifen, aber es führt zu weit, sie zu erörtern, und darf um so mehr unterbleiben, weil der rechtsphilosophische Begriff, der den Komplex der hier auftauchenden Fragen beherrscht, streng einheitlich ist. Es ist der der Billigkeit[1]), und zwar in seinem Kerne von ARISTOTELES an (oben S. 8).

Billigkeit ist Lockerung der Normenstrenge zwecks gerechter Würdigung des Einzelfalls, ist, wenn man statt an die Gesetzgebung an die Rechtspflege denkt, diese Würdigung, soweit sie durch jene Lockerung bedingt ist. — Recht und billig werden ebensooft neben - wie gegeneinander gestellt; beides ist zutreffend. Die Billigkeit gehört dem (objektiven) Recht an, sie ist eine Methode, den rechtlichen Willen zu erklären und durchzuführen, aber sie enthält eine leise Auflehnung gegen die Natur des Rechts, nämlich weil die bis zur letzten Exaktheit vordringende Ausbildung der Normen ein Ehrentitel und durchaus nicht ein Mangel des Rechtes ist. Deswegen wird ja die am falschen Platz begegnende und die übermäßig gesteigerte Normenweite gescholten, wofür der Begriff des groben Unfugs (StGB. § 360 Ziff. 11) der klassische Zeuge ist.

Bei einem Überblick über die Gesetzgebung begegnet mit Billigkeit gepaartes Recht schon dann, wenn mehrere Rechtsfolgen frei zur Wahl stehen, wie hauptsächlich und nicht ohne Übertreibung in den Strafrechtssätzen, reiner aber überall dort, wo unter die Rechtsvoraussetzungen ein umfangreicher, also viele Inhalte deckender Begriff wie z. B. „Gegenstände des täglichen Bedarfs“ (Verord. gegen Preistreiberei § 1) oder ein zwar umfangarmer, aber mehrdeutiger („dehnbarer“) Begriff wie „tiefe Zerrüttung des ehelichen Verhältnisses“ (BGB. § 1568), aufgenommen ist. Daran reiht sich die Aufstellung weit gespannter, ganze Materien beherrschender Grundsätze, wie „keine Strafe ohne Schuld“ oder der vielzitierte erste Artikel des Schweizerischen Zivilgesetzbuches von 1907 mit der Anweisung, der Richter solle, wenn ihn Gesetzes- und Gewohnheitsrecht im Stich lassen, nach der Regel entscheiden, „die er als Gesetzgeber aufstellen würde“. Eindringlich muß endlich, obwohl Vollständigkeit hier nicht erwartet werden darf, auf das „gelinde Recht des BGB.“ (STAMMLER) als auf die ausgesprochenste Form des billigen Rechts verwiesen werden; dahin gehören die zahlreichen Rechtssätze, die die Entscheidung von einem labilen ethischen Prinzip abhängig machen („Rücksicht auf die Verkehrssitte“ §§ 157, 242, „gute Sitten“ §§ 138, 817, 826, „sittliche Pflicht und auf den Anstand zu nehmende Rücksicht“ §§ 534, 814 usw.), ferner die Rechtssätze, die unmittelbar die Billigkeit anrufen (§§ 315, 317, 319, 745, 829, 1024, 2156).

Die Auslegung und Anwendung der gesetzlichen Vorschrift vollzieht sich in allen diesen Fällen grundsätzlich ebenso wie die von starrerem Recht, also u. a. durch Zurückgehen auf die rezipierten Kulturnormen; jedoch gewinnt dieser Regreß bei der Handhabung von billigem Recht unverkennbar gesteigerte Bedeutung — ob eine Gegenstand zum „täglichen Bedarf“ gehört, ob eine Handlung den „guten Sitten“ entspricht, ist ohne Bezugnahme auf soziale Gewohnheiten und Normen nicht auszumachen — und bedarf überdies einer besonderen Ergänzung. Denn der größere Spielraum, der dem Richter gelassen ist, auf daß er dem Einzelfall gerecht werde, kann gar nicht anders als „nach Maßgabe erlebter Kultur“ ausgefüllt werden. Und somit ist es für das billige Recht charakteristisch, daß die Entscheidung aus einer engen Verbindung von normierten und erlebten Wertungen hervorwächst. Die objektiven und die subjektiven Voraussetzungen der Rechtsprechung, die wägbaren und die unwägbaren Urteilsgründe, die Interpretation und das freie Ermessen, Rechtswissenschaft und Rechtsgefühl durchdringen sich und bilden eine Einheit, die in ihren letzten Wurzeln das Geheimnis der Persönlichkeit ist. Hier erst begegnet „der gerechte Richter“ in der Voll-

[1]) Die jüngste Behandlung des Themas hat MAX RÜMELIN geboten, Die Billigkeit im Recht (Tübinger Kanzlerrede) 1921.

endung. In seiner Persönlichkeit spiegelt sich die Paarung von Recht und Billigkeit in seinem Wesen ist der Gegensatz von richterlicher Gebundenheit und Freiheit versöhnt; er ist, weil sein Rechtsgefühl in jeder Richtung entwickelt ist, der geborene Jurist, und weil er das Gesetz mit seinem Geiste und sich mit dem Geiste des Gesetzes erfüllt, der freie Diener des Rechts.

3. Gerechtigkeit und politische Freiheit.

Ungerechtigkeiten im Ausbau oder in der Verteilung politischer Rechte sind immer als Unfreiheiten empfunden worden. Daher ist in den Grundfragen der innern Politik das Anrufen der Gerechtigkeit zurückgetreten hinter dem Schlachtruf der Revolutionen: Freiheit, Gleichheit, Brüderlichkeit. Er hat seinen Zauber und seine Kraft auch heute noch nicht verloren, nur daß die Idee der Brüderlichkeit modernisiert worden ist. Sie war ursprünglich personalistisch als Nächstenliebe, Bravheit und Gutmütigkeit gedacht, und tritt in dieser Ausprägung am deutlichsten in der Direktorialverfassung von 1795 hervor; sie ist aber über ihre Biedermeierzeit hinausgewachsen und hat eine transpersonalistische Form angenommen. Als soziale Verpflichtung des Bürgers lebt die Brüderlichkeit fort und ist so in den zweiten Hauptteil der RV. vom 11. August 1919 neben Gleichheit und Freiheit in die „Grundrechte und Grundpflichten der Deutschen" eingereiht worden. Während sich nun aber die soziale Pflicht und die Gleichheit ohne weiteres als Mittel zu einem Zweck, also als Werte erweisen, die ihre Rechtfertigung jenseits ihrer Sphäre suchen müssen, scheint die Freiheit um ihrer selbst willen erstrebenswert und somit ein Ideal zu sein. In dieser Selbstherrlichkeit gleicht sie der Gerechtigkeit, ja sie ist gar nichts anderes als die auf die Grundfragen der innern Politik zugeschnittene Gerechtigkeit im formalen Sinne von Richtigkeit. Das ist auszuführen.

a) Das Wort Freiheit ist an Gefühlswerten so reich, wie es arm ist an Inhalt. Daher auch seine zahllosen Verwendungen. Die begriffliche Analyse läßt der Freiheit nur ein Merkmal, die Abwesenheit einer Hemmung. Deswegen lautet die entscheidende Frage überall, frei wovon, und erst in ihrer Beantwortung findet der Begriff eine verständliche Deutung. Frei vom Staate, antwortet der Liberalismus (oben S. 74) und weist hiermit die Pflichten gegen den Staat ganz oder doch möglichst weit zurück. — Infolge einer häufig begegnenden Fälschung des Freiheitsbegriffs ist ihm ein positiver und reicherer Inhalt zugelegt worden, dem ebenfalls politische Bedeutung zukommt. Identifiziert man nämlich das Freisein mit dem Können, so wird aus ihm eine ungehemmte Fähigkeit, da unter Können sowohl eine Fähigkeit (ich kann Ski laufen) wie die Abwesenheit einer Hemmung (heute kannst du es nicht, weil kein Schnee liegt) verstanden wird[1]). Diese Umdeutung der partiellen Gleichheit von Freisein und Können liegt der demokratischen Auffassung (oben S. 75) zugrunde: Freiheit ist die Fähigkeit des Bürgers, an den Staatsgeschäften teilzunehmen, Freisein heißt im Staate etwas ausrichten können, heißt Rechte, möglichst viel Rechte und besonders politische Grundrechte haben.

b) Es ist unverkennbar, daß die Freiheit, gleichviel ob man sie liberal oder demokratisch denkt, zu Zeiten ein Ziel, aufs innigste zu wünschen, gewesen ist, und ebenso unverkennbar, daß ihr gewaltige politische Errungenschaften, die jeder unabhängig von seiner Parteirichtung in Ehren halten soll, zu danken sind, vor allem die auf geistigem Gebiet liegenden Freiheiten. Um so auffälliger müßte es sein, daß die Freiheit als allgemeingültiges Rechtsideal kaum in Frage kommt und trotz alles Rühmens als solches auch nicht proklamiert worden ist[2]). Diese Zurückhaltung der Theorie wird aber sehr verständlich, wenn man bedenkt, daß die

---

[1]) Vgl. Carl Göring, Über die menschliche Freiheit 1876, S. 11.

[2]) Nur Wilhelm v. Humboldt (1767—1835) könnte genannt werden; vgl. Stammler, Rechts- und Staatstheorien S. 51, „Die Freiheitslehre".

Freiheit aufhört, begehrenswert zu sein, wenn sie ins Maßlose gesteigert wird. Gerade diese Steigerung müßte sie vertragen, wenn sie als höchster Wert sollte gelten können. Der Liberalismus müßte die Verminderung der bürgerlichen Pflichten bis zum Gefrierpunkt, die Demokratie die Vermehrung der bürgerlichen Rechte bis zum Siedepunkt als Ideal aufstellen. Die liberale Freiheit würde in anarchistische entarten, die demokratische sich zu einer Hölle des Rechts entwickeln, denn jede und jede Lebensbetätigung des Einzelnen und der Gemeinschaft müßte dann rechtlich geordnet sein. Zum Glück hat dieses Ideal als ein Ganzes noch keinen Vertreter und daher noch keinen Namen gefunden, auf einem Teilgebiet, nämlich dem wirtschaftlichen, strebt ihm aber der Sozialismus zu.

Die in der Frage der Sozialisierungen von besonnener Kritik als entscheidend anerkannte Erwägung, nämlich das Maß, das sachliche (welche Betriebe?) und das zeitliche (in welchem Tempo?), gilt für das ganze Freiheitsproblem. Nur die maßvolle Durchführung ist diskutabel. Sobald die Freiheit aber diesem Gesichtspunkt unterstellt wird, verliert sie den Schein der Selbstherrlichkeit und tritt in die Reihe ihrer Schwestern zurück. Sie ist, ob man sie liberal oder demokratisch denkt, so wenig wie die Gleichheit und die modernisierte Brüderlichkeit ein maßgebendes Prinzip, sondern ein maßforderndes; der Ideenwelt gehört sie nur an, solange die von der Sehnsucht der Völker und Dichter geschaffene Gloriole ihr Haupt umglänzt, vor nüchterner Kritik bekennt sie sich als Materie. Also bedarf sie der Ordnung nach Maßgabe eines Zwecks oder Ideals. — Wie aber in den Straftheorien, wenn von Vergeltung die Rede ist, gewöhnlich an gerechte Vergeltung gedacht wird, so wird in den Staatstheorien und mehr noch in der vulgären Vorstellung für die Freiheit die Richtigkeit usurpiert. Diese richtige Freiheit, diese an einem verschwiegenen Prinzip schon gemessene Freiheit ist nichts anderes als die gerechte Verteilung von Rechten und Pflichten im Verhältnis zwischen Bürger und Staat, sie ist richtiges Recht auf einem Teilgebiet und ist sowohl infolge dieser Beschränktheit ihres Geltungsgebietes, wie infolge ihrer kategorialen Leerheit nicht geeignet, uns über die Frage nach dem Recht des Rechts hinauszuheben. Diese Leistung erwarten wir von der Humanitätsidee und den Kulturidealen.

III. Recht, Humanität und Kultur.

1. Grundlagen.

In diesem Abschnitt ist das in seinen Grundzügen nicht mehr fragliche Ergebnis des Systems festzustellen, auszubauen und zu sichern. Methodisch erwächst es aus der Erkenntnis, daß der am wenigsten relative Wert der letzte erreichbare ist (oben S. 69), sachlich beruht es auf der Einsicht, daß das Recht eine Kulturerscheinung ist. Also kann die Rechtsidee nur im höchsten Kulturwert gefunden werden. Auf ihn führt uns der Gedanke, daß jeder Kulturwert an eine Gesellschaft, der höchste also an die allumfassende und unbedingte gebunden ist. Sie erreichen wir im Grenzbegriff der menschlichen Gesellschaft (oben S. 31). Mit ihr verglichen führt jede andere Gemeinschaft, selbst wenn sie wie das Christentum die Jahrhunderte überdauert und den Erdball umspannt, doch nur ein bedingtes Leben. Alle Gesellschaften wachsen, blühen, schwinden, nur die Menschheit währt ewig; denn jene sind historische Produkte, die menschliche Gesellschaft ist eine Idee.

Die Kultur der Menschheit ist von jeher Menschlichkeit oder Humanität genannt und gerade von deutschen Denkern und Dichtern am schönsten verherrlicht und am eindringlichsten gepredigt worden, überzeugt und überzeugend vor allen von Lessing und Herder. Ihr Wesen ist, jeden Menschen in Gedanken aus allen historisch gegebenen gesellschaftlichen Eingliederungen herauszulösen und nur die Zugehörigkeit zur menschlichen Gesellschaft gelten zu lassen, also, wie auch gesagt werden kann, den Bedingtheiten, aus denen das Dasein eines jeden gesellschaftlichen Lebewesens besteht, keine und der Würde der Person alle Bedeutung beizulegen. Die Humanität lehrt und fordert den Menschen an sich.

a) Es ist die Moral- und Religionslehre, insbesondere das Christentum, gewesen, die die Humanität dem sittlichen Wollen als Ziel hingestellt haben. Bei der Verwandtschaft von Recht und Moral kann das rechtliche Wollen nicht ganz außer Beziehung zu diesem durch Ehrwürdigkeit und Erhabenheit geheiligten Ideal stehen. Wer die letzte Richtigkeit des Rechts hoch ansetzen will, kann nicht wohl höher greifen, und wer sie aus allem Kulturgut schöpfen will, kann nicht wohl auf älteres zurückgehen. Während es aber anerkannt ist, daß die Idee des Rechts in hohen Sphären liegen muß, wird verkannt, daß sie nicht neu entdeckt werden kann. Gewiß kann und soll sie neu formuliert, neu beleuchtet und begründet werden, in ihrem sachlichen Kern muß sie aber uraltes Besitztum der Menschheit sein. Denn sonst müßte angenommen werden, die Rechtsgeschichte habe sich bisher in einer falschen Richtung entwickelt, oder, was nicht weniger vermessen wäre, das Werk eines Rechtsphilosophen könne der Rechtsentwicklung der Zukunft einen neuen Weg weisen, ähnlich wie eine technische Erfindung den Verkehr in neue Bahnen leitet. Nein, nur aus dem alten goldenen Ideenschatz der Menschheit kann die Idee des Rechtes geschöpft werden, nur ein längst auf der weiten Erde erprobter Wert darf den Anspruch erheben, der richtigste zu sein. Diese Eigenschaft hat die Idee der Humanität in vollem Maße, — gleichviel in welchem Maße auf sie SCHILLERS Verse zutreffen:

„Was erst, nachdem Jahrtausende verflossen,
Die alternde Vernunft erfand,
Lag im Symbol des Schönen und des Großen
Voraus geoffenbart dem kindischen Verstand."

Überblicken wir unter diesem Gesichtspunkt die Rechtsgeschichte, so tritt uns die Humanität in mannigfachen Erscheinungsformen entgegen; die großzügigsten sind etwa: Der Siegeszug der Rechtsgleichheit, die Sicherung der Unparteilichkeit, die Humanisierung der Strafen, die Erstarkung des Völkerrechts. — Jede Rechtsungleichheit knüpft an eine Sondereigenschaft, nämlich an eine soziale Eingliederung der Menschen an und entfernt sich dadurch von der Humanität; aber wie viele solcher Sondereigenschaften sind aus den Rechtsvoraussetzungen ausgemerzt worden von der Überwindung des Gegensatzes zwischen frei und unfrei Geborenen an bis zur Gleichberechtigung von Mann und Frau! — Von der Parteilichkeit gilt Ähnliches. Sie führt zur Abweichung von der sachlich gebotenen Entscheidung, indem sie eine Sondereigenschaft, die politische Gesinnung oder das religiöse Bekenntnis oder die nationale Zugehörigkeit usw. zu Gunsten oder zu Lasten einer Partei maßgebend sein läßt; aber die Prozeßgeschichte ist Fortschritt im Bewußtsein der Unparteilichkeit. — In der Humanisierung der Strafmittel tritt die Humanität am unmittelbarsten in die Erscheinung, denn sie ist beherrscht von der Idee, im Verbrecher mehr und mehr den Menschen an sich zu erkennen und demgemäß die Strafe menschenwürdig zu gestalten. — Das Völkerrecht ist von seinem „Vater" HUGO GROTIUS aus dem appetitus socialis (Geselligkeitstrieb), der durchaus als appetitus moralis gedacht war, abgeleitet worden und in diesem Geiste, dem Geiste der Humanität, erstarkt. Und wenn man sich seine Macht größer wünscht, darf man doch nicht gering von ihr denken; allein im Zeichen des Roten Kreuzes, dieses Symbols der Humanität, sind gewaltige Taten vollbracht worden.

Die Versuchung liegt nahe, sich die eben skizzierten Entwicklungen als geradlinige Annäherungen an die Humanität vorzustellen. Das aber hieße den geschichtlichen Tatsachen Gewalt antun, da rückläufige Bewegungen nicht gefehlt haben. Es ist aber umso weniger meine Absicht, für eine solche geradlinige Entwicklung einzutreten, weil die Humanität, wenn sie als Rechtsidee gelten soll, überhaupt nicht als Ziel und folglich auch nicht als die die Rechtsentwicklung treibende Kraft gedacht werden darf. Es kommt alles darauf an, dieser mit unbegreiflicher Anziehungskraft ausgestatteten, aber doch ganz unhaltbaren Vorstellung entgegenzutreten, und dazu ist erforderlich, über die methodischen (b) und weiterhin über die metaphysischen Grundlagen (c) unserer Ideenlehre Rechenschaft zu geben.

b) Wir gehen von einer gesicherten Erfahrung aus: der Siegeszug der Rechtsgleichheit und jede beliebige andere Entwicklung, in der die Idee der Humanität in die Erscheinung getreten ist, findet ihren Grund in kulturellen Bestrebungen aller Art, zu sehr großem Teil in wirtschaftlichen und daneben in ideellen. Unter sie kann der Wunsch eingereiht sein, die Rechtsverhältnisse humaner zu gestalten, aber er ist höchstens ein mitwirkender und keineswegs ein überall feststellbarer Grund. Deswegen wäre es eine an Einseitigkeit der materialistischen Geschichtsauffassung vergleichbare Lehre, die humanen Bestrebungen als die Macht auszugeben, die die Rechtsentwicklung beherrscht habe oder fähig sei, sie künftig zu meistern. Das tiefe Wort des Aristoteles, erst wenn die Weberschiffe von selbst weben und die Plektra die Zither schlägt, wird die Sklaverei entbehrlich werden, ist allenthalben wahr geworden. Jede Emanzipation, die der Hörigen und Bauern, die des dritten und vierten Standes, die der Juden und Frauen ist wirtschaftlich bedingt gewesen, aber niemals bloß und nur manchmal auch aus humanen Bestrebungen hervorgewachsen. Die jüngste Humanisierung der Strafmittel bietet ebenfalls ein Beispiel: Die Zurückdrängung der kurzen Freiheitsstrafen und die Erweiterung des Anwendungsgebiets der Geldstrafe (Ges. v. 21. Dez. 1921) ist nicht um der Humanität willen geschehen, sondern zurückzuführen auf die längst gewonnene kriminalpolitische Erfahrung, daß kurze Freiheitsstrafen gewöhnlich mehr schaden als nützen, den Ausschlag gab aber doch — die Überfüllung der Strafanstalten.

Diese Erfahrungen sind in unser System eingebaut mittels der Unterscheidung von Idee und Ideal (vgl. die Vorbem. zum 2. Kap.). Die Humanität ist keineswegs das Rechtsideal, sie ist die Rechtsidee. Wäre sie das Rechtsideal, so stände das Ergebnis in Widerspruch mit unserer gesamten Darstellung, es wäre ein sachlich bestimmtes, allgemeingültiges Ideal anerkannt, statt Kulturrecht wäre Naturrecht gelehrt. Andere haben in dem Bestreben, dem Irrtum des Naturrechts zu entgehen und doch die Wertbetrachtung und durch sie die Rechtsphilosophie zu retten, entweder auf die inhaltliche Bestimmtheit oder die Allgemeingültigkeit des letzten Wertes verzichtet, wir wahren ihm beide Eigenschaften, merzen aber eine dritte, fälschlich für die letzte Richtigkeit beanspruchte aus, das Postulat der Erfüllung. Es ist für Ideale wesentlich, unvereinbar mit Ideen. Sie sind Synthesis- und Beurteilungsprinzipien, aber nicht Taten auslösende Motive. Die Idee der Schönheit hat noch keinen Künstler inspiriert, nur die Fülle lebendiger Schönheit kann dieses Wunder wirken und ist, wenn sie so wirkt, für diesen Künstler ein Ideal. Ebensowenig darf die Humanität als Leitstern der Gesetzgebung oder gar als Leitfaden für die Entscheidung von Prozessen aufgefaßt werden. Diese Wirkung kann nur von einem Rechtsideal erwartet werden, und ein solches ist immer lebendig, also kulturell bedingt. Deswegen gibt es so viele Rechts- als Kulturideale, aber es gibt nur eine Rechtsidee.

c) Um die letzte Lücke in den Grundlagen zu schließen, muß noch angegeben werden, wie sich die Rechtsidee zu diesen Rechtsidealen verhält. Diese Frage ist die tiefste der Wertkritik, weil sie eine grundsätzliche Rechtfertigung der Auffassung verlangt, auf der unser grundsätzliches Ergebnis beruht. Zweifellos aber kann deine „Entscheidung“, und am wenigsten eine ethische von so hohem Range wie das Bekenntnis zur Humanitätsidee, rein verstandesmäßig getroffen werden; vielmehr muß zur rationellen Begründung die intuitive Überzeugung hinzukommen. Die logische Begründung der Rechtsidee scheint mir in dem Maße, in dem sie überhaupt möglich ist, enthalten zu sein in dem Aufstieg von den bedingten Gesellschaften zur unbedingten und dem ihm parallel laufenden von den relativen Werten zu dem über relative Geltung erhabenen. Die intuitive Überzeugung aber, die, wo immer sie sich eingestellt hat, auf Instinkt, Glaube, Weisheit oder einer sonstwie zu benennenden Disposition der Persönlichkeit beruht, kann nicht wie ein Beweis abgeleitet, sondern nur wie eine weder des Beweises, noch der Ableitung bedürftigen Wahrheit mitgeteilt werden. Deswegen muß jede ihre Aufgabe erfüllende Rechtsphilosophie die Ausprägung einer kultur- oder geschichtsphilosophischen Auffassung sein und kann als solche ihre letzte Rechtfertigung nur in Metaphysik finden. Es ist bemerkenswert, daß wir hiermit einen Standpunkt einnehmen, der noch vor etwa einem Jahrzehnt ketzerisch war, jedoch jetzt wieder mehr und mehr orthodox zu werden scheint; u. a. ist ERICH KAUFMANNS bedeutende „Kritik der neukantischen Rechtsphilosophie“ (1921) geradezu eine Programmschrift, deren Forderungen gruppiert sind um die eine: Zurück zur Metaphysik! Da wir aber wie bisher philosophische Kunstausdrücke möglichst vermeiden und uns, wie schon erwähnt, der Anmaßung, eine Weltanschauung vorzutragen, nicht schuldig machen wollen, stellen wir uns die Frage so: Wie muß das weder beweis- noch ableitbare Verhältnis von Humanität und Kultur gedacht werden, wenn die Lehre, daß die Humanität die Rechtsidee ist, die Kulturwerte aber Rechtsideale sind, richtig und überzeugend sein soll?

Es muß so gedacht werden, wie in jeder Ideenlehre — von PLATO bis HEGEL — das Verhältnis von Idee und Wirklichkeit gedacht worden ist: das Bleibende tritt im Wechselnden, das Übersinnliche im Sinnlichen, das Allerwirklichste im Wirklichen, das Göttliche im Menschlichen zutage. Ganz ebenso ist die Kultur, die doch „wertvoll gewordene Wirklichkeit“ ist, in jeder ihrer Gestalten eine Erscheinung der Humanitätsidee. Da nämlich ein Stück wertvoll gewordene Wirklichkeit immer ein wirklich gewordener Wert ist, so muß ihm vom Wert aller Werte etwas als Seele innewohnen. Die Kultur muß also so gedacht werden wie nach pantheistischer Lehre die Natur: allbeseelt, — beseelt durch die „gottähnliche“ Humanität als das Alleine. Dem Rechtsphilosophen aber mag es näher liegen, an das Wort HEGELS aus der Vorrede zu den „Grundlinien der Philosophie des Rechts“ anzuknüpfen: „Was vernünftig ist, das ist wirklich; und was wirklich ist, das ist vernünftig.“ Der Philosoph hat das viel mißverstandene Wort u. a. durch die Sätze erläutert: „Darauf kommt es denn an, in dem Scheine des Zeitlichen und Vorübergehenden die Substanz, die immanent, und das Ewige, das gegenwärtig ist, zu erkennen, denn das Vernünftige, was synonym ist mit der Idee, . . . tritt in einem unendlichen Reichtum von Formen, Erscheinungen und Gestaltungen hervor und umzieht seinen Kern mit der bunten Rinde, . . . welche der Begriff erst durchdringt, um den innern Puls zu finden und ihn ebenso in den äußern Gestaltungen noch schlagend zu fühlen.“ Wenn wir nun auch nicht vom ganzen Weltbild etwas aussagen wollen und daher auch nicht veranlaßt sind, die Identität der Vernunft (Idee) und Wirklichkeit vorauszusetzen, so können wir uns doch das Wesentliche am Gedanken HEGELS assimilieren: Darauf kommt es an, im Zeitlichen das Ewige zu erkennen und somit die Humanität zu begreifen als die Idee, die in dem unendlichen Reichtum von Kulturwerten in die Erscheinung tritt, — aber sie auch zu schätzen als den Puls, der zwar noch im schlechtesten Kulturgebilde schlägt, aber auch anzeigt wie es um dessen Leben steht.

Rechtsphilosophische Folgerungen ergeben sich aus dieser Lebensauffassung nur mittelbar, unmittelbar ergreift sie die Kultur und ist in dieser Beziehung eine Mischung von Optimismus und Resignation. Optimismus, denn unter den bunten Bildern der Kulturgeschichte kann, wenn anders man nur festhalten will, daß Kultur Pflege gemeinsamer Interessen ist, keines gefunden werden, über das nicht ein Funken vom göttlichen Feuer Licht breitet. Die abgestorbenen Werte der Vergangenheit, die uns absolut verwerflich scheinen, haben damals, als sie lebendig waren, kraft ihrer Lebendigkeit eine gewisse Richtigkeit gehabt und sind insoweit Sendboten der Humanität gewesen. Wie für STAMMLER (Richtiges Recht S. 31) alles Recht ein Versuch ist, richtiges Recht zu sein, so ist uns alle Kultur ein Versuch, zum Menschen an sich zu gelangen. — Die Resignation liegt aber in der Überzeugung, daß das Ringen des Menschengeschlechts niemals über einen solchen Versuch hinaus bis zur Vollendung vordringen kann. Kulturideale lassen sich verwirklichen, die Kulturidee nie und nimmermehr; jene sind die im sozialen Kampf zu erringenden Siegestrophäen, diese ist der den sozialen Kampf beendende, vollkommene und ewig ferne Friede.

Was aber kann dem Kämpfer ein unerreichbarer Frieden bedeuten? Wozu soll die Humanitätsidee, wenn sie nicht als Preis sozialer Kämpfe erstritten werden kann, dem Rechte taugen? Zu allem, wozu eine Idee überhaupt tauglich sein kann: Sie soll sich in der Theorie als letzte Synthesis (2) und in der Praxis als höchstes ethisches Prinzip (3) bewähren.

2. Die Humanität als synthetisches Prinzip.

(Theorie der Humanität.)

a) In der Prinzipienlehre haben wir erkannt, daß Recht und Moral sich voneinander scheiden und doch aufeinander bezogen sind. Diese Differenzen und diese Zusammengehörigkeit müssen in der Wertlehre ihr Analogon finden. Es beruht auf der Unterscheidung von Ideal und Idee und auf der Vereinigung dieser beiden normativen Formen im Begriff des inhaltlich bestimmten letzten Wertes. Die Humanität ist das Ideal der Sittlichkeit und die Idee des Rechts. Hiermit ist der die beiden Ordnungen trennende und der sie einigende Gedanke gleichmäßig angegeben.

Als Ideal, also als Einheit von Zweck und Idee, trägt die Humanität das Postulat der Erfüllung an den Willen heran. Sie fordert. Sie fordert, dem Menschen zu geben, was dem Menschen gebührt, sie weist es ab, einen Menschen als Juden oder Feind, als Bauer oder Knecht zu behandeln, sie fordert noch mehr als Gerechtigkeit in dem sachlichen und ganzen Sinne, hinter dem allein schon das Recht zurückbleiben muß. Diese Forderung kann nur an die Moral gestellt werden, weil sie gerade in ihrer normativen Bedeutung, also als Sittlichkeit (oben S. 48), die Gesinnung aller Menschen aller Zeiten anruft und darin einzig und unvergleichlich ist. Nur die Sittlichkeit verträgt ein allgemeingültiges Ideal. Der Gesetzgeber und der Richter aber muß dem Gläubiger geben, was dem Gläubiger, und dem Verbrecher, was dem Verbrecher gebührt. Das Recht verträgt weder das Humanitätsideal, noch sonst ein allgemeingültiges, sondern nur bedingte Ideale, denn es steht mitten im sozialen Kampf, nicht wie die Sittlichkeit über ihm. Es erstrebt die der Kultur entsprechende Gestaltung des Menschenschicksals, die Sittlichkeit sucht und findet den Menschen an sich. Daher kann auf rechtlichem Gebiet allgemeine Geltung nur an eine Idee geknüpft sein.

Dadurch daß sich diese Idee mit dem sittlichen Ideal deckt, ist die Synthesis von Recht und Sittlichkeit vollzogen. Die höchste Forderung der sittlichen Ordnung ist der letzte Sinn der rechtlichen. Dort ist die Humanität ein Postulat, hier der in den Erscheinungen geborgene letzte Wert, deswegen ist sie dort und hier der Wert aller Werte. Wie sich die Dinge zum Ding an sich, wie sich die Menschen zum Menschen an sich verhalten, so die Rechtsnormen zum sittlichen Ideal. Denn die vom Recht kritisch ausgesonderten Kulturideale, diese bedingten Zwecke, denen es dient, sind Erscheinungsformen der Humanität.

b) Die Auflösung der zwischen Personalismus und Transpersonalismus bestehenden Antinomie ist die zweite theoretische Leistung der Humanitätsidee.

Der Rangstreit zwischen persönlicher Freiheit und sozialer Verpflichtung, dieses zentrale Problem der Politik und des Rechts, kann in der Wirklichkeit niemals ganz aufgelöst und immer nur dadurch geschlichtet werden, daß dem einen Teil etwas genommen wird, was dem andern zugute kommt. Nur durch Besteuerung des Einzelnen kann sich die Gemeinschaft bereichern, Besteuerung im wörtlichen und jedem beliebigen bildlichen Sinne, heiße die Steuer Wehrpflicht, Zensur, Strafe oder sonstwie. Erst jenseits der Wirklichkeit, erst im Grenzbegriff der menschlichen Gesellschaft erreicht das stets gespannte Verhältnis von Einzelwesen und Gesellschaft eine vollkommene Entspannung. Denn Mitglied der menschlichen Gesellschaft ist der Mensch an sich. Während jeder in jede bedingte Gesellschaft mit einer Sondereigenschaft hineinragt und daher in der Gemeinschaft nicht restlos aufgehen kann, — auch der Armseligste ist nicht bloß Wirtschaftssubjekt oder bloß Bürger oder bloß Berufsgenosse — gehört jeder der unbedingten Gesellschaft unbedingt an und kann in ihr nicht als ein Tributpflichtiger gedacht werden. Die Menschheit fordert vom Menschen keine Opfer, der Mensch an sich geht restlos in der Menschheit auf, sie sind ein und dasselbe, deswegen ist der äußerste Transpersonalismus veredelter Personalismus.

Diese vollkommene Harmonie steht in schroffem Widerspruch mit der erfahrbaren Wirklichkeit und kann daher nur in Gedanken erlebt, aber nicht „erlebt" werden. Der Mensch an sich ist so wenig vorstellbar wie das Ding an sich. Könnte er vorgestellt werden, so dürfte er nicht als die letzte Idee gelten, denn ihr Inhalt muß eine Vollkommenheit sein, die im sozialen Leben niemals anzutreffen ist[1]). Vielleicht aber gewinnen wir ein innigeres Verhältnis zu der nur in Gedanken erlebbaren Auflösung des weltbeherrschenden Widerstreits zwischen Einzelwesen und Gesellschaft, wenn wir uns die herzustellende Harmonie nicht wie bisher nüchtern als Auflösung eines Widerspruchs, sondern wärmer als Erlösung vorstellen. Wie das individuelle, so ist das soziale Leben erfüllt von der heiligen Sehnsucht nach Erlösung von dem Übel, mit dem es beschwert ist; und wie dort, so wird hier die Sehnsucht erst gestillt durch den Tod und den Eingang in die Unendlichkeit, die er bedeutet. Mag stammelnder Glaube sie ewiges Leben oder ewiges Nichts nennen, sie ist ein ewiger Frieden und spendet durch ihn die Erlösung vom Fluche der Endlichkeit und Bedingtheit. Das bedeutet uns die Idee der Humanität. Als heilige Sehnsucht ist sie über dem sozialen Leben ausgebreitet wie Weihe und Segen, weil ihre Verwirklichung das Ende aller sozialen Kämpfe und somit Erlösung wäre.

c) Einzelwesen und Gesellschaft, dieses zentrale Problem der Politik, nimmt auch in der äußern Politik die alles beherrschende Stellung ein, nur daß hier das Einzelwesen ein Staatswesen ist, dem die Staatengemeinschaft gegenübersteht. Es ist der Widerstreit von nationalen und internationalen Tendenzen, der hier alle einzelnen Probleme beherrscht; es bekämpfen sich Staatsbürgertum und Weltbürgertum. Und wenn diese beiden Seelen nicht in jeder Brust wohnen, viele haben von diesem Kampf viel im Innersten erlebt, haben sich nach nationaler Macht und nach internationaler Verständigung gesehnt; immer aber ist das eine nur auf Kosten des andern erreichbar, gerade wie im Rangstreit zwischen persönlicher Freiheit und sozialer Verpflichtung.

---

[1]) Wir übertragen auf die menschliche Gesellschaft, was Erich Kaufmann (Kritik der neukant. Rechtsphil. S. 19) sich gegen Stammler wendend von der Gemeinschaft frei wollender Wesen gesagt hat: in ihr „ist das für das soziale Leben der Menschen ebenso charakteristische wie notwendige Spannungsverhältnis entspannt", und könnten mit Kaufmann fortfahren, darum kann sie dem sozialen Leben „nicht als Ideal hingestellt werden"; — wir könnten es, wenn wir „Ideal" in dem prägnanteren Sinne, der unserer Darstellung zugrunde liegt, auffassen dürften. Aus der Gegenüberstellung von Ideal und Idee ergibt sich aber im Gegensatz zu Kaufmann, daß aus dem Grunde, den er angibt, die entspannte Gemeinschaft die Idee des sozialen Lebens sein muß.

Die Beilegung dieses ewigen Konflikts ist das Völkerrecht. Es kann seinem Ziele, der Vereinigung nationaler und internationaler Interessen, nahe kommen, aber nicht vollkommen gerecht werden, denn immer muß es nationalen Ansprüchen Abbruch tun, um internationale zu befriedigen, oder sich umgekehrt verhalten. Fern aber bleibt es seinem Ziele, wenn es aus dem Diktat siegender Feinde hervorwächst und mehr darauf bedacht ist, ein Volk zu vergewaltigen, als die Völker zu versöhnen. Eine so schlechte Ausprägung der Rechtsidee ist rechtsphilosophisch zu kennzeichnen als ein durch die Stärke der Bedingtheit und darum durch die Schwäche seiner Richtigkeit bestimmter Wert; seine Geltung erweist sich kraft dieses hohen Grades von Relativität als eine Episode und dadurch als das Gegenteil einer Epoche. Wie sich eine nationale Rechtsordnung, nur wenn sie mit der nationalen Kultur in Harmonie steht, Geltung im vollen Sinne erwirken kann, so lebt eine internationale von der Übereinstimmung mit der Pflege internationaler Interessen. Darin wollen wir Deutsche Trost, aber auch die Mahnung finden, zu unserem Teil auf das Weltgewissen zu horchen.

Die vollkommene Versöhnung von Staats- und Weltbürgertum darf aber weder in einer nahen noch fernen Zukunft gesucht werden; auch diese Antinomie löst sich erst jenseits der Wirklichkeit in der Idee des Rechts. Im Gedanken der Humanität ist kein Raum für einen Konflikt zwischen zwei Staaten und ebensowenig für einen Widerstreit zwischen einem Staatswesen und der Staatengemeinschaft; denn die menschliche Gesellschaft ist eine einheitliche und nicht mehr gegliederte Gemeinschaft, ist eine civitas maxima, ein alle Menschen umfassender Weltstaat, ist eine letzte Synthese, eine Idee, die gedacht werden muß, aber nicht verwirklicht werden kann, und ist wiederum eine heilige Sehnsucht, über dem Ringen der Völker ausgebreitet wie Weihe und Segen, weil ihre Verwirklichung das Ende aller Kriege und darüber hinaus das Ende aller internationalen Feindschaften und somit Erlösung wäre.

Ich habe keinen Anlaß, mich mit denjenigen auseinanderzusetzen, die die Abschaffung der Kriege für möglich halten, — ich für meinen Teil sehe im Pazifismus die Verwechslung einer Idee mit einem Ideal — keinen Anlaß, weil die Beseitigung des äußersten und schrecklichsten Kampfesmittels doch nicht die Aufhebung von Konflikten und somit auch nicht die Abschaffung von andern gewaltsamen oder gar von gewaltfreien Kampfarten wäre. Denn in diesem Zusammenhang kommt es nur darauf an, festzuhalten, daß leben kämpfen heißt, gleichviel wie der Kampf ausgefochten wird. Ebenso unfruchtbar wäre es, das anarchistische Ideal einer Verdrängung der Staaten zu erörtern; denn solange die Menschheit überhaupt gegliedert ist, sei es auch nur in die dem kommunistischen Programm entsprechenden Produktions- und Konsumbezirke, bleibt es richtig, das die civitas maxima Theorie ist, — „nur Theorie ist", diese Charakterisierung überlasse ich denjenigen, die das philosophische Bedürfnis nach Synthese nicht empfinden. Allerdings aber darf der Abstieg zu den praktischen Folgerungen nicht ausbleiben.

3. Die Humanität als ethisches Prinzip.

(Praxis der Humanität.)

Obwohl der Humanität als einer Idee nicht die Bedeutung eines zu erreichenden Ziels zugesprochen werden darf, muß sie als das ethische Prinzip, das sie ihrem innersten Wesen nach ist, auch praktischen Wert für das Recht haben. Diese Praxis der Humanitätsidee, die sich mit der des Humanitätsideals berührt, aber nicht deckt, besteht aus Folgerungen, in denen Forderungen enthalten sind, grundsätzliche im Rechtsleben zu erfüllende Forderungen.

a) Es ist der grandiose Irrtum STAMMLERS, daß er die Rechtsidee hinabzieht in die Praxis und ihr bestimmenden Einfluß auf die Entscheidung konkreter Fälle einräumt. Freilich gelingt es ihm nur dadurch, daß er zwischen sein soziales Ideal und die zur Entscheidung gestellte Rechtsfrage eine Stufenfolge vermittelnder Gedanken einschiebt. Eines solchen kunstvollen, ja gekünstelten Systems bedürfen wir nicht. Denn wenn in letzter Linie der letzte Kulturwert maßgebend ist, muß in erster Linie der nächstliegende Kulturwert entscheidend sein. Deswegen sind die Kulturnormen die maßgebenden Werte für die Schaffung und Anwendung von Rechtsnormen, deswegen entspricht jedem Rechts- ein Kulturideal, deswegen muß das Recht seine Bewährung in der Kulturkritik suchen. Es wäre zu wenig von ihm zu sagen, daß es der Kultur dient, als kritische Macht beherrscht es sie auch.

Hiermit nehmen wir ein in der Prinzipienlehre des ersten Kapitels gewonnenes, mannigfach erläutertes und gesichertes Ergebnis in die Wertlehre auf; wir tun es, indem wir die Forderung, daß sich Gesetzgebung und Rechtsprechung an der Kultur orientieren und kritisch bewähren sollen, als eine Folgerung aus der Humanitätsidee begreifen und gerade hierdurch legitimieren. Eine Folgerung, die nicht ergiebiger und nicht praktisch bedeutsamer sein könnte! Durch sie wird die Rechtsidee, ohne daß hier nochmals breitere Ausführungen nötig wären, als ethisches, das Rechtsleben beherrschendes Prinzip anerkannt. Herrschend auch in dem Sinne, daß die Humanität nicht in die Praxis hineingezogen ist, als ob sie ein Rezept für das Entwerfen und eine Anweisung für das Gebrauchen von Gesetzen wäre; erhaben steht sie über der Praxis in der Gottähnlichkeit, die ihr von HERDER gerne beigelegt worden ist, und sendet die Kulturbestrebungen wie Apostel hin zu allen Völkern. „Und lehret sie halten alles, was ich euch befohlen habe!“

Es könnten aber Bedenken bestehen bleiben. Zu ihnen rechne ich nicht mehr den Einwand, daß ein an und nach Kulturwerten gerichtetes Recht in bedingter Richtigkeit befangen bleibt, denn der Irrtum des Naturrechts, als ob im sozialen Leben irgend etwas unbedingt richtig sein könnte, liegt hinter uns. — Ebensowenig darf die an und für sich berechtigte Frage uns noch Kummer bereiten, ob denn zwischen der Fülle von Kulturwerten und der Humanitätsidee eine prästabilierte Harmonie bestehe, da doch, wenn dies nicht der Fall wäre, der für unsere Argumentation grundlegende Satz, „wenn in letzter Linie der letzte Kulturwert maßgebend ist, muß in erster Linie der nächstliegende Kulturwert entscheidend sein“, einem Sophisma nahe stände. Hier stehen wir an dem Punkt, den ARNOLD GEULINX als das ostium fluminis moralis bezeichnet hat, an der Einmündung der Rechtsphilosophie in die Metaphysik, haben aber unsere Anschauung fürsorglich schon vorher dargelegt („Grundlagen“ unter c). — Dagegen ist das sich immer wieder vordrängende Bedenken, es könne nicht eine Kultur so gut sein wie die andere, noch nicht völlig überwunden. Zwar steht fest, daß dem Kulturprozeß Kulturkritik immanent ist, daß also die Wertzersetzung und Wertläuterung eine vitale Funktion der Kultur selbst ist, und es steht ganz besonders fest, daß das Recht eine gewaltige die Kultur kritisierende Macht ist, aber gerade über den Maßstab dieser Kritik will der Leser in dem die Praxis der Humanität behandelnden Abschnitt vermutlich Näheres erfahren und erwartet dann wohl auch die Lehre: Die Kulturwerte sind um so richtiger, je reiner in ihnen der Humanitätsgedanke zutage tritt. Diese aus unserem System hervorwachsende Folgerung ist sub specie aeternitatis uneingeschränkt anzuerkennen, dagegen in ihrer Anwendung auf Zeitaufgaben zu verwerfen, und dem Recht sind Zeitaufgaben gestellt. Mit andern Worten: In einem System der Kulturphilosophie dürfte diese Folgerung nicht fehlen, in einem System der Rechtsphilosophie wächst sie über den kritischen Relativismus hinaus und in die absoluten Wertlehren hinein. Zur Begründung verweisen wir auf die Abweisung des allgemeingültigen Rechtsideals (bes. Grundlagen unter b) zurück. Und nochmals mit andern Worten: In einer Philosophie des Rechten (im Sinne von dem Richtigen schlechthin) oder des Sittlichen muß es maßgebend sein, wieweit ein Zustand, ein Mensch, eine Norm in der Annäherung an das Humanitätsideal vorgeschritten ist, nicht für die Praxis des positiven Rechts. Somit steht fest, daß die Kulturwerte allerdings durchaus nicht gleichwertig sind, daß sich aber das Maß, an dem sie zu messen sind, nicht allgemein auf die Kritik übertragen läßt, die das Recht an der Kultur übt. Wer es anders haben will, segelt in voller Fahrt in das Naturrecht hinein und scheitert in Rhodos: Es könnte nicht eine einzige konkrete Rechtsfrage nach Maßgabe seines Prinzips entscheiden. Soll die Kuppelei bestraft werden, soll die Koalitionsfreiheit, soll die Vertragsfreiheit eingeschränkt, die Ehescheidung erleichtert werden? Solche Probleme lassen sich nur, wie es dem kritischen Relativismus entspricht, nach dem gegebenen Kulturzustand und seiner Spiegelung in der zur Entscheidung berufenen Person lösen. So verfährt nicht nur jedes beliebige Parlament, so auch Solon.

b) Überträgt man die Proportion, die zwischen der Ausprägung des Humanitätsgedankens und der Richtigkeit von Kulturwerten besteht, auf methodisches Gebiet, so ergibt sich die von uns mehrfach erwähnte Beziehung von Relativität und Richtigkeit. Dem „Gesetz“, je weniger relativ, desto richtiger, scheint mir in einer noch zu schreibenden, hier aber ausgeschiedenen Kritik der Rechtsvernunft grundlegende Bedeutung beizumessen zu sein. Dagegen müssen die eben (a) abgeschlossenen Ausführungen in einer Lehre, die sich bemüht, die Praxis der Humanität so bedeutend, aber auch nicht bedeutender erscheinen zu lassen, wie sie ist, unverändert auf dieses Gesetz übertragen werden. Außerdem aber bietet sich in ihm der Ausgangspunkt für eine praktische Folgerung: die Expansion des Gemeinschaftsgedankens.

Zu den Bedingungen, die die Relativität eines Wertes ausmachen, gehört nämlich immer die Extensität und Intensität des gesellschaftbildenden Faktors (oben S. 26); ihnen aber kommt allgemeine Bedeutung insofern zu, als die Erweiterung und Vertiefung der Allgemeinheit des Interesses Hand in Hand geht mit der Richtigkeit und Unvergänglichkeit der in der entsprechenden Gesellschaft herrschenden Kultur. Während also in der völlig abstrakten Proportion zwischen Relativität und Richtigkeit ein Kriterium für die Entscheidung von Zeit- und Streitfragen nicht enthalten ist, liegt in der um vieles konkreter gefaßten zwischen der Ausbildung des Gemeinschaftsgedankens und dem Wert von Kulturwerten ein ethisches Prinzip, dem praktische Anwendbarkeit unmittelbar eigen ist. Wie sollte es auch anders sein, wenn Kultur Pflege allgemeiner Interessen ist! Das Recht nimmt aber an dieser Praxis teil, weil es auf allen seinen Gebieten sehr viel zur Förderung des Gemeinschaftsgedankens beitragen kann und soll. Und es findet hierin eine umso stärker betonte Aufgabe immer dann, wenn das Streben, dauerhafte Regelungen zu schaffen, in den Vordergrund rückt; denn mit der Erweiterung des Kulturkreises, für den der Wert (oder die Norm) zutrifft, wächst seine Langlebigkeit. Gebote, die bloß in einer der christlichen Kirchen bewährt sind, müssen vergänglicher sein als die des Christentums. Oder ein den Tagesaufgaben näher liegendes Beispiel: Was bloß innerhalb des Arbeiterrats richtig ist, muß unrichtig werden in dem Arbeitgeber und Arbeitnehmer umfassenden Wirtschaftsrat, und was hier Geltung beanspruchen darf, kann falsch werden, wenn es auf den größern Kreis von Produzenten und Konsumenten oder gar auf den noch größeren des ganzen Volkes bezogen wird; und jedesmal steigt mit der fortschreitenden Bewährung in dem größeren Kreis die Unvergänglichkeit des Wertes.

Somit ist dem positiven Recht die Aufgabe gestellt, immer mehr Menschen zu einer Einheit und unter einer Ordnung zusammenzufassen. Diese Erkämpfung immer neuer und größerer Gemeinschaften ist eine aus der Rechtsidee abgeleitete, im System des kritischen Relativismus durchaus wesentliche und praktische Forderung. Wenn der allumfassenden Gesellschaft der ewige Wert entspricht, müssen den ihr näher kommenden langlebige Werte eigen sein; denn mit jeder kulturellen Schranke fällt eine Bedingtheit und mit jeder Bedingtheit wird Konfliktsstoff weggeräumt. – Es ist wahrlich keine neue Weisheit, die wir hiermit ausgesprochen haben, sie wird in der üblichen Phraseologie am liebsten mit den Worten: Einigkeit macht stark, zitiert; aber hier wie anderwärts kommt es uns gerade darauf an, alte Weisheit in ein System zu bringen. „Das Wahre war schon längst gefunden, hat edle Geisterschaft verbunden, das alte Wahre faß es an!" (Goethe, Vermächtnis).

Wie vielfach unsere Forderung auf wirtschaftlichem, aber auch auf nationalem Gebiet bewährt ist, braucht nicht ausgeführt zu werden, und zwar um so weniger, weil es für unsere Zeit charakteristisch ist, daß sie durchdrungen ist von der Notwendigkeit, den Gemeinschaftsgedanken auf allen Gebieten durchzuführen. Zu Deutschlands Ehren soll aber hervorgehoben werden, daß diese Expansion stark von ideellen Motiven beherrscht wird und in dieser ihrer edelsten Gestalt namentlich in der Jugendbewegung hervortritt. So chaotisch sie ist, die Sehnsucht nach einer viele und vieles umfassenden innigen Gemeinschaft ist der Geist, der die Masse bewegt. Ebenso scheinen mir die jungen Triebe, die reich und stark aus dem alten Stamm des Katholizismus sprießen und seine wunderbare Lebenskraft verkünden, ihre eigne junge Kraft eben aus dieser alten zu saugen, aus der im Katholizismus lebenden, Himmel und Erde verknüpfenden und den Menschen dem Menschen verbindenden ehrwürdigen Idee der Gemeinschaft der Christen.

Unverkennbar hat die Überzeugung, daß in der Gemeinschaft Heil und Heiligung gesucht werden muß, ihre stärkstem Impulse aus der Not empfangen, die die Zerwürfnisse des Weltkriegs jedem Einzelnen schrecklich nahe gebracht haben. Dem entspricht es auch, daß ihre weittragendste Bedeutung auf völkerrechtlichem Gebiete liegt. Im Ringen um den Völkerbund, das bisher gänzlich erfolglos gewesen ist, jedoch nie wieder abgebrochen werden kann, wird die Verwirklichung eines hohen Ideals erstrebt, das auf dem nie ganz zurückzulegenden Wege zur Idee der Menschheit liegt. Es wäre schlechte Politik, an der Läuterung des heute den Namen Völkerbund tragenden Gebildes nicht teilzunehmen, denn sie wird vom Weltgewissen gefordert; aber es wäre auch schlechte Politik, das Gebot der Stunde und die Aufgabe der Nation aus der Idee der Humanität deduzieren zu wollen. Denn eine Formel für die Ausrechnung politischer Maßnahmen ist sie so wenig wie sie ein Rezept für die Herstellung von richtigem Recht ist. Außerdem darf nicht übersehen werden, daß der Gemeinschaftsgedanke zuerst in jeder Nation, und wahrlich nicht am wenigsten in der deutschen, in die Breite und in die Tiefe wachsen muß, bevor er in der Höhe internationaler Versöhnung Früchte tragen kann. Nur von Stufe zu Stufe, von Etappe zu Etappe kann er sich die Welt erobern, so aber wird er vorwärts schreiten, solange es Menschen gibt, die für die Erlösung vom sozialen Leben das Kreuz auf sich nehmen.

c) Sie, die humanen Menschen, sie, die in der Praxis der Humanität stehen und wie Ärzte Leiden lindern, sind es, an die wir denken müssen, um die letzte Forderung der Rechtsidee in ihrer Erfüllung zu schauen. Denn so nötig es war, die Gemeinschaft als den Mittelpunkt aller Aussagen zu begreifen, die vom Recht als einem Ganzen gemacht werden können, so dringend ist es, darüber nicht die einzelnen Menschen zu vernachlässigen, die doch nicht die Atome, sondern die wirkenden Kräfte des gesellschaftlichen Lebens sind, also nicht seine Auflösung, sondern seine Erfüllung bedeuten. Und wenn es für die Gesellschaft wahr ist, daß die Humanität das Heilige und darum in der sozialen Wirklichkeit nicht zu Verwirklichende ist, als individueller Wert kann die Humanität wirklich werden und wird es in jedem, der seinen Weg nach ihrem Ziele richtet Persönlichkeiten, in denen das Heilige lebendig ist, wahrlich, die gibt es, mögen sie auch noch so selten sein.

Was den humanen Menschen auszeichnet und kennzeichnet, ist Ehrfurcht und Güte, — Ehrfurcht vor der Würde der Person, jenes Mensch-sein, das alle andern Zugehörigkeiten ausschaltet und uns überall als der Inhalt der Humanität begegnet ist. Denn nur der Mensch kann den Menschen finden. Herr und Diener, Lehrer und Schüler, Mann und Frau und selbst die Freundschaft, jede dieser Gemeinschaften und jede beliebige andere bleibt nur ein Sich-Ergänzen und darum eine vergängliche Interessengemeinschaft, wenn nicht jeder dem andern Ehrfurcht vor dem Menschentum bietet. So adelig gesinnt zu sein, entspricht der Natur des innerlich gerade gewachsenen Menschen; ihm ist es ein Bedürfnis, aus den Unterschieden, die ihn über oder unter den andern stellen, das verbindende Element herauszufasern, wie es umgekehrt das untrügliche Zeichen einer niedrigen Gesinnung ist, wenn jemand sich und die andern nur als Klassifizierte in das Weltbild einzuordnen vermag. Da diese Eigenschaft, die in Deutschland unter Hoch- und Niedriggestellten verbreiteter ist als in andern Nationen, mit den kulturellen und politischen Zuständen in enger Verbindung steht, wird es wohl richtig sein, daß die Erziehung zur Ehrfurcht Generationen erfordert und nicht bloß vom guten Willen des Einzelnen abhängig ist.

Ihm aber fällt es uneingeschränkt zu, die zweite Forderung zu erfüllen: gütig zu sein. Der humane Mensch ist der gütige Mensch. Güte ist die Praxis der Humanität im persönlichen Leben, und Toleranz ist ihre reifste Frucht. Güte darf nicht mit Gutmütigkeit verwechselt werden, denn diese Eigenschaft pflegt mit Lässigkeit des Verstandes oder Willens gepaart zu sein. Güte aber erfordert volle Einsicht in alles Menschliche und Allzumenschliche und den geläuterten Willen, in Menschenschicksale gestaltend einzugreifen. Nicht als ob dazu viel Wissen gehöre, aber etwas von der Weisheit des indischen Brahmanen, von der im Anfang dieser Darstellung die Rede war, etwas von der Weisheit, die „mit Betrachtungen die Leidenschaft kühlt", scheint mir allerdings erforderlich. Güte und Weisheit in ihrer Verschwisterung machen die philosophische Stimmung aus, wie sie in den vom Geiste SPINOZAS getragenen Versen GOETHES anklingt:

Entschlafen sind nun wilde Triebe
Mit ihrem ungestümen Tun;
Es reget sich die Menschenliebe,
Die Liebe Gottes regt sich nun!

Eine Lebensauffassung soll Anfang und Ende einer jeden Rechtsphilosophie sein. Sie ist der Ton, auf den ein Mensch gestimmt ist, ist die grundsätzliche Stimmung, in der er zu allen Problemen Stellung nimmt und eines jeden Tages Werk verrichtet. Humanität ist die Stimmung die hier gelehrt ist, auf daß sie erlebt und gelebt werde; sie muß als individueller Wert erstarken, um in der sozialen Welt Früchte zu tragen, sie muß in allen, die Recht setzen oder sprechen, Wurzel schlagen und Blüten treiben, um dem Recht zu seinem Recht zu verhelfen.

VERZEICHNIS DER IN DER ENZYKLOPÄDIE ERSCHEINENDEN BEITRÄGE

*Die mit einem * versehenen Beiträge sind bereits erschienen*

I. Rechtsphilosophie

*1. Rechtsphilosophie 3. Aufl. . . . . Prof. Dr. Max Ernst Mayer†, Frankfurt a. M.

II. Rechtsgeschichte

2. 3. Römisches Recht:
Geschichte und System des Römischen Privatrechts . . . . Prof. Dr. Paul Jörs†, Wien, neubearbeitet von Prof. Dr. W. Kunkel, Göttingen
Abriß des Römischen Zivilprozeßrechts . . Geh. Rat Prof. Dr. Leopold Wenger, München
2. Aufl. in Vorb.
4. Deutsche Rechtsgeschichte . . . . Prof. Dr. A. Zycha, Bonn a. Rh.
*5. Grundzüge des Deutschen Privatrechts 2. Aufl. . . . . Prof. Dr. Hans Planitz, Köln a. Rh.
*6. Rechtsentwicklung in Preußen 2. Aufl. . . Prof. Dr. Eberhard Schmidt, Kiel

III. Zivilrecht und Zivilprozeß

*7. Bürgerliches Recht: Allgemeiner Teil 4. Aufl. Geh. Justizrat Prof. Dr. Andreas v. Tuhr†, Zürich
*8. Bürgerl. Recht: Recht der Schuldverhältnisse 4. Aufl. . . . . Prof. Dr. Heinrich Titze, Berlin
*9. Bürgerl. Recht: Sachenrecht 2. Aufl. . . . Prof. Dr. Julius v. Gierke, Göttingen
*10. Bürgerl. Recht: Familienrecht 3. Aufl. . . Prof. Dr. Heinrich Mitteis, Heidelberg
*11. Bürgerl. Recht: Erbrecht 2. Aufl. . . . . . Prof. Dr. Julius Binder, Göttingen
*12. Handelsrecht mit Wechsel- und Scheckrecht 3. Aufl. . . . . Geh. Hofrat Prof. Dr. Karl Heinsheimer†, Heidelberg. Herausgegeben von Prof. Dr. Karl Geiler, Rechtsanwalt, Heidelberg
*13. Privatversicherungsrecht . . . . Geh. Hofrat Prof. Dr. Viktor Ehrenberg†, Leipzig
*14. Urheber- und Erfinderrecht 2. Aufl. . . . Geh. Rat Prof. Dr. Philipp Allfeld, Erlangen
15. Internationales Privatrecht . . . . Prof. Dr. Martin Wolff, Berlin
16. Einwirkungen des Friedensvertrages auf die Privatrechtsverhältnissn . . . . Prof. Dr. Josef Partsch†, Berlin (fällt aus)
*17. Zivilprozeßrecht 2. Aufl. . . . . Prof. Dr. James Goldschmidt, Berlin
18. Konkursrecht . . . . Prof. Dr. E. Bley, Greifswald
*19. Freiwillige Gerichtsbarkeit 2. Aufl. . . . . Prof. Dr. Friedrich Lent, Erlangen

IV. Strafrecht und Strafprozeß

20. Strafrecht . . . . Prof. Dr. Eduard Kohlrausch, Berlin
21. Strafprozeßrecht . . . . Prof. Dr. James Goldschmidt, Berlin, und Prof. Dr. H. Mannheim, Berlin
22. Kriminalpolitik . . . . Prof. Dr. Ernst Rosenfeld, Münster i. Westf.
*22a. Preßrecht . . . . Prof. Dr. H. Mannheim, Berlin

GPSR Compliance

The European Union's (EU) General Product Safety Regulation (GPSR) is a set of rules that requires consumer products to be safe and our obligations to ensure this.

If you have any concerns about our products, you can contact us on ProductSafety@springernature.com

In case Publisher is established outside the EU, the EU authorized representative is:

Springer Nature Customer Service Center GmbH
Europaplatz 3
69115 Heidelberg, Germany

Batch number: 10845480

Printed by Printforce, the Netherlands